GIOVANNI SEMERARO

GRAMSCI
E OS NOVOS EMBATES
DA FILOSOFIA DA PRÁXIS

DIREÇÃO EDITORIAL:
Carlos da Silva
Marcelo C. Araújo

COMISSÃO EDITORIAL:
Avelino Grassi
Roberto Girola

EDITORAÇÃO DA NOVA EDIÇÃO:
Ana Aline Guedes da Fonseca de Brito Batista
Érico Leon Amorina
Thiago Figueiredo Tacconi

REVISÃO:
Mônica Guimarães Reis

DIAGRAMAÇÃO:
Alex Luis Siqueira Santos

CAPA:
Márcio Mathídios

4ª Edição.

Todos os direitos em língua portuguesa, para o Brasil,
reservados à Editora Ideias & Letras, 2017.

Rua Barão de Itapetininga, 274
República - São Paulo/SP
Cep: 01042-000 – (11) 3862-4831
Televendas: 0800 777 6004
vendas@ideiaseletras.com.br
www.ideiaseletras.com.br

Dados Internacionais de Catalogação na Publicação (CIP)
(Câmara Brasileira do Livro, SP, Brasil)

Gramsci e os novos embates da filosofia da práxis / Giovanni Semeraro. Aparecida – SP: Ideias & Letras, 2006.

Bibliografia.
ISBN 978-85-98239-60-7

1. Conhecimento – Teoria 2. Filosofia marxista 3. Gramsci, Antonio, 1891-1937 4. Política – Filosofia 5. Práxis (Filosofia) I. Título.

06-2375   CDD-144.3

Índice para catálogo sistemático:

1. Filosofia da práxis 144.3

*À Rita de Cássia
incansável companheira
da minha vida*

ÍNDICE

APRESENTAÇÃO 9

I. ANOTAÇÕES PARA UMA TEORIA DO CONHECIMENTO 15
   Uma nova inteligibilidade do real 16
   Ciência – Objetividade – Subjetividade 21
   Ideologia e construção do conhecimento 28
   Filosofia da práxis: "Ciência da dialética ou gnosiologia" 32

II. RESGATE E RENOVAÇÃO DO MARXISMO 37
   O pensamento crítico e a originalidade política
   de um marxista criativo 37
   A "nova filosofia" e a "grande política" 44
   A nova concepção de poder e de sociedade
   pela hegemonia popular 54

III. FILOSOFIA DA PRÁXIS E (NEO)PRAGMATISMO 63
   Proximidade e contraposição entre filosofia da práxis
   e pragmatismo 63
   A especificidade da filosofia da práxis 67
   A "novidade" do neopragmatismo de R. Rorty 73
   "Praticamente", em que consiste o (neo)pragmatismo? 81

**IV. A FORMAÇÃO DA SUBJETIVIDADE
NAS LUTAS HEGEMÔNICAS** 89
A nova política do protagonismo das massas 89
Para além do economicismo e do estatismo 94
As raízes da democracia na sociedade civil 100

**V. ESPECIALIZADOS E POLÍTICOS: OS SUJEITOS
DA DEMOCRACIA POPULAR** 111
A fragmentação e a desqualificação dos trabalhadores 111
Construir o trabalho socializado em tempos
de capitalismo pós-moderno 116
A democratização da economia e do sistema produtivo
na visão de Gramsci 121

**VI. INTELECTUAIS 'ORGÂNICOS'
EM TEMPOS DE PÓS-MODERNIDADE** 129
O desenho do novo intelectual em Marx e Gramsci 129
A reconfiguração do intelectual na pós-modernidade 139
Contraponto de Gramsci à virtualidade pós-moderna
e à crise política 144

**VII. ESTADO E HEGEMONIA POPULAR NA ÉPOCA
DO PODER IMPERIAL** 151
O retorno ao pré-moderno 151
O caráter violento do poder e do Estado moderno . 155
A disputa da hegemonia na nova
concepção de Estado 158
Estado, poder e hegemonia no
pensamento de Gramsci 164

VIII. TORNAR-SE "DIRIGENTES"
NO MUNDO GLOBALIZADO 173
As possibilidades de um projeto popular
de democracia 173
Metamorfoses e impasses da
democracia brasileira 182
A democracia do mundo pelos
novos "dirigentes" 187

IX. A NOVA CONCEPÇÃO DE HEGEMONIA
COMO "RELAÇÃO PEDAGÓGICA" 193
Contra a educação elitista, dualista e autoritária.....196
A crítica da escola ativa 201
A unidade na diversidade: dialética da liberdade e da
necessidade 208

X. UMA LEITURA DOS MOVIMENTOS POPULARES
A PARTIR DO CADERNO 25 213
Premissas para uma interlocução crítica e fecunda .213
O Caderno 25: atualidade e conexões com os
movimentos populares 216
Convergências e diferenças entre os "grupos sociais
subalternos" e os "movimentos populares" 228

XI. QUANDO A FILOSOFIA DA PRÁXIS
SE TORNA REVOLUCIONÁRIA..................237
A filosofia da práxis em Marx 237
A filosofia da práxis em Gramsci 243
Novas formas da práxis revolucionária nas insurgências
dos atuais movimentos populares 251

REFERÊNCIAS BIBLIOGRÁFICAS..................259

APRESENTAÇÃO

Ao terminar um estudo, no lugar de conclusões, muitas vezes nos deparamos com novas fronteiras de investigação. Foi o que aconteceu ao concluir a minha pesquisa: *Gramsci e a sociedade civil: educação e cultura para a democracia* (publicada pela Editora Vozes em 1999 e com 2ª ed. em 2001). Nela, havia deixado em aberto diversas questões de filosofia política relacionadas com a nova concepção de sociedade civil introduzida por Gramsci.

Passei, então, a me dedicar com mais intensidade à filosofia da práxis delineada nos *Cadernos do cárcere* e aos seus embates na atualidade. Enveredei nessa direção porque partilho com Gramsci da convicção de que as lutas dos "subalternos" pela democracia e a hegemonia popular revelam-se inconsistentes quando dissociadas de uma reflexão permanente capaz de criar uma própria concepção de mundo, orgânica a um projeto ético-político de sociedade que revoluciona o modo capitalista de produção e suas correlatas relações sociais. Além de despertar a consciência crítica e libertar-se do colonizador, o projeto de Gramsci mostra que as classes subalternas precisam se organizar para se "tornarem dirigentes" com uma criadora práxis filosófico-política, instituidora de sujeitos autônomos e associados, fundadora de novos Estados que garantam a socialização do poder econômico, político e cultural.

Seguindo as trilhas abertas por Gramsci, procurei me sintonizar com as tarefas da filosofia da práxis que visam essencialmente a: 1) resgatar o marxismo na sua integralidade e originalidade, evitando distorções que o reduzem simplesmente à prática ou à teoria, sem nexo dialético entre elas; 2) analisar criticamente as teorias difusas no senso comum e a destilação da ideologia das classes dominantes; 3) partir das interpelações da história e das aspirações das massas populares para construir uma concepção de mundo e uma práxis político-pedagógica orientada a formar dirigentes da própria sociedade. Assim, utilizando o método da "filologia vivente" praticado por Gramsci, escrevi os capítulos que se seguem tendo um olhar no seu pensamento e o outro nos problemas sociopolíticos e filosóficos da nossa história. Foi dessa forma que Gramsci, sem ficar refém de esquemas preconcebidos, renovou o marxismo, se defrontou com os seus adversários, enfrentou as contradições do seu tempo, analisou os fatos históricos concretos, as complexas relações de forças e os grupos sociais inovadores, até chegar a evidenciar os nexos de uma totalidade em movimento por trás da aparente fragmentação e normalidade.

Entre as diversas formulações, Gramsci apresenta a filosofia da práxis como "expressão consciente das contradições existentes na história e na sociedade" e atividade concreta que "coloca a si mesmo como elemento de contradição, e eleva este elemento a princípio político e de ação". A nova filosofia inaugurada por Marx e aprofundada particularmente por Gramsci, de fato, é da práxis porque está diretamente envolvida com a realidade histórica, com "o movimento *real* que supera o estado atual das coisas" e com a transformação de seus próprios agentes em sujeitos políticos ativos, autônomos e associados. É ao longo desse incansável percurso de questionamento e de transformação da realidade material e "espiritual" que se constitui a personalidade histórica dos que pretendem passar da subjugação à subjetivação e se propõem a organizar uma sociedade democrática conduzida pela hegemonia popular.

Ao abranger em unidade dialética a teoria e a prática, as dimensões objetivas e subjetivas, a construção da filosofia da práxis torna-se tarefa particularmente difícil e complexa porque, a partir dos processos históricos concretos e do protagonismo popular, visa recriar "de cima a baixo" todo o sistema vigente: a economia, a política, a ciência, a cultura, a educação, as relações de poder individuais e sociais, dando assim lugar à elaboração de "uma filosofia integral e original que supere (e superando inclui em si os elementos vitais)" a ordem existente. Portanto, além de impulsionar as lutas hegemônicas dos grupos subalternos e analisar criticamente as modernas ideologias das classes dominantes, Gramsci mostra também como a filosofia da práxis precisa se recriar continuamente nos diferentes contextos históricos. Assim, nas paginas que se seguem, procuramos colocar em evidência as pistas deixadas por Gramsci que orientam a elaborar uma nova teoria do conhecimento, a analisar as complexas tramas do poder e as novas configurações do Estado, a interpretar a função política dos intelectuais, as atuais dinâmicas da sociedade civil, as metamorfoses do mundo do trabalho e da produção.

Seus conceitos ampliados de Estado, de intelectual, de educação e sua concepção de filosofia nos ajudam a compreender como diversas leituras da realidade e formas tradicionais de política não conseguem mais dar conta das mudanças atualmente em curso. Nas hodiernas trincheiras da "guerra de posição" e "de movimento", a filosofia da práxis é chamada a se renovar considerando que vivemos dentro de um processo contraditório de globalização, de uma reestruturação brutal do trabalho e uma chocante concentração da riqueza, de uma depredação criminosa do planeta e de inauditas manipulações da mídia, de uma nebulosa rede de ONGs e uma preocupante indústria cultural, mas que há, também, novos personagens sociopolíticos em fermentação no mundo, insurgências nas periferias e no coração do próprio sistema, movimentos populares na América Latina e no Brasil que introduzem um conjunto de questões e uma multiplicidade de lutas que abalam o capitalismo e desmascaram as raízes de sua devastadora crise. Por essa razão, as temáticas abordadas nesses capítulos, na sua diversidade e interlocução, não são neutras, mas partem da óptica dos subjugados que, embora silenciados e em condições adversas, se organizam com coragem e inteligência política para combater as novas formas de colonialismo e de barbárie implementadas no mundo atual.

Entre os diversos embates teóricos sinalizados no livro, destacamos o enfrentamento que a filosofia da práxis vem tendo particularmente com as insidiosas expressões do pensamento contemporâneo em expansão também no Brasil: o neoliberalismo, o neopragmatismo e o pós-modernismo. "Novas narrativas" que, juntamente com outras teorias filosóficas e políticas, são aqui abordadas com uma análise particularmente crítica, mostrando que, contrariamente às suas aparências sedutoras, trata-se de concepções que procuram perpetuar e fortalecer o sistema-mundo estruturado pelo capitalismo.

A partir desse pano de fundo escrevi diversos textos sobre os embates atuais da filosofia da práxis que foram publicados em várias revistas e capítulos de livros. Nessa 3ª edição, por questões práticas, deixei inalterados os capítulos das edições anteriores. Limitei-me apenas a acrescentar os últimos três capítulos e a sinalizar outros meus textos publicados que focalizam diversos aspectos da filosofia da práxis elaborada por Gramsci, uma revolucionária concepção de mundo protagonizada pelas classes populares quando se organizam politicamente e lutam por um mundo que socializa o poder material e simbólico.

Pela amplitude, complexidade e novidade da filosofia da práxis, temos consciência de que a nossa é uma contribuição muito pequena à gigantesca tarefa que só pode ser enfrentada em conjunto, com uma multiplicidade de pontos de vista e com uma grande dose de criatividade e ousadia. Para não desanimar o leitor que se dispõe a folhear e ler esse livro, só gostaríamos de lembrar que a filosofia da práxis foi já capaz de se afirmar em síntese superior diante da "economia inglesa, da política francesa e da filosofia clássica alemã". E se, entre erros e acertos, chegou a desencadear tantas revoluções e mudanças decisivas para o avanço da humanidade em muitas regiões do nosso planeta, não pode se intimidar frente aos atuais embates, complexos e difíceis, sim, mas igualmente indeclináveis e fascinantes.

ANOTAÇÕES PARA UMA TEORIA DO CONHECIMENTO

Buscar a real identidade na aparente diversidade e contradição, e descobrir a substancial diversidade dentro da aparente identidade é a mais delicada, incompreendida e, contudo, essencial capacidade do crítico das ideias e do histórico do desenvolvimento social.

Gramsci

UMA NOVA INTELIGIBILIDADE DO REAL

Investigar a realidade sociopolítica na sua complexidade e tentar compreender suas dinâmicas foi, para Gramsci, um compromisso tão absorvente quanto o seu envolvimento político nas lutas das classes trabalhadoras. Entre artigos, ensaios, cartas, anotações, projetos de pesquisa e estudos exploratórios, a sua produção carcerária e pré-carcerária chega a formar um conjunto considerável de análises e reflexões que, para além da aparente fragmentariedade, revelam uma precisa concepção de mundo, um método de investigação e o desenho de uma nova teoria do conhecimento.

Artigo publicado na "Revista Brasileira de Educação", jan/fev/mar/abr, 2001, n. 16.

Nenhum livro sistematizado ou tratado acadêmico, no entanto, resultou desta ampla atividade intelectual que se adentrou na política, na história, na filosofia, na educação, na literatura, na economia, na sociologia, na arte, na religião etc. Seus escritos, na verdade, se de um lado compreendem temáticas mais meditadas e elaboradas, por outro se apresentam na forma de anotações e de incursões de "primeira aproximação",[1] portanto, inacabados, deixados para retomadas sucessivas, abertos ao debate com possíveis interlocutores que poderiam sempre "completar e modificar" tais posições.

Valentino Gerratana – responsável da edição integral italiana dos *Cadernos do cárcere* – observa que estas características não se explicam só pela movimentada vida política de Gramsci e pela sua precária condição de prisioneiro, mas são intrínsecas à lógica do seu pensamento, fazem parte da "natureza dialógica da sua mentalidade filosófica".[2] Gramsci, de fato, fala frequentemente de um novo tipo de filósofo, do "filósofo democrático" que, consciente de que "todo mestre é sempre aluno e todo aluno mestre",[3] instaura uma relação dialética entre ciência e vida, entre conhecimento e ação, entre filosofia e política. Imbuído desta estreita relação, o novo intelectual opera de tal modo a modificar o ambiente do qual faz

---

[1] "Trata-se, muitas vezes, de afirmações não conferidas, que poderíamos chamar de 'primeira aproximação': alguma delas, em pesquisas ulteriores, poderia ser abandonada e até a afirmação oposta poderia revelar-se exata" (GRAMSCI, A., *Quaderni del carcere*, edição crítica de GERRATANA, V., Torino, Einaudi, 4 vols., 1975. De agora em diante citados com a sigla Q, o número do caderno, o número da(s) página(s) e o número da nota com o símbolo de parágrafo na frente. Assim, no caso acima: Q8, 935, preliminares antes da §1).
[2] GERRATANA V., *Gramsci, questioni di metodo*, Torino, Einaudi, 1997, p. 13.
[3] Q10, 1330-1332, §44.

parte e percebe que o próprio meio, a "realidade objetiva" que o cerca "funciona como mestre", enquanto o obriga a um contínuo aprendizado e a uma incessante superação do próprio saber.[4] Estas afirmações revelam-se tanto mais sinceras quando se lembra que Gramsci, no cárcere, sentindo-se longe "da complexidade molecular da vida real", confessará que a falta de contato direto e pessoal com interlocutores reais se transforma em dificuldade cognitiva, quase na impossibilidade de pensar e escrever devido à distância da "impressão imediata, direta, viva, da vida de Pedro, de Paulo, de João, de específicas pessoas reais, sem entender as quais não é possível compreender o que é universalizado e generalizado".[5]

Portanto, é no campo das experiências concretas, na interlocução crítica com a cultura e no embate com os projetos políticos existentes no movimento real da história que, para Grasmci, se chega progressivamente à compreensão de si mesmo, à elaboração de uma própria concepção de mundo, de uma teoria do conhecimento e à construção de métodos que "cada pesquisa científica cria para si da forma mais adequada".[6] Para Gramsci, de fato, assim como para Marx, o pensamento é parte integrante da realidade e existe uma ligação inseparável entre o agir e o conhecer. A leitura dos fatos e a compreensão das coisas não são abstrações aleatórias e assépticas, mas derivam da trama sociopolítica na qual os indivíduos estão situados. A "gnosiologia", então, mais do que um conjunto de técnicas e operações mentais, é a "filologia vivente da experiência dos particula-

---

[4] *Ibid.* Pela sua importância, estas páginas mereceriam uma leitura integral até para perceber melhor o significado que Gramsci confere ao conceito de hegemonia estritamente vinculado à relação pedagógica que deve governar o novo sentido da democracia em todas as instâncias locais e mundiais.
[5] GRAMSCI, A., *Lettere dal cárcere 1926-1937,* edição de A., SANTUCCI, Palermo, Sellerio Editore, 1996, 2 vols, p. 222 (19 de novembro de 1928).
[6] Q6, 826, §180.

res imediatos"[7] elaborada dentro de uma visão global e de uma práxis em que política, história e conhecimento não são pensados separadamente, mas são considerados como o lugar de formação de sujeitos críticos e ativos, fautores de autodeterminação e hegemonia.

Neste sentido, a tarefa epistemológica, em Gramsci, não se resolve em abstrações, em exercícios cerebrais nem em "mero dizer" de narradores que "conversam" e "redescrevem", "livres de injunções", mas está vinculada a um ativo agir político. Construir uma teoria de conhecimento, portanto, significa "operar" de forma tal que o real possa se tornar inteligível às classes subalternas e que estas possam descobrir, com método apurado e "por conta própria", os nexos existentes entre as coisas, as contradições entre a condição desumana em que vivem e os discursos encobridores do poder. A profunda ligação com os problemas reais do mundo, a descoberta das suas contradições e as tentativas de superá-las politicamente constituem a base sobre a qual os subalternos podem vir a construir a formação da própria subjetividade, adquirir uma outra inteligibilidade do real e se utilizar de um "espírito crítico" que recuse qualquer princípio de autoridade, desconfie do que está dado e naturalizado e crie as condições para projetos alternativos de sociedade.

A conquista de um conhecimento crítico, autônomo e criativo é tão crucial para a liberdade e a afirmação dos projetos políticos dos setores subjugados que Gramsci chega, em diversos momentos, a traçar as linhas do seu processo de formação. Em primeiro lugar, observa, é preciso aprender a respeitar o saber popular mesmo na sua desorganicidade e fragmentariedade, sem, contudo, deixar de ter uma posição crítica frente às opiniões e às "crenças" disseminadas no "senso comum". A par-

---

[7] Q7, 857, §6 e 11, 1430, §25.

tir desse, se chega a perceber o "bom senso", presente em tantos conhecimentos populares, e que "merece ser desenvolvido e tornado coerente".[8] Mas, além disso, é necessário aprender a criar uma capacidade crítica frente ao saber acumulado e repassado oficialmente, que deve ser visto não como óbvio e natural, mas como sendo interpretado e administrado por grupos sociais que visam precisos objetivos políticos. A partir desta consciência, as classes populares e seus intelectuais, passam a demarcar os elementos de ruptura e de superação em relação às concepções dominantes, a operar novas sínteses à medida que adquirem "uma progressiva consciência da própria personalidade histórica". O "novo intelectual" (que não é apenas um indivíduo, mas é também constituído por diversos sujeitos políticos organizados), enquanto analisa criticamente e trabalha para "desorganizar" os projetos dominantes, se dedica a promover uma "nova inteligência social", capaz de pensar a produção, a ciência, a cultura, a sociedade na óptica da classe subjugada à qual pertence.

O programa de pesquisa de Gramsci, portanto, emana de um "pensamento vivido", de uma "filologia vivente" que chega a transformar também o estudo isolado do cárcere em "experiência civil",[9] em projeto *für ewig* [10], "desinteressado" (quer dizer, de longo prazo e de amplo alcance), para promover um novo e mais avançado sentir coletivo, "para justificar uma atividade prática, uma iniciativa de vontade"[11] dos que da submissão querem passar para a conquista da autonomia, da liberdade, até chegar a um novo projeto de sociedade com dimensões

---

[8] Q11, 1380, §12.
[9] Q15, 1776, §19.
[10] GRAMSCI, A., *Lettere dal Carcere, op. cit.*, p. 55 (19 de março de 1927).
[11] Q13, 1588 §17.

"ético-políticas". Em Gramsci, de fato, o conhecimento e a vontade, embora distintos, não são duas esferas separadas do agir humano, mas se relacionam dialeticamente. Tanto é que, na sua vida como em seus escritos, não há um "corte"[12] entre rigor científico e luta política, entre razão e paixão, entre conhecimento sistematizado e saber popular, entre "o pessimismo da inteligência e o otimismo da vontade".[13] E tal como o intelectual, o militante político e a coerência ética formam nele uma personalidade unitária, assim também seus escritos aparentemente a-sistemáticos confluem e são orquestrados pela "filosofia da práxis, a ciência da dialética ou gnosiologia".[14]

Para observar como Gramsci tece o fio de uma nova teoria do conhecimento, seria conveniente percorrer os seus escritos ou, pelo menos, estudar algumas temáticas do seu imenso "canteiro de obra", onde os fatos particulares e a visão de conjunto se entrelaçam contínua e dialeticamente permitindo a circulação do empírico ao universal e vice-versa, sem nunca fechar o círculo e chegar a uma conclusão definitiva. Aqui, além de encontrar indicações e critérios epistemológicos anotados nos diversos *Cadernos*, é possível verificar concretamente como Gramsci argumenta, como constrói o seu raciocínio, como elabora suas ideias, como muda de perspectiva, repensa e reestrutura seu pensamento. Lendo, particularmente,

---

[12] Defendido, entre outros, por BACHELARD, G., *A formação do Espírito científico*, Rio de Janeiro, Contraponto, 1996, particularmente, os caps: I-III.
[13] Esta expressão, atribuída a Romain Rolland, está já presente em alguns artigos de Gramsci de *L'Ordine Nuovo* (ex. ON, 3-10/04/1920 e 10/07/1920) e volta a aparecer também nos *Cadernos*: Q1, 75, §63; Q6, 762, §86; Q9, 1132, §60; Q28, 2331, §11.
[14] Q11, 1448, §33.

os *Cadernos* o que impressiona, não é tanto a incalculável quantidade de informações e a ramificação dos seus interesses intelectuais, mas, principalmente, a maneira original de pôr as questões, o horizonte interpretativo vinculado à realidade concreta das classes populares, a capacidade de ressignificar conceitos e de elaborar novas categorias. Nisso tudo, mais do que sugestões de aprendizagem, recursos técnicos e metodológicos, percebe-se o mestre consumado na arte da dialética, o educador experimentado capaz de levar gradualmente o leitor a enxergar a complexidade do real, a reconhecer a multiplicidade das suas partes, suas contradições fundamentais, seus nexos mais profundos e os caminhos para a recomposição do mundo a um nível superior e mais avançado de compreensão e unidade.

CIÊNCIA – OBJETIVIDADE – SUBJETIVIDADE

Traçar uma teoria do conhecimento a partir do ponto de vista dos interesses das classes trabalhadoras não significa, para Gramsci, acreditar que estas sejam depositárias privilegiadas de alguma verdade pré-constituída ou que preexista um sujeito unitário que opere coletivamente de forma homogênea e infalível. Como para todo grupo social que queira conquistar sua hegemonia, ainda mais quando se trata das classes populares, Gramsci deixa claro que estas precisam passar por um processo constitutivo de sua identidade, de sua intelectualidade e por uma educação que exige a construção rigorosa de um saber mais avançado e socializado.

Desde seus escritos pré-carcerários, Gramsci destaca, em repetidas ocasiões, o valor das ciências e as conquistas inquestionáveis da humanidade no campo das descobertas e dos avanços tecnológicos. Estudar criticamente este percurso, com seus "múltiplos esforços, erros e vitórias pelos quais os homens passaram até chegar ao atual conhecimento"[15], é um processo necessário e altamente educativo, principalmente para as classes populares que precisam se apropriar dos instrumentos fundamentais do conhecimento, superar seu saber disperso e aproximativo, adquirir confiança em suas capacidades.

A expansão das ciências na modernidade, para Gramsci, foi um avanço extraordinário na história humana, pois, além de libertar o ser humano de injunções metafísicas e autoritárias, conseguiu abrir o acesso do conhecimento às massas populares permitindo a sua progressiva emancipação e a sua afirmação social e política. Síntese de atividade teórica e prático-instrumental, o surgimento da ciência moderna "separa dois mundos da história, duas épocas e inicia o processo de dissolução da teologia e da metafísica, desenvolvendo o pensamento moderno cujo coroamento se dá na filosofia da práxis". Nada melhor do que a elaboração desta filosofia faz entender como "... o cientista experimental é (também) um operário, não um puro pensador e seu pensamento é continuamente controlado pela prática e vice-versa, até formar a unidade perfeita de teoria e prática".[16]

Derivam disso as tantas insistências de Gramsci sobre a educação científica e humanista, técnica e social, profissional e política, capaz de formar "dirigentes" do próprio mundo, de aliar a criatividade e a versatilidade de Leonardo[17] com a interioridade e a sensibilidade popular de Lutero,[18] as duas figuras mais emblemáticas do Renascimento. Lembrando suas próprias experiências de estudante, Gramsci insiste, repetidas vezes, sobre a necessidade de adquirir disciplina no estudo, amplo domínio no campo do saber, técnicas apu-

---

[15] GRAMSCI, A., *Scritti Giovanili: 1914-1918*. Torino, Einaudi, 1972, pp. 61-64.
[16] Q11, 1449, §34.
[17] GRAMSCI, A., *Lettere dal carcere, op. cit.*, pp. 601 (1º de agosto de 1932) e 644 (28 de novembro de 1932).
[18] Q10, 1293-1294, §41.

radas de aprendizagem, capacidade de formular conceitos claros e precisos. Ao longo desse processo é preciso saber construir uma argumentação lógica e rigorosa, ser concreto e objetivo na escolha das questões centrais e dos adversários mais importantes, de ter cautela nas afirmações sabendo reconhecer que o conhecimento é fruto de um movimento coletivo, é processual e conflituoso, como a arte política. Ao fazer pesquisa, adverte, não se deve "forçar os textos" para dobrá-los a teses pré-concebidas,[19] mas ter sempre "cautelas filológicas",[20] admitir a "possibilidade do erro", reconhecer a honestidade intelectual e o ponto de vista dos outros, a provisoriedade dos resultados obtidos e a falibilidade das próprias certezas, sem com isso descaracterizar as próprias convicções de fundo.[21]

Esta concepção histórica, pública e controvertida do conhecimento deixa Gramsci longe das discussões que, hoje, instituem um processo à ciência e instauram critérios interpretativos que combatem a razão moderna.[22] Gramsci, de fato, denuncia qualquer "superstição científica", qualquer ilusão que considera a ciência como uma nova religião ou um "novo tipo de Messias" acima da liberdade e da criatividade

---

[19] Q6, 838, §198.
[20] Ilustrativa a este respeito é a nota *"Questões de método"*: "Quando se pretende estudar... é necessário realizar preliminarmente um trabalho filológico minucioso e conduzido com o máximo escrúpulo de exatidão, de honestidade científica, de lealdade intelectual, de ausência de qualquer preconceito e *a priori* ou posição de partido" (Q16, 1840-1844, §2). G. BARATTA, *Le rose e i quaderni. Saggio sul pensiero di Antonio Gramsci*, Roma, Gamberetti, 2000, pp 101ss, no intuito de mostrar o "ritmo do pensamento nos *Cadernos do cárcere*", faz um interessante paralelo entre a "primeira redação" (texto A de 1930-1932) de Gramsci em Q4, 419-420, §1 e a "segunda redação" (texto C de 1933-1934) em Q16, 1840-1844, §2.
[21] Para um apanhado essencial de indicações metodológicas traçadas por Gramsci, sugerimos, também, a leitura de Q11, 1404-1406, §15.
[22] A crítica mais radical à razão e à cultura ocidental é de Nietzsche. Para uma análise crítica do pensamento de Nietzsche sugerimos também G. SEMERARO, "Nietzsche e a 'vontade de potência'", *Revista de Cultura Vozes*, Petrópolis, 2000, n. 94, pp. 15-30.

dos homens.[23] Mas, também, recusa o relativismo e o pragmatismo, típicos dos nossos dias, que disseminam o ceticismo, isolam os fatos e acabam fortalecendo os argumentos dos mais fortes.

A filosofia da práxis, para Gramsci, tem uma concepção própria que deve ser mantida longe tanto da "contaminação da filosofia do Iluminismo e do evolucionismo cientificista",[24] como do "espontaneísmo"[25] e do "pragmatismo que constrói a filosofia 'utilitaristicamente' no sentido imediatista"[26] justificando o conformismo com o "eterno presente". Na base do conhecimento, como Gramsci o entende, não pode haver lugar para mito algum, seja ele de caráter racionalista, empiricista ou irracionalista. E, se critica o subjetivismo transcendental que atribui a uma mente universal abstrata a garantia da verdade,[27] também recusa a visão fisicalista que reduz o mundo a um materialismo mecanicista e toda filosofia que identifica a vida humana com impulsos naturais e individualistas. Em todas estas expressões, Gramsci via reedições da metafísica, um fenômeno que atingia também leituras que faziam do marxismo uma "filosofia científica" irretocável ou um "socialismo utópico" alimentado por ilusões de sonhadores.

Partindo destas convicções, Gramsci, embora recuse qualquer dualismo entre a natureza e o ser humano,[28] faz questão de distinguir o âmbito próprio das ciências sociais que é diferente da estruturação das ciências naturais voltadas

---

[23] Q11, 1458, §39.
[24] Q19, 1985-86, §5.
[25] Q13, 1557, §1.
[26] Q17, 1925-26, §22.
[27] Q11, 1457, §37.
[28] Para Gramsci existe um vínculo ativo e relacional entre o homem e a natureza: "A própria história humana é também história da natureza, pela história da ciência" (Q4, 469, §43) e "O homem não entra em relação com a natureza, simplesmente, pelo fato de ser ele mesmo natureza, mas ativamente, pelo trabalho, pela técnica,... a consciência filosófica" (Q10, 1345, §54).

essencialmente para a busca de leis universais, da regularidade e da previsibilidade. O conceito de previsão elaborado pelas ciências físicas e naturais não serve quando se quer construir uma "metodologia da história". Nesta, "é possível prever 'cientificamente' só a luta, mas não seus momentos concretos que resultam de forças conflituosas em contínuo movimento, nunca reduzíveis a quantidades fixas, porque nelas a quantidade se torna continuamente qualidade".[29] Na história e na política, continua Gramsci, é possível 'prever' à medida que se opera, "quer dizer, se aplica um esforço voluntário, organizado e, assim, se contribui concretamente para criar o resultado 'previsto' ".[30] Portanto, não é possível separar o conhecimento da vontade, a ciência da posição social e dos pressupostos teóricos que orientam os atores e os próprios cientistas. Esta relação dialética, defendida pela filosofia da práxis, contrariamente aos fautores da neutralidade científica, quando conscientemente reconhecida e politicamente assumida, pode ampliar ainda mais os horizontes da ciência e da compreensão histórica. A filosofia da práxis, na verdade, infunde mais consistência à investigação histórica, enquanto expressão ao mesmo tempo da "infinita variedade e multiplicidade... dos fatos particulares", em sua inconfundível "individualidade", e da "compilação empírica de observações práticas", da percepção de "tendências" e de "leis universais". Assim, não se deixa aprisionar pelas "leis estatísticas ou pelos grandes números", expressões de uma sociologia que no lugar de uma "filologia vivente" faz uma matemática social e uma classificação exterior. Limitar-se a isso, argumenta Gramsci, significa supor que os homens são coisas e os grupos sociais permanecem sempre passivos. Mas, isso não é apenas um "erro científico", um sinal de superficialidade e de "preguiça mental". É, principalmente, o resultado de um preconceito que induz a crer que não

---

[29] Q11, 1403-1404, §15.
[30] *Ibid.*

existe ação política, que não há espaços de liberdade, de envolvimento "apaixonado", de "coparticipação ativa e consciente", de criatividade e de decisões que promovem a responsabilidade e as transformações inesperadas no lugar do conformismo e de comportamentos mecânicos.

Então, com tanta carga de subjetividade e de intencionalidade política, como seria possível chegar a um conhecimento "objetivamente" estabelecido? Como conseguir alguma certeza? A Gramsci não escapa esta questão e observa que nenhuma ciência pode afirmar verdades definitivas, que não se pode pedir à ciência a prova da objetividade do real, uma vez que tal "objetividade" é sempre uma concepção de mundo, uma filosofia e não pode ser um dado científico. O trabalho científico – argumenta Gramsci – opera em duas direções: de um lado retifica e fortalece a capacidade de apreensão, aperfeiçoa os instrumentos da experiência e do controle, elabora princípios mais elevados e complexos de indução e de dedução; por outro, contribui para separar o que é necessário do que é arbitrário, individual, transitório. Com isso se chega a estabelecer o que pode ser examinado pela experiência comum: " 'objetivo', realidade objetiva, significa exatamente o que é verificado por todos os homens, independentemente de qualquer ponto de vista meramente particular ou de grupo. Mas, no fundo, esta também depende de uma específica concepção de mundo, é uma ideologia".[31] Por quê? Porque todas as afirmações "objetivas" de ciência são sempre históricas, construídas, vinculadas aos objetivos predominantes de uma sociedade e, portanto, superáveis: "Se as verdades científicas fossem definitivas, a ciência como pesquisa, as novas experiências e atividades científicas se reduziriam à divulgação do já descoberto. Mas isso não é verdade, para sorte da ciência. Ora, se nem as verdades científicas são definitivas e apodíticas,

---

[31] Q11, 1456, §37.

também a ciência é uma categoria histórica, é um movimento em contínuo desenvolvimento".[32] O que se estabelece é, isto sim, uma luta pela "objetividade".[33] A ciência recorre a representações e teorias para se expressar e as representações são produtos humanos, construções históricas que nascem de práticas científicas, sociais e de interesses políticos. As categorias e os conceitos utilizados são criados, organizados, transformados e aplicados dentro da visão, dos valores e das relações que os grupos sociais estabelecem entre si.

Então, não é a ciência, por si só, automaticamente, que estabelece a objetividade do real, mas é o próprio homem, são os interesses dos grupos sociais que designam o que é comum, elaboram os métodos, modificam os instrumentos e definem as metas. Quer dizer, o que está por trás da ciência são as relações entre os homens, é a cultura, a concepção de mundo predominante em um momento histórico dado: "Toda ciência está vinculada às necessidades, à vida, à atividade do homem. Sem a atividade do homem, criador de todos os valores, inclusive científicos, o que seria a "objetividade?".[34] Para Gramsci não existe objetividade absoluta, como se houvesse "um ponto de vista cósmico", mas esta é sempre "humanamente objetiva", é uma objetividade histórica, capaz de alcançar um "universal objetivo", "subjetivamente" definido.

Esta, na realidade, é a visão da filosofia da práxis que não separa o homem da natureza, a atividade da matéria, o sujeito do objeto. Diversamente de Weber[35] e Durkheim[36], que separam a ciência da política, os fatos dos valores, Gramsci defende uma relação dialética entre eles (não uma identifica-

---

[32] *Ibid.*
[33] Q11, 1416, §17.
[34] Q11, 1457, §37.
[35] WEBER, M., *Ensaios de sociologia,* Rio de Janeiro, Zahar, 1982; *A política e o cientista,* Lisboa, Editora Presença, 1983.
[36] DURKHEIM, E., *As regras do método sociológico,* Rio de Janeiro, Cia. Ed. Brasileira, 1973.

ção), uma vez que toda "objetividade" implica sempre uma subjetividade. Assim, antes de se preocupar com a "objetividade" da ciência, é preciso – observa Gramsci – verificar se o ser humano que a faz é, de fato, objetivo não fictício, se é concreto, histórico, em sintonia com a sua realidade, expressão de necessidades reais não de ideologias inculcadas.

Trata-se, então, de examinar atentamente a função da ideologia, da qual também o pesquisador é portador, consciente ou inconscientemente.

IDEOLOGIA E CONSTRUÇÃO DO CONHECIMENTO

Na construção do conhecimento o ponto de partida, para Gramsci, é sempre a realidade concreta, são as relações de força historicamente produzidas e objetivadas entre os grupos sociais. Mas, além das condições materiais cristalizadas na história, para Gramsci, devem ser levadas em consideração também as tensões projetuais, menos visíveis imediatamente, existentes nas diversas organizações políticas em luta pela hegemonia. Desta forma, todo ponto de partida vem sempre acompanhado de um ponto de vista, de um "pré-entendimento" que orienta as análises e que Gramsci deriva das condições de vida, das aspirações e das propostas em gestação nas classes populares. Não que estas estejam de posse de alguma verdade pré-constituída ou tenham algum acesso privilegiado à verdade, como se o fato de serem espoliadas e injustiçadas as habilitasse automaticamente a uma visão global de mundo e as pusesse, por si mesmo, em condição de possuir uma concepção filosófica e ético-política

---

[37] É o que, às vezes, deixa transparecer M. Löwy, *As aventuras de Karl Marx contra o Barão de Münchhausen*, São Paulo, Cortez Editora, 1998, com sua alegoria do mirante e da paisagem da verdade, mencionadas particularmente nas pp. 126ss.

mais elevadas.[37] Gramsci não sacraliza a classe popular nem atribui a um "sujeito coletivo", naturalmente unitário, a "tarefa histórica" da revolução.[38] Em Gramsci, não há nenhum "sujeito homogêneo" portador de uma prévia orientação revolucionária, uma vez que os projetos políticos qualitativamente superiores e a visão mais avançada dos trabalhadores só podem derivar da capacidade de luta, da formação de sua autonomia, da organização e das conquistas sociais abertas a uma história que não garante nada *a priori*.

Mais do que isso, para serem efetivas, as conquistas das classes subjugadas não podem se restringir às reivindicações econômicas, à produção e ao consumo material, mas devem inaugurar uma nova maneira de pensar, devem instaurar valores e relações sociais que promovam a participação, a criatividade, a responsabilidade, a construção de um conhecimento democrático que permite "um progresso intelectual de massa e não apenas de reduzidos grupos intelectuais".[39] Daqui se entende porque o sentido de "hegemonia" em Gramsci, além de prático-político, "representa um grande progresso filosófico e não puramente psicológico e moral", pois visa à criação de novas dimensões gnosiológicas e científicas, "cria um novo terreno ideológico, determina uma reforma das consciências, dos métodos de conhecimento, é um fato de conhecimento, um fato filosófico".[40]

Ora, a realização deste projeto econômico, ético-político e científico-cultural demanda uma notável capacidade de conhecimento que saiba articular e orientar as lutas de todo um grupo social na criação de um novo tipo de sociedade e de Estado, "exige a construção de uma nova ordem intelectual e moral, ou seja, de um novo tipo de sociedade e, portanto,

---

[38] LUKÁCS, G., *História e Consciência de classe*, Porto, Elfos, 1989, inspirado nos conceitos de história e de autoconsciência de Hegel, considera a classe operária como um ser social unitário e portador da revolução.
[39] Q11, 1385, §12.
[40] Q10, 1249-50, §12.

a necessidade de elaborar os conceitos mais universais, as armas ideológicas mais sofisticadas e decisivas".[41] Deriva disso o fato de que nos escritos de Gramsci, o conceito de ideologia não aparece retratado como "falsa consciência", como "visão invertida" e ilusão deformadora da realidade, como sistema irresistível de ideias armado pelos governantes para manipular indivíduos que se deixariam enredar passivamente nas "ideias dominantes da classe dominante".[42] Gramsci não consegue imaginar uma população inteira mergulhada em uma névoa ideológica homogênea e paralisante. Ainda que na condição de dominado, acredita que ninguém se torna inteiramente cego e alienado a tal ponto de ser incapaz de pensar criticamente, de se revoltar, de se organizar e lutar por alternativas. Na verdade, Gramsci percebe que na consciência dos oprimidos há um amálgama contraditório de valores, em parte provenientes da visão dos seus governantes e, em parte, derivados do próprio saber popular e das próprias experiências sociopolíticas.

No léxico político de Gramsci o conceito de ideologia não é unívoco, mas complexo, retratado ora como recurso que mascara a realidade ora como força amalgamadora e constitutiva de subjetividades políticas. E, se a ideologia não é um mero "reflexo" das estruturas materiais, por ter uma sua autonomia relativa, também não é uma ilusão, uma pura criação da imaginação deformada das pessoas, uma vez que é "um fato histórico real", operante na conduta dos homens. Na verdade, trata-se sempre de uma popularização de concepções filosóficas, da manifestação concreta de como as pessoas entendem o mundo. Deste modo, as ideologias podem se tornar tanto instrumento de dominação como de promo-

---

[41] Q11, 1508-9, §70.
[42] Esta é a crítica que Gramsci dirige a Croce, em relação ao qual "poderia se dizer que as ideologias para os governados são pura ilusão e engano sofrido, enquanto para os governantes são um engano intencional e consciente" (Q10, 1319, §41 XII). Ver, também, EAGLETON, T., *Ideologia*, São Paulo, Unesp, 1997, particularmente, pp. 65-88.

ção dos grupos subalternos, porque além do poder de desagregação, as "ideologias" podem ter uma função "orgânica", de consciência e de "cimento" aglutinador das diversas lutas dispersas no universo popular. Evocando uma das mais notórias expressões de Marx[43], Gramsci está convencido de que é por meio da ideologia que determinados grupos sociais "tomam consciência do próprio ser social, da própria força, das próprias responsabilidades, do próprio devir".[44]

Assim, como para diversas categorias trabalhadas dialeticamente, no vocabulário político de Gramsci, a ideologia é definida ao mesmo tempo como "progressiva" e "regressiva", "orgânica" e "desorgânica", "construtiva" e "deterior", "racional" e "irracional", "aberta" e "dogmática". Nas mãos da burguesia, que não representa o conjunto da sociedade, a ideologia se torna uma força que mistifica e desagrega as relações sociais pelo fato de apresentar interesses particulares como sendo de toda a sociedade e tentar em vão "conciliar interesses opostos e contraditórios". Por ser arbitrária, é necessário desnudar e combater esta ideologia porque expressão direta de uma hegemonia que visa naturalizar as relações sociais e universalizar a crença na sua inevitabilidade. Para Gramsci, este tipo de ideologia dissimula a realidade enquanto busca legitimar subliminarmente o poder pela manipulação e pelo consenso passivo, portanto, "não pode sequer colocar-se a fundamento de uma ciência, pois não passa de uma ideologia política imediatista".[45]

Por outro lado, ao mesmo tempo em que repele todo sectarismo e posturas doutrinárias presentes também nos gru-

---

[43] MARX, K., "Prefácio" à *Contribuição à crítica da economia política* (1859): "São as formas jurídicas, políticas, religiosas, artísticas ou filosóficas, numa palavra, as formas ideológicas em que os homens adquirem consciência desse conflito (econômico) e lutam para resolvê-lo", em: K. MARX – F. ENGELS, *Obras escolhidas*, São Paulo, Alfa-Ômega, s.d.,v. 1, p. 302.
[44] Q10, 1319-20, §41 XII. Esta não é a única citação. Gramsci, nos *Cadernos*, faz 22 vezes referência a esta função ativa da ideologia.
[45] Q10, 1325 §41 XIV.

pos dominados, Gramsci sustenta que é possível e necessário para as classes trabalhadoras elaborar, aberta e conscientemente, uma ideologia própria que permita unificar suas lutas e dar visibilidade ao seu projeto de sociedade, tornando-se "expressão destas classes subalternas que querem educar a si mesmas na arte de governar e que têm interesse em conhecer todas as verdades, até as desagradáveis e evitar os enganos (impossíveis) da classe superior e ainda de si mesma".[46]

FILOSOFIA DA PRÁXIS: "CIÊNCIA DA DIALÉTICA OU GNOSIOLOGIA"

Quando as classes subjugadas se organizam, se apropriam da política e se educam para criar uma nova concepção de hegemonia, baseada na condução democrática e popular do poder, ocorre uma revolução ético-política na sociedade. Mas, o que muda é também o modo de fazer ciência, de interpretar a realidade, pois, as perguntas que surgem dos interesses conjuntos passam a ser diferentes, os critérios que orientam a pesquisa adquirem outra óptica, uma vez que surge "novo modo de pensar, uma nova filosofia e também uma nova técnica".[47]

A esta nova concepção, que "inicia uma nova fase na história e no desenvolvimento mundial do pensamento",[48] Gramsci chama de filosofia da práxis, de "nova filosofia", "dialética nova", pelo fato de superar (e superando incorpora os elementos vitais) tanto o materialismo mecanicista e ingênuo, de "reflexo especular", como o idealismo abstrato e as teorias "criacionistas" da consciência solitária. Esta nova dialética, definida como "teoria do conhecimento do materialismo histórico",[49] para Gramsci, é considerada, ao mesmo tem-

---
[46] Q10, 1320, § 41XII.
[47] Q11, 1464, §44.
[48] Q11, 1425, §22.
[49] Q7, 877, §29.

po, como lógica e método argumentativo, como princípio do conhecimento e instrumento de ação, como modalidade constitutiva do próprio real. Por meio da dialética, ciência das inter-relações das diversas partes da realidade, instrumento de compreensão das suas dinâmicas e contradições, é possível estabelecer novas relações cognitivas e operativas na sociedade devido às ligações recíprocas e inseparáveis entre história, política e economia.

Então, o que Gramsci chama de filosofia da práxis nada mais é se não o nexo "orgânico" entre as várias partes do real, o conhecimento da própria história nas suas dinâmicas, nas suas contradições e criações. Toda esta complexidade deve ser objeto de atentas "filologias", mas sempre visando a entender como uma realidade é um momento das forças materiais de produção, de determinadas relações sociais, de uma história morta, mas viva ao mesmo tempo, portanto, é cristalização do passado, criação do presente e força propulsora de futuro.[50]

A filosofia da práxis, portanto, não é "ato puro", puro pensamento, esquema gnosiológico abstrato que "cria" idealisticamente as coisas e os fatos, mas "ato impuro", atividade concreta, histórica, fundada em relações abertas, dinâmicas, dialéticas do homem com a natureza, da vontade humana com as estruturas econômicas, dos projetos políticos com as cristalizações culturais. E embora em Gramsci se encontrem elementos que tendem a reduzir a natureza a correlato passivo da práxis humana transformadora",[51] não há uma diminuição da realidade objetiva e de sua independência ontológica, mas há uma ênfase no sentido de que a natureza, a matéria, o objeto são significados pela atividade humana. Diversamente, não se explicaria o embate crítico

---
[50] Q11, 1443, §30.
[51] MARTELLI, M., *Gramsci Filosofo della Politica,* Milano, Ed. Unicopli, 1996, pp. 42-43.

que travou com o neoidealismo italiano e o "criacionismo gnosiológico" de Croce e Gentile.[52]

Reequilibrando certa acentuação posta sobre o peso do mundo objetivo presente no marxismo e uma certa subordinação da superestrutura à base econômica, Gramsci destaca que o ponto crucial de todas as questões em torno da filosofia da práxis é a formação de sujeitos críticos, a capacidade cognitiva e o espírito de iniciativa a serem despertados naqueles que sofrem a ação dos dominantes e a passividade frente às estruturas existentes. Daí a sua pergunta: "Será que a estrutura é entendida como alguma coisa de imóvel e de absoluto ou, pelo contrário, como a própria realidade em movimento e a afirmação das *Teses sobre Feuerbach* do 'educador que deve ser educado' não coloca uma relação necessária de reação ativa do homem sobre a estrutura, afirmando a unidade do processo do real?".[53] A capacidade de desencadear o "movimento histórico" e, portanto, uma nova epistemologia, ocorrem quando se realiza a síntese dialética entre a realidade objetiva do meio e a atividade subjetiva dos homens organizados livremente, entre as condições materiais e a intervenção humana, entre estrutura econômica e iniciativa política. Na história, e no processo de conhecimento, há uma compenetração de forças relativamente estáveis, permanentes, regulares, "objetivas", com forças intencionais, ativas, criativas, "subjetivas". Quer dizer, há uma correlação dialética entre necessidade e liberdade, de modo a não ser pensável uma necessidade sem liberdade ou uma liberdade sem necessidade. Assim, quando se mutila a liberdade se degenera para o mecanicismo fatalista e para a política catastrofista, e ao ignorar a necessidade se desliza para o idealismo especulativo e para políticas conciliatórias. Só no reconhecimento da recipro-

---

[52] Q11, 1485-86, §59.
[53] Q10, 1300, §40.

cidade dialética destes componentes, a história se torna possível e a existência humana e social um campo aberto às transformações e ao futuro[54].

A nova construção do conhecimento delineada por Gramsci está fundada sobre uma dialética dinâmica e criativa, sobre o conceito de relacionalidade e de historicidade (não de historicismo!), capazes de "encontrar a unidade na diferença" e a "substancial diversidade por dentro da aparente identidade".[55] Nesse processo há uma conversibilidade entre causa e efeito, há uma recíproca determinação entre a multiplicidade dos componentes que formam o movimento constante da realidade, de modo a considerar o imprevisível e as mudanças como manifestações possíveis do real. Nisso, o próprio filósofo "não apenas compreende as contradições, mas põe a si mesmo como elemento da contradição, eleva este elemento a princípio de conhecimento e, portanto, de ação".[56] A própria compreensão de si mesmo, para Gramsci, não acontece natural, intimística ou especulativamente, mas "através de uma luta de 'hegemonias' políticas, de direções contrastantes, primeiro no campo da ética, depois no da política, para se chegar a uma elaboração superior da própria concepção do real".[57]

Como se sabe, o alvo principal de Gramsci, nesta questão, era a desfiguração da dialética hegeliana e marxista operada por Croce, que transformava a "luta dos opostos" em "nexo dos distintos", representando-a no esquema formalístico

---

[54] A mesma lógica sustenta, em Gramsci, a relação dialética que se estabelece entre intelectual-massa; mestre-aluno, sociedade política-sociedade civil, nacional-internacional (Q1, 1330, §44) quantidade-qualidade (Q10, 1341, §50) etc.
[55] Q25, 2268, §4: "Buscar a real identidade na aparente diferença e contradição, e descobrir a substancial diversidade dentro da aparente identidade é a mais delicada, incompreendida e contudo essencial capacidade do crítico das ideias e do histórico do desenvolvimento social".
[56] Q11, 1487, §62.
[57] Q11, 1385, §12.

de identidade e não-contradição e minando assim a força de ruptura e a sua tensão revolucionária. Este processo de domesticação e de desfibramento da dialética tinha seus objetivos claros em Croce, que visava instaurar: "... uma concepção reformístico-moderada do processo histórico, do tipo 'revolução-restauração' ", uma verdadeira construção previamente desenhada da história.[58]

Ora, a intenção de esvaziar o sentido mais perturbador da dialética para submetê-la a desígnios políticos pré-concebidos não foi só uma tentativa astuta de Croce. Hoje, também, se evita falar em dialética como sendo um discurso ultrapassado, apresentando-o como um pensamento circular, necessário e fechado, ou banalizando-o a movimento "bipolar" que converge para uma média conciliadora de pontos positivos e negativos. Agindo assim, o que se atinge não é só o núcleo central do marxismo que Gramsci resgata com os horizontes da filosofia da práxis, mas, principalmente, a capacidade de criar conhecimentos alternativos e o sentido de inúmeras lutas populares que se apresentam como força realmente antitética, como realidade substancialmente nova disposta a não compactuar mas a enfrentar para negar e superar a situação vigente que não tem mais onde se sustentar.

Tal como Gramsci a apresenta, a teoria do conhecimento (ou filosofia da práxis ou dialética), continua a desempenhar uma função insubstituível, particularmente hoje, em um mundo dominado por uma ordem econômico-político-cultural que, embora decante as conquistas científicas, a diferença e o pluralismo, esteriliza concepções alternativas, reprime aspirações populares, sufoca os conflitos e dissimula as contradições, tudo harmonizando, adaptando, conjugando e subordinando a um pensamento único e naturalizado.

---

[58] A respeito, remetemos a SEMERARO, G., *Gramsci e a sociedade civil. Cultura e Educação para a democracia*, 2ª edição, Petrópolis, Vozes, 2001, particularmente as pp. 135-148.
Texto publicado no livro BOITO, A. *et al.* (orgs), *A obra teórica de Marx. Atualidade, problemas e interpretações*, São Paulo, Xamã-IFCH/Unicamp, 2000.

RESGATE E RENOVAÇÃO DO MARXISMO

Tal como a filosofia encontra no proletariado as suas armas materiais, assim o proletariado encontra na filosofia as suas armas espirituais.

K. Marx

O PENSAMENTO CRÍTICO E A ORIGINALIDADE POLÍTICA DE UM MARXISTA CRIATIVO

Perderam qualquer consistência as mais diversas tentativas de fazer de Gramsci um autor desvinculado do marxismo e de seus postulados fundamentais. Desde Benedetto Croce que, ao ler as *Cartas do cárcere* publicadas em 1947, escreveu que Gramsci "pertence a todos... e como homem de pensamento foi um dos nossos"[1], até analistas mais recentes nun-

---
[1] Croce, B., Recensione delle "Lettere dal carcere", em: Quaderni della "Critica", n. 8, luglio, 1947. No ano seguinte, quando saiu o primeiro volume dos *Cadernos do cárcere* " Il Materialismo Storico e la Filosofia di Benedetto Croce", Croce reconhece em Gramsci um autêntico marxista ainda que com posições originais.

ca faltou quem visse no autor dos *Cadernos do cárcere* um "teórico da superestrutura",[2] um voluntarista, um idealista e organicista,[3] um reformista e um social-democrático[4], um "clássico" da política.[5]

Em *Gramsci Conteso: Storia di un Dibattito, 1922-1996*, G. Liguori reconstrói as principais "disputas" provenientes de diversas tendências, inclusive de direita, que se formaram em torno ao pensamento de Gramsci.[6] Ao percorrer a história de tantas diferentes e contrapostas interpretações, no final o que fica evidente não é só o interesse e a admiração que Gramsci despertou em tantos leitores dentro e fora da Itália, mas, principalmente, a percepção do valor da posta em jogo que a sua visão de um marxismo renovado representa para o nosso tempo.

Sintomático é o fato de que, inversamente à crise que afetou o marxismo em seus diversos aspectos, o estudo das ideias de Gramsci veio se aprofundando e multiplicando sem parar. Com a publicação da edição crítica dos *Quaderni del Carcere*,[7] as anotações de Gramsci ganharam uma maior liberdade de enfoques, entraram para uma fase de "escavação" mais rica e "desinteressada". Além de centros de estudos nacionais e internacionais, inúmeros debates e eventos culturais, sua obra recebeu diversas edições, foi traduzida em mais de 30 línguas e se calculam em torno de 15.000 os títulos publicados a seu

---

[2] Ver, particularmente, BOBBIO, N., *O conceito de sociedade civil em Gramsci*, Rio de Janeiro, Graal, 1982.
[3] SBARBERI, F., *Gramsci: un socialismo organico*, Milano, Angeli, 1986.
[4] BONETTI, P., *Gramsci e la Società Liberaldemocratica*, Roma-Bari, Laterza, 1980.
[5] Em relação ao conceito de "clássico" aplicado ardilosamente ao pensamento de Gramsci ver as preciosas considerações de COUTINHO C. N., Socialismo e Democracia: a atualidade de Gramsci, em: AGGIO A. (org), *Gramsci, a vitalidade de um pensamento*, São Paulo, Ed. Unesp, 1998.
[6] LIGUORI, G., *Gramsci Conteso, Storia di un Dibattito, 1922-1996*, Roma, Riuniti, 1996.
[7] GRAMSCI, A., *Quaderni del Carcere* (Q), cit. Ver também GERRATANA, V., *Gramsci, Questioni di Metodo*, cit.

respeito.[8] Mas, independentemente dos números e da repercussão, o que mais impressiona são os pontos de vista originais, a atualidade de tantas questões e os amplos horizontes de pesquisa que as reflexões e as intuições de Gramsci foram capazes de desencadear. Percebe-se, agora, como Togliatti não exagerava quando, mais de 30 anos atrás, afirmava que Gramsci se constituía como "consciência crítica de um século de história... nele todos os problemas do nosso tempo estão presentes e se cruzam".[9]

Mas, será que Gramsci se afasta da tradição marxista? Em que consistiria propriamente o seu marxismo? Qual a peculiaridade e a atualidade do seu pensamento para o mundo de hoje?

A biografia e a militância política de Gramsci não deixam dúvidas quanto a sua íntima vinculação com o marxismo cujas profundas convicções o levaram a fundar e dirigir o Partido Comunista da Itália (PCd'I), a representá-lo oficialmente na URSS e a defendê-lo no Parlamento Italiano como deputado federal. Na realidade, foi assim que os seus contemporâneos o consideraram e nele os companheiros de partido viram a mais expressiva e autorável expressão do marxismo.

Mas, o marxismo de Gramsci não se pode medir unicamente pelas funções oficiais que desempenhou e os cargos públicos que ocupou nos organismos do Partido Comunista. Gramsci, acima de tudo, é um autor que como poucos dentro do marxismo conseguiu perceber as transformações profundas de uma época e se envolveu totalmente nas lutas sociopolíticas do seu tempo ampliando o campo de visibilidade e as conquistas das classes trabalhadoras. Foram estas, particularmente, as condições que lhe permitiram empreender uma

---

[8] CAMMETT, J.M. – RIGHI, M.L., *Bibliografia gramsciana, 1922-1988*, Roma, Riuniti/Fondazione Istituto Gramsci, 1991 e *Bibliografia gramsciana-supplement updated to 1993*, Roma, Fondazione Istituto Gramsci, 1995, hoje atualizada em tempo real em: <www.soc.qc.edu/gramsci>.
[9] TOGLIATTI, P., Gramsci, un uomo, em: RAGIONIERI, E., *Gramsci*, Roma, Riuniti, 1967, pp. 40-41.

reelaboração teórica e política do marxismo cujos resultados, em grande parte, abriram novos horizontes e permanecem atuais até hoje. E, neste processo, como Marx, uniu dialética e criativamente, a ação política à liberdade do pensamento crítico enriquecendo a tradição revolucionária com novos instrumentos teóricos e práticos.

Os estudos mais recentes vêm trazendo à luz a visão poliédrica e a extraordinária visão de um dirigente político e de um intelectual que, em sua vida relativamente curta, não leu só autores marxistas nem se ocupou apenas de política e filosofia, mas manifestou também grande sensibilidade pela literatura, pelas línguas, pela educação, pela religião, pela arte, pela psicanálise, pela economia, pela cultura, pela história particular e universal. Esta versatilidade e abertura de horizontes o levou a não desqualificar sumariamente o ponto de vista dos outros e a não menosprezar seus adversários políticos, mas a entrar no seu próprio campo e a instaurar com eles uma arriscada interlocução dialética capaz, ao mesmo tempo, de desvendar contradições e de incorporar elementos que ampliaram ainda mais os horizontes marxistas. Etienne Balibar compreendeu perfeitamente esta característica de Gramsci quando afirma que: "A tônica de toda a sua vida e de todo o seu pensamento é o risco. Eu diria que a melhor figura que expressa este risco é a da proximidade com o diabo, ou seja, a proximidade que manteve com o adversário".[10]

Mas, certamente, não era por alguma temeridade intelectual ou pelo desejo de uma busca meramente estética que Gramsci se lançava nesta tarefa. É que desde seus escritos pré-carcerários havia percebido que a força das classes dominantes não se apoiava só no controle da economia, mas, principalmente, em complexas iniciativas políticas e culturais. Observando as mudanças em curso no seu tempo deu-se conta de que as energias mais vitais que renovavam o capitalismo

---

[10] BALIBAR, E., Mao+ Spinoza, em: *L'Indice dei Libri del Mese*, n. 3, Turim, 1993.

no início do nosso século deitavam suas raízes na densa trama de organismos privados e nas inúmeras formas culturais promovidas por políticas combinatórias e por um mercado que se reestruturava de forma mais sedutora do que nunca. P. Anderson, em sua pesquisa sobre "as origens da pós-modernidade",[11] ao analisar a trajetória dos estudos de F. Jameson, reconhece em diversas anotações de Gramsci, ainda que "asistemáticas", um analista pioneiro do fenômeno da atual massificação que o capitalismo desencadeou entre as duas Grandes Guerras e acabou estendendo globalmente como "lógica cultural" decisiva para a sua afirmação nos nossos dias. É este horizonte que Gramsci colheu perfeitamente ao mostrar que no "Ocidente" os métodos de "revolução passiva" e de "reformismo conservador" vinham se tornando mais complexos e sofisticados, inaugurando novas e mais insidiosas formas totalitárias que neutralizavam as oposições, vulgarizavam a cultura, "domesticavam" os trabalhadores e despolitizavam completamente as massas populares.

Em seu conjunto, se pode dizer que os escritos de Gramsci, particularmente, os *Cadernos*, se apresentam como uma grande arena de confronto com as ideologias massificadoras do economismo, do fascismo e da burocracia, ao mesmo tempo em que esboçam um revolucionário projeto de sociedade fundado no autogoverno e na nova concepção de hegemonia a ser construída pelas classes subalternas como superação de todas as formas de imposição e submissão. Em relação ao marxismo tradicional que acentuava mais o poder da "crítica" e apostava na revolução "explosiva", a orientação fundamental que se nota nos *Cadernos* de Gramsci é no sentido da construção de uma nova "práxis" coletiva dos grupos subalternos, na elaboração da filosofia da práxis e da concepção de uma revolução em todos os campos, de mais complexa e longa duração.

---

[11] ANDERSON, P., *As origens da pós-modernidade*, Rio de Janeiro, Zahar, 1998, pp. 87 e 130-131.

Assim, além de uma função eminentemente crítica, Gramsci se dedicou com sua incansável atividade política a promover nas classes trabalhadoras a confiança em si mesmas, a responsabilidade política para se organizar, em um processo que "provavelmente durará séculos",[12] de forma a assumir a direção econômica, política e cultural, de uma nova e mais elevada concepção de mundo e de sociedade. Teórica e praticamente, portanto, se de um lado Gramsci se voltava a desmascarar os novos mecanismos de dominação do capitalismo avançado, por outro, dissipava também as ilusões de uma revolução iminente e as visões unilaterais de realidade em uma época em que o marxismo enveredava perigosamente para a estrada do tratado fechado e para o centralismo autoritário.

Para definir o marxismo de Gramsci, talvez, nada melhor do que recorrer às mesmas palavras que ele utilizou ao descrever o clima de liberdade e ousadia que tomou conta dos revolucionários de Outubro de 1917, os quais não compilaram "sobre a obra do mestre uma doutrina exterior de afirmações dogmáticas e indiscutíveis", mas viveram criativamente o pensamento marxista, "aquele que não morre nunca", que coloca como componente maior da história "não os fatos econômicos brutos mas o homem, a sociedade dos homens", dos que aprendem a desenvolver uma vontade livre, combativa e social e, por isso, são capazes de submeter a este poder qualquer sistema, qualquer realidade "objetiva" apresentada como uma fatal força superior.[13] Deriva desta convicção fundamental a atitude de Gramsci a não se enclausurar dentro de uma ortodoxia textual, a não esperar passivamente o amadurecimento automático das condições objetivas e a não se iludir com a irrupção inevitável da revolução.

Na verdade, foram as seguidas derrotas do movimento operário na Europa que fizeram amadurecer em Gramsci a

---

[12] Q6, 882, §33.
[13] GRAMSCI, A., La rivoluzione contro il "Capitale", em: *Scritti Giovanili*, cit., pp. 152-154.

ideia de um socialismo que não podia ser conquistado com atividades imediatistas e explosivas, mas que exigia um difícil e demorado aprendizado, realizado coletivamente, até as classes trabalhadoras se transformarem em "dirigentes antes da própria conquista do poder",[14] O marxismo, de fato, para Gramsci tinha diante de si duas grandes tarefas: a) "combater as ideologias modernas nas suas formas mais sofisticadas, constituindo o próprio grupo de intelectuais independentes... sintonizados com o novo grupo social de cuja concepção de mundo eram portadores (grifo meu); b) educar as massas populares", elevando-as intelectual e moralmente à capacidade de se autogovernar.[15] Tarefas gigantescas, estas, que não podiam se coadunar com um marxismo dogmatizado e envolto em "incrustações positivistas e naturalistas" ou entregue a visões messiânicas e catastróficas de revolução.

Ao se arriscar na realização destas tarefas, Gramsci nunca abandonou seu característico espírito crítico e, paradoxalmente, foi pela elaboração de suas peculiares concepções teórico-políticas que acabou se tornando um dos elos mais fecundos na tradição marxista. Mestre consumando na arte dialética, de um lado, se apropriou do pensamento de Marx que o municiou para compreender os nexos profundos e globais do movimento histórico do seu tempo; por outro lado, o envolvimento nas lutas políticas populares do seu tempo o levou a renovar e a ampliar criativamente os horizontes do marxismo. Em outras palavras: Gramsci compreende plenamente o marxismo porque o leu criticamente e o abriu às transformações da história do nosso século; deu continuidade à tradição revolucionária das classes trabalhadoras e elaborou instrumentos mais atuais de luta porque nunca perdeu de vista a concepção fundamental derivada de Marx, sem transformá-la em doutrina intocável e livro sagrado.

---

[14] Q19, 2010-2011, §24.
[15] Q16, 1858-1859, §9.

Esta é a conclusão à qual se chega quando se analisam os dois grandes objetivos que toma para si, lucidamente, e em torno dos quais aglutina a sua vida: 1) conferir criatividade e ousadia política às organizações dos trabalhadores, orientando-as em torno a um projeto mais articulado e de longa duração, construído sobre o consenso ativo e sobre as bases de uma inovadora concepção de hegemonia; 2) resgatar as raízes mais genuínas do marxismo, aprofundar e ampliar seus horizontes teóricos e políticos diante dos novos desafios da história. De fato, as batalhas mais decisivas que travou, de um lado revelam sua constante preocupação em recuperar o marxismo em sua integridade combatendo, dentro e fora dele, visões parciais, posições reducionistas, tendências e armadilhas perigosas que o desfiguravam e diluíam comprometendo sua concepção dialética e revolucionária. Por outro lado, ao destacar a autonomia e a visão mais elevada do marxismo, desenvolve análises penetrantes da realidade e estratégias de lutas mais avançadas para as classes subalternas conquistarem a autodeterminação e assumirem a direção de um próprio projeto ético-político. O resultado deste empreendimento aparece claramente no espaço que sua obra reserva, particularmente, à filosofia da práxis, à "nova filosofia", e, profundamente vinculada a esta, à concepção peculiar de "hegemonia", os eixos unificadores de todo o seu pensamento: a primeira voltada a consolidar e aprofundar teoricamente o marxismo, a segunda a dinamizar e unificar as lutas concretas das classes trabalhadoras na direção de um projeto revolucionário de mundo e de sociedade.

A "NOVA FILOSOFIA" E A "GRANDE POLÍTICA"

Na tarefa consciente de reconstituir o pensamento de Marx, de valorizá-lo por inteiro e de desdobrar dimensões implícitas e menos desenvolvidas, Gramsci aprofunda e estreita inseparavelmente o nexo entre filosofia e política.

Vincula a primeira à história do seu tempo e às lutas concretas das classes populares e livra a segunda dos interesses particulares abrindo-a aos horizontes da "grande política" que nunca pode perder de vista que "a verdade é revolucionária" e que a "a política como mentira" é um lugar comum que deve ser desmentido pelas novas práticas de um movimento operário convicto de que é "impossível construir algo de duradouro sobre a falsificação ideológica". A instauração da verdade, para Gramsci, deve presidir não apenas as relações internas do partido orientado a enfrentar com maturidade as inevitáveis divergências e a "superar as perigosas cisões, sem adiá-las até o momento em que poderão ser naturalmente perigosas ou até catastróficas",[16] mas deve presidir também as relações que o partido estabelece com as massas, uma vez que, ao contrário da práticas políticas dominantes "a filosofia da práxis não tende a resolver pacificamente as contradições existentes na história e na sociedade, mas é a própria história de tais contradições; não é o instrumento de governo de grupos dominantes para ter o consenso e exercer a hegemonia sobre as classes subalternas; mas é a expressão dessas classes subalternas que querem educar a si mesmas para a arte do governo e têm interesse em conhecer todas as verdades, também as desagradáveis, e evitar os enganos (impossíveis) da classe superior e até de si mesma."[17] Entendida assim, a filosofia da práxis, para Gramsci, é a fronteira mais avançada do pensamento não só porque dotada de uma visão dialética sintonizada com o próprio tempo, mas, principalmente porque, em uma subversão completa do modelo platônico e da filosofia clássica, se apresenta como o caminho para a democracia popular pelo fato de ser o instrumento das massas silenciadas e subjugadas exercerem publicamente o direito do *logos* e a direção da sociedade.

---

[16] Q6, 751, §70.
[17] Q10, 1320, §40.

Gramsci percebe, portanto, a força revolucionária da filosofia da práxis, não apenas pela sua extraordinária capacidade teórica, mas pelo fato de que ela continua e aprofunda os grandes movimentos históricos de massa como o Renascimento, a Reforma protestante, o idealismo alemão, a Revolução francesa, os levantes revolucionários de 1848 e 1870, a Revolução de Outubro de 1917. Ao conectar a dinâmica e a visão de totalidade da filosofia da práxis com a insurgência e a participação popular, Gramsci consegue resgatar o valor fundamental do político nas classes subalternas e introduz, ao mesmo tempo, a necessidade da crítica permanente e da renovação no interior do próprio marxismo.

Estas convicções, para Gramsci, não são recomendações de princípio, mas uma prática concreta que o levou a não poupar de suas análises críticas figuras de destaque no Partido Comunista. Não apenas da Itália, como no caso das divergências com Bordiga e seu grupo dirigente "de extrema esquerda... que segue o velho método da dialética próprio da filosofia pré-marxista e até pré-hegeliana... pelo qual é impossível conduzir a análise objetiva das forças em luta e da direção que elas assumem contraditoriamente em relação ao desenvolvimento das forças materiais da sociedade".[18] Para estes, de fato, a revolução no lugar de mobilizar ativamente as forças dos trabalhadores organizados aparecia como um teorema matemático a ser deduzido de princípios axiomáticos e autoevidentes. Mas, para Gramsci, também não era muito diferente o marxismo presente na "sociologia" determinística de Bukharin, um ensaio popular, de grande divulgação que traduzia a visão dominante do marxismo soviético e que era preciso combater pela sua concepção vulgar e metafísica de materialismo.[19] Não é demais, também, lembrar neste contexto a famosa carta enviada ao Comitê Central do PCUS em outubro de 1926, um documento de grande coragem e

---

[18] GRAMSCI, A., *La Costruzione del Partito Comunista (1923-26)*, Torino, Einaudi, 1971, p. 102.
[19] Q11, 1396 ss, §13.

maturidade política que revela amplamente a elevada capacidade dialética e pedagógica de Gramsci ao analisar criticamente a posição das facções em luta representadas por Stalin e Bukharin de um lado e Trotski e Zinoviev de outro.[20] Sendo já conhecidos não queremos dedicar a estes episódios mais do que uma simples referência. Além disso, aqui, gostaríamos de apresentar sucintamente as posições críticas que Gramsci assumiu diante de dois autores cujas visões nos parecem paradigmáticas para aprofundar questões hoje presentes e debatidas em teorias assim chamadas pós-modernas.

É o caso, por exemplo, da visão de G. Sorel[21], um autor cujas teorias exerciam um forte fascínio no meio operário da Europa mas que, ao operar uma separação entre o social e o político, abria um caminho perigoso para a despolitização e as mobilizações emocionais de massa.

Gramsci, analisando o conceito de "cisão" pregada por Sorel em relação às estruturas e à ideologia das classes dominantes, observa que, por quanto tal proposta visasse mobilizar as classes trabalhadoras e pudesse compactar suas lutas, destituía a sua ação das mediações políticas e abria a porta para posições românticas e messiânicas. A antítese e a contraposição, de fato, se de um lado podiam favorecer a aglutinação das massas em torno de uma mística de combate, de símbolos coletivos e de mitos como a "greve geral", deixavam de valorizar o mais importante, a saber: a formação política dos trabalhadores, o conhecimento e a apropriação da complexidade dos processos sociopolítico-econômicos e a elevação das suas capacidades para enfrentar a classe dominante com um projeto próprio e superior de hegemonia.

O socialismo, lembrava Gramsci, não avança por expansão espontânea nem por impulsos cegos ou explosões do momento. Vai além das meras manifestações de rebelião e de

---

[20] GRAMSCI, A., *Lettere dal Carcere*, op. cit., p. 455ss.
[21] Ver, paricularmente, SOREL, G., *Considerazioni sulla Violenza*, Bari, Laterza, 1970.

"subversivismo esporádico, elementar, inorgânico".[22] Não se confunde com identidades comunitárias fechadas e formas de vida pré-capitalistas.

Sem criar projetos coletivos que emancipem as massas, sem apresentar experiências concretas de "agregação" que socializem de fato – questiona Gramsci – para que servem os atos de "desagregação?" Toda "desconstrução", para Gramsci, deve ser acompanhada por uma profunda atividade de reconstrução social que amplie os espaços da participação coletiva, da liberdade, da justiça e que seja política e economicamente uma conquista a favor das classes populares. Por isso, Gramsci se pergunta: "Pode um mito ser não-construtivo? Uma vontade coletiva formada espontaneamente não deixará logo de existir se não tiver uma visão política e um programa de partido?".[23]

Desde seus escritos pré-carcerários é possível observar que a organização e a unidade dos trabalhadores, para Gramsci, não derivam de injunções exteriores e de entusiasmos passageiros, mas do desenvolvimento ativo da "psicologia do produtor", da organização para se tornar "criadores de história", do espírito de iniciativa e da capacidade de agir politicamente.[24] E, ainda que para Gramsci a revolta e o protesto sejam manifestações a serem valorizadas, é preciso que estejam sempre articuladas com um projeto efetivamente universal e democrático de sociedade. A própria paixão política e o ímpeto da contraposição não podem perder a medida da razão,[25] mas devem transformar-se em uma "vontade operosa" que leve os dominados a criar uma nova concepção de sociedade e de Estado. De fato, observa Gramsci: "As classes subalternas, por definição, não são unificadas e não podem se unificar até

---

[22] Q10, 1325, §41 XIV.
[23] Q12, 1557, §1.
[24] GRAMSCI, A., *L'Ordine Nuovo, 1919-1920*, edição de V. GERRATANA - A. SANTUCCI (orgs.), Torino, Editora Einaudi, 1987, p. 38.
[25] Q8, 1022, §132.

se tornarem 'Estado': a história delas está entrelaçada à da sociedade civil, é uma função 'desagregada' e descontínua da história da sociedade civil".[26]

Gramsci, portanto, assume uma posição crítica diante do espontaneismo, dos gestos isolados de rebeldia, do titanismo individual, da cega "vontade de potência" que hoje, na esteira de Nietzsche, tornaram-se lugar comum. Ao mesmo tempo, porém, alerta sobre o perigo de visões românticas, de ilusões utópicas, de regressões comunitaristas e da busca de identidades fechadas que exaltam a raça, o apego fanático ao solo e às tradições. Sem uma compreensão mais global das contradições do mundo em que se vive, estas manifestações podem se tornar formas de fuga diante de um mundo que se transforma, se complexifica e exige uma grande capacidade de criar, dialética e pedagogicamente, os nexos entre o particular e o universal, o local e o global, o individual e o coletivo, a memória e a criatividade, a liberdade e a justiça, as diferenças e a igualdade, relações estas continuamente trabalhadas nos escritos de Gramsci.

O pensamento de "cisão", de "subtração" teorizado por Sorel, torna-se em Gramsci, movimento ativo de organização "nacional-popular", educação para a autodeterminação, elevação "intelectual e moral" das massas chamadas a alcançar a direção da sua história dentro de uma nova concepção política. É nesta contraposição-superação, na passagem do assalariado e do subalterno para a condição de "produtor" e "dirigente" que consiste o cerne de todo marxismo, a única possibilidade de superar a concepção de sociedade capitalista-burguesa.[27]

O outro exemplo que gostaríamos de examinar brevemente é o confronto que Gramsci travou com o pensamento de Benedetto Croce.

---

[26] Q25, 2288, §5.
[27] BADALONI, N., *Il Marxismo di Gramsci, dal Mito alla Ricomposizione Politica*, Torino, Einaudi, 1970, p. 103.

A Croce, como se sabe, Gramsci dedica uma parte notável da sua reflexão, principalmente nos cadernos 10 e 11. Afinal, por tratar-se de um sofisticado pensamento liberal de grande repercussão na Europa, era preciso enfrentá-lo como um desafio hegemônico, escrever um "Anti-Croce"[28]. Aqui, não vou tratar das questões que abordei no meu livro, ao qual remeto,[29] mas apenas de aspectos que interessam ao nosso tema.

Como tantos intelectuais de hoje, Croce havia sido atraído inicialmente pelo pensamento de Marx.[30] Mas, depois de assimilar algumas componentes, o reduz a "mero cânone de interpretação histórica"[31] e passa em seguida a atacar abertamente, a mutilar e a desfigurar totalmente a concepção de Marx, degradando-a habilidosamente a materialismo vulgar.

Gramsci, além de denunciar a incapacidade de compreenssão do marxismo em sua totalidade, desmascara em Croce as manobras de oportunismo que o levaram a se apropriar da linguagem marxista para conferir apenas um novo "elixir" a suas teorias desgastadas, "retraduzindo em linguagem especulativa... a filosofia da práxis".[32] Na prática, Croce visava quebrar a espinha dorsal do marxismo. Ao considerar a divisão social como "natural" e ao falar do "povo" em geral, evitava abordar a luta de classe, esvaziava a história dos conflitos concretos e a transfigurava em um abstrato processo estético-cultural que chegava a idealizar a totalidade como

---

[28] O pensamento de Croce é analisado criticamente por Gramsci, essencialmente, no extenso e elaborado Q10.
[29] SEMERARO, G., *Gramsci e a sociedade civil, cultura e educação para a democracia*, op. cit.
[30] "Fui entre os primeiros, já faz trinta anos, a sugerir o estudo dos conceitos do materialismo histórico, que me pareciam muito eficazes para sacudir a preguiçosa historiografia filosófica dos eruditos de então e reconduzi-la das palavras às *res*; agora, quero ser entre os primeiros a insistir na libertação dos seus residuais preconceitos" (CROCE, B., *Etica e Politica*, Milano, Editora Adelphi, 1994, p. 319).
[31] Q10, 1314, §41 VIII.
[32] Q10, 1271, §31.

lugar de equilíbrio e de composição eterna das formas do espírito.[33]

Sintomática, também, notava Gramsci, era a concepção de "economia pura" presente nos escritos de Croce. Seu conceito de "homo oeconomicus"[34] revelava a incapacidade que Croce tinha de entender como a estruturação histórico-social era responsável pelos processos da economia. Esta, como já haviam apontado Ricardo na economia clássica, e, principalmente, Marx, derivava suas condições da vida concreta e complexa do modo de produzir de uma sociedade. Gramsci, como profundo marxista que é, vai lembrar a Croce que a economia não se funda sobre "supostas regularidades" naturais e abstratas, mas é fruto de um "mercado determinado",[35] é uma construção histórica e imanente, determinada pelas práticas econômicas e sociais da maioria conduzida pelos seus dirigentes. Na verdade, os resíduos de teologia e metafísica que Croce dizia ter localizado no "deus oculto" da estrutura econômica marxista continuavam presentes na sua maneira idealista e formalista de conceber a filosofia e a economia.[36]

Mais grave ainda, observa Gramsci, Croce esvaziava a dialética marxista, a expurgava das contradições históricas e dos conteúdos revolucionários. À semelhança da operação que hoje exalta o culturalismo, a estética e as visões holísticas, nas mãos de Croce a luta dos opostos virava "dialética dos distintos", equilíbrio de forças que conviviam harmonicamente, se interpenetravam e se complementavam. O processo histórico se tornava o eterno e inabalável domínio das forças culturais "vitoriosas" e a manifestação do espírito de um "povo". Croce, para Gramsci, ao desvirilizar a dialética de seus elementos

---

[33] CROCE, B., *La Filosofia della Pratica: Economia ed Etica*, Bari, Ed. Laterza, 1964, p. 196; Id., *La Storia come Azione e come Pensiero*, Bari, Ed. Laterza, 1978, p. 33.
[34] Q10, 1253, §15.
[35] Q10, 1311, §41 VI e Q11, 1477, §52.
[36] Q10, 1225, §8.

mais constitutivos, ao desvalorizar previamente a força da negatividade da antítese, a "reduzia a um processo de evolução reformística, de 'revolução-restaurção' ",[37] escamoteava e ocultava as questões polêmicas da história, evitava apresentar a política como campo de luta e, principalmente, subtraía às classes subalternas as possibilidades de sair da dominação e promover sua própria emancipação. As posições aristocráticas de Croce, na verdade, aprofundavam a separação entre as classes e reafirmavam a hegemonia da burguesia e a "missão educadora" dos seus intelectuais sobre as "massas incultas" para as quais era negada qualquer capacidade de autodeterminação. A "religião da liberdade" de Croce era tão fatalista como as teorias economicistas, estéril como o transformismo e mítica como qualquer apelo despolitizado lançado às massas populares.

Gramsci, ao contrário, combatia tanto o mecanicismo e o dogmatismo da II e III Internacional como o reformismo de Croce e qualquer espontaneismo milagroso. Consciente da complexidade das sociedades "ocidentais", Gramsci está convencido de que as classes trabalhadoras só podiam sair da dominação quando organizadas e dirigentes autônomas de um projeto político mais elevado. Para tanto era preciso desenvolver sua capacidade de distanciamento crítico e educar-se à autodeterminação redescobrindo no marxismo seu verdadeiro potencial revolucionário.

Partindo de A. Labriola,[38] Gramsci aprofunda a autonomia do marxismo, cuja "ortodoxia não deve ser buscada nesta ou naquela tendência ligada a correntes alheias à doutrina originária, mas no conceito fundamental de que a filosofia da práxis basta a si mesma, contém em si todos os elementos para construir uma plena e integral concepção de mun-

---

[37] Q10, 1328, §41 XVI.
[38] Ver, particularmente, LABRIOLA, A., *Saggi Sul Materialismo Storico*, GERRATANA, V. – GUERRA, A. (orgs), Roma, Editora Riuniti, 1964; Id.,*Scritti Politici,1886-1904*, GERRATANA, V., (org), Roma, Editora Riuniti, 1970.

do".[39] Esta, de fato, incorporou as conquistas mais avançadas da economia inglesa, da filosofia alemã, da política francesa e se apresenta como a verdadeira herdeira do grande processo da modernidade[40] que não pode ser reduzido aos horizontes da burguesia e do individualismo liberal. Na verdade, alerta Gramsci, observando melhor o fio das "rupturas" históricas e das diversas mobilizações, é possível perceber como a configuração de um projeto de emancipação intelectual e moral universal (Kant), de cidadania e de democracia direta (Rousseau), de expansão da liberdade e do direito a toda a sociedade (Hegel), encontram em Marx o "coroamento" e a superação dialética na práxis histórico-política das classes trabalhadoras.[41]

Ora, aprofundar a visão e o método dialético delineados por Marx significava, para Gramsci, não apenas desvendar as contradições das estruturas econômicas e ideológicas do capitalismo, mas também despertar nos trabalhadores o "momento maquiaveliano", a força criadora do político, seu protagonismo e suas responsabilidades históricas, a capacidade de se organizar ativamente, de assumir a direção do processo produtivo e a elaboração de novos valores socioculturais. Com o realismo típico que o caracteriza, Gramsci nunca vai perder a visão de conjunto da realidade e as interconexões dinâmicas e conflituosas entre a estrutura e a superestrutura, uma relação que considera não de forma unilinear mas que reinterpreta dentro da concepção reticular de "bloco histórico".[42] Economia, filosofia e política em Gramsci, de fato, são inseparáveis e profundamente interdependentes. Portanto, seria impensável uma verdadeira revolução sem recriar o sentido da política e da filosofia e sem subverter radicalmen-

---

[39] Q11, 1434, §27.
[40] Q8, 1076, §215.
[41] Q16, 1860, §9.
[42] PAGGI, L., *Le Strategie del Potere in Gramsci-Tra Fascismo e Socialismo in un solo Paese, 1923-1926*, Roma, Editora Riuniti, 1984, p. 461.

te as estruturas econômicas, uma vez que "o programa de reforma econômica é exatamente a maneira concreta com a qual toda a reforma intelectual e moral se apresenta"[43]. No entanto, se toda concepção de mundo e seus valores têm uma íntima imbricação com um sistema econômico determinado, este é considerado por Gramsci não como uma força autônoma e onipotente, mas como "cristalização" das atividades humanas, criação de "vontades coletivas" historicamente materializadas, é a subjetivação histórica de um grupo social determinado. Não é outro o sentido de "bloco histórico" que designa a recíproca e dialética relação entre a espessura "objetiva" das forças materiais existentes na sociedade e a prática de uma política livre e criativa desencadeada por grupos socialmente organizados.

A NOVA CONCEPÇÃO DE PODER E DE SOCIEDADE PELA HEGEMONIA POPULAR

Mas, os traços mais específicos e peculiares de Gramsci não consistem apenas no aprofundamento da filosofia da práxis e na reconstrução da unidade dialética do pensamento de Marx, necessários até em um momento histórico em que predominavam leituras mecanicistas e unilaterais. Juntamente com a análise crítica da realidade objetiva, Gramsci resgata as dimensões subjetivas, o valor insubstituível da luta política, a indeclinável capacidade de iniciativa que sujeitos ativos e organizados precisam desenvolver para superar tanto o fatalismo e o messianismo, como as formas de subversivismo e de reformismo, até chegar a elaborar uma concepção alternativa de mundo e um projeto próprio de sociedade. Na realidade, "...a marca essencial da mais moderna filosofia da práxis

---

[43] Q 13, 1561, § 2.

consiste precisamente no conceito histórico-político de 'hegemonia' ",[44] derivada de uma nova concepção de sociedade capaz de levar os trabalhadores a sair das posições reivindicatórias e defensivas e partir para estratégias propositivas e revolucionárias.

Nesta ação, não se trata apenas de conquistar o poder, de apoderar-se do Estado, de administrá-lo técnica e pragmaticamente melhor que a burguesia, mas de romper com a concepção de poder e de Estado capitalista, de superar a visão de política como esfera separada, estranha, acima do sujeito e das relações sociais. Para Gramsci, de fato, no processo de construção da hegemonia popular trata-se de alcançar uma profunda transformação pessoal e social que revolucione as relações de dominação, gere a autodeterminação e a socialização do político, de modo a operar efetivamente a passagem para uma sociedade substantivamente democrática. Na verdadeira democracia, de fato, o "significado mais realístico e concreto deve ser deduzido do conceito de hegemonia. No sistema hegemônico, existe democracia entre o grupo dirigente e os grupos dirigidos, na medida em que (o desenvolvimento da economia e portanto) a legislação (que manifesta tal desenvolvimento) favorece a passagem (molecular) dos grupos dirigidos ao grupo dirigente".[45]

Nos anos em que Gramsci escrevia as ideologias totalitárias tomavam conta do mundo e, como analisa H. Arendt[46], se apresentavam não como resultado de excessiva politização da sociedade, mas exatamente como destruição do político. O fascismo e o nazismo na Europa e a "estatolatria" na URSS, ao anular os partidos e a liberdade da sociedade civil, acabavam implementando um sistema repressivo e violento de poder. Mas, Gramsci via também no fordismo

---
[44] GRAMSCI, A., *Lettere dal Carcere, op. cit.*, p. 570 (2 de maio de 1932).
[45] Q8, 1056, §191.
[46] ARENDT, H., *Le Origini del Totalitarismo*, Milano, Ed. Di Comunità, 1994, pp. 439-440.

e na "economia programática", de "marca americanista", o início de um tipo socioprodutivo de capitalismo mais avançado que plasmava os indivíduos para o consumo e a despersonalização, uniformizando condutas e desintegrando subjetividades, homogeneizando e fragmentando pelo mesmo e único movimento, tal como podemos perceber mais claramente hoje quando se analisa o processo de "globalização" conduzido de forma imperial. Portanto, a grande questão, para Gramsci, era: como a classe trabalhadora podia construir uma nova hegemonia em um mundo onde não se podia minimizar a magnitude do poder, as metamorfoses de um capitalismo sofisticado, a complexidade das suas ramificações na cultura, na educação, na religião, nos meios de comunicação, nas novas formas de ideologias totalitárias? Por isso, chama continuamente a atenção sobre as mudanças históricas, os avanços científicos e tecnológicos, sobre a complexa atividade do Estado, sobre a esfera decisiva da sociedade civil, a multiplicidade das frentes de luta, as dinâmicas contraditórias das ideologias e das culturas. Todas dimensões, estas, que exigiam dos trabalhadores elevados níveis de conhecimento e de formação, muita criatividade e imaginação, mais demorados e desgastantes prazos de luta para construir um socialismo de forma processual, capilar, em conjunto e em sintonia com as crescentes aspirações de liberdade e de democracia popular.

É deste "mundo grande e terrível, e complexo(onde). Toda a ação lançada na sua complexidade desperta ecos inesperados"[47] que Gramsci se sente parte viva. E ter consciência de sua grandiosidade e complexidade não o leva a fugir dele, a evadir para utopias consolatórias ou para gestos irracionais de revolta. Pois, está convencido de que nada há de esmagador e de inexorável no mundo que não possa ser enfrentado pela ação conjunta dos homens. Pelo contrário, Gramsci se coloca

---
[47] GRAMSCI, A., *Avanti*, 1919.

no coração dos problemas do seu tempo e entra nos próprios domínios da burguesia para disputar com ela os espaços de uma hegemonia radicalmente diferente, para cuja construção as classes subalternas podiam encontrar inúmeras possibilidades. O resultado destas convicções o conduziu a atuar política e intelectualmente dentro de um projeto revolucionário de caráter "nacional-popular" e internacional-popular, ao mesmo tempo, cujo desenho inovador ficou entregue nos *Cadernos do cárcere*, um imenso laboratório de pesquisa, uma obra aberta de investigação onde perscruta criticamente a realidade nas mais diversas direções, esboçando uma ampla agenda com temas mais elaborados e outros só esboçados, com algumas questões mais aprofundadas e tantos enigmas a serem desvendados. Inacabados e abertos, os *Cadernos* são a herança mais significativa do marxismo de Gramsci, um canteiro de obra que é uma conclamação para empreender a tarefa de construir num esforço conjunto um projeto de sociedade sintonizado com as aspirações das massas populares, com seu "espírito criativo", levando adiante, *für ewig*[48], para sempre, por uma longa duração, a imensa tarefa de revolucionar o mundo, até os subalternos e os espoliados vir a se tornarem 'dirigentes' de sua própria história. Neste horizonte deve ocorrer a releitura permanente do marxismo, de modo que o socialismo não apareça como a última etapa decorrente de uma dialética intrínseca à história, uma vez que esta vai continuar sempre aberta "mesmo quando as classes trabalhadoras tiverem conquistado sua hegemonia".

Perdem tempo, portanto, aqueles que procuram ver nas reflexões de Gramsci visões teleológicas, organicistas e mistificadoras. A "cidade futura" da qual Gramsci fala não desce do céu nem se coloca como conclusão necessária de um parto da história, mas é a construção ativa, consciente, aberta, permanente, conduzida por homens reais, expostos sempre ao imponderável e às contradições. De fato, o sujeito político

---
[48] Gramsci, A., *Lettere dal Carcere, op. cit.*, p. 55 (19 de março de 1927).

para Gramsci nunca é um ser pressuposto, ontologicamente já formado nem é idealizado, não é um povo "demos" homogêneo, unitário e infalível, portador *a priori* de uma verdade natural, mas sempre um sujeito concreto que se autoconstitui na práxis, que é instituído pela ação política, pelas capacidades de iniciativa e de organizações socializadoras que souber criar. É a práxis política o verdadeiro lugar de formações de subjetividades, de culturas, de valores, de estruturas e instituições verdadeiramente democráticas, sempre históricas e, portanto, superáveis. E esta forma de pensar e agir é uma conquista difícil, feita em conjunto, a ser renovada todos os dias, pois visa formar "dirigentes" não para ocupar o lugar da burguesia e continuar seus métodos em formas mais ou menos renovadas, mas para inaugurar uma "hegemonia" que em Gramsci, em uma das mais originais contribuições ao pensamento político, assume a conotação peculiar de direção radicalmente democrática, popular, coletiva do poder.

É isso que Gramsci quer indicar com a noção de "sociedade regulada", ou autoregulada, onde a sociedade apropriada pelos trabalhadores chega a assumir traços em que a necessidade é transformada pela livre ação política, as estruturas são elaboradas e conduzidas conscientemente, a sociedade política é absorvida na sociedade civil e se promove uma verdadeira "catarse" que em Gramsci indica justamente "...a passagem do momento meramente econômico, ou egoístico-passional, para o momento ético-político, ou seja, a elaboração superior da estrutura em superestrutura na consciência dos homens. Isso significa, também, a passagem do 'objetivo' ao 'subjetivo', da necessidade à liberdade. A estrutura (ou seja, a estrutura econômica), de força exterior que esmaga o homem, que o assimila a si, que o torna passivo, transforma-se em meio de liberdade, em instrumento para criar uma nova forma ético-política, em origem de novas iniciativas".[49]

---

[49] Q10, 1244, §6.

O processo desta subjetivação política, em Gramsci, significa a possibilidade de desenvolver todas as faculdades individuais e sociais, de socializar o poder em todas as instâncias, de superar toda reificação pelo autocontrole de uma sociedade realmente livre e soberana. É a esta visão que deve ser mantido próximo o conceito de hegemonia que não pode, portanto, ser entendido como concentração do poder nas mãos de alguns nem interpretado no sentido de vanguardismo, de liderança sobre os outros ou de manipulação demagógica. O sentido que Gramsci introduz é uma prática democrática que visa elevar "intelectual e moralmente" as massas, que prepara sujeitos livres e capazes de se autogovernar e de dirigir coletivamente as políticas públicas. A hegemonia construída sobre novas bases pelas próprias classes que constituem a grande maioria da população, também, não significa governo da maioria sobre a minoria, ditadura e imposição de uma vontade coletiva uniformizada ideológica e culturalmente. A nova concepção de hegemonia se alimenta de uma contínua relação de conflito e de reciprocidade que os mais diversos grupos estabelecem democrática e pedagogicamente na sociedade civil visando o autogoverno e minando qualquer monopólio do poder, seja ele econômico, político ou militar, qualquer sistema heterônomo, coercitivo e autoritário. "Toda relação de 'hegemonia' – vislumbra Gramsci beirando a utopia – é necessariamente uma relação pedagógica e se realiza não apenas no âmbito de uma nação, entre diferentes forças que a formam, mas no inteiro campo internacional e mundial, entre conjuntos de civilizações nacionais e continentais".[50]

Ao destacar os valores ético-políticos, a participação popular, a busca do consenso ativo e o exercício da política como expressão de subjetividade social, Gramsci não apenas recompõe em unidade a dialética delineada por Marx, mas resgata a dignidade da história dos dominados, o valor das

---

[50] Q11, 1331-1332, §44.

suas lutas e das suas propostas, a prioridade dos interesses públicos e populares. A dimensão ética estritamente ligada à da política, para Gramsci, significa particularmente desenvolver nos indivíduos os componentes socializadores, a capacidade de dirigir a ação política além das práticas discursivas e intersubjetivas de qualquer "mundo da vida" que se separa da esfera do político e da economia. Ao priorizar os valores públicos e sociais, o projeto ético-político de Gramsci indica que os novos dirigentes serão chamados a "sacrificar os interesses imediatos e corporativos" e a não se limitar a apresentar projetos alternativos mas a apresentar-se, eles próprios, como projetos vivos e confiáveis de uma nova sociedade.

Nesta óptica, a própria concepção tradicional de política e de poder acaba sendo subvertida radicalmente. Pois já não se trata mais de alguns se apropriarem de mecanismos que determinam o destino da maioria. Na democracia radical desenhada nos escritos de Gramsci não se trata de um gerenciamento mais ou menos eficiente da "coisa" pública, de uma administração meramente jurídica e da preservação das "regras do jogo". Os "dirigentes" da nova "hegemonia" – para usar uma terminologia totalmente resignificada por Gramsci – agora, são aqueles que trabalham para destruir a atávica relação de poder fundada no binômio superior-inferior, orientam toda a ação política para superar a estrutura ancestral que se cristalizou na forma de governante-governado, dirigente-dirigido, comando-obediência. Com Gramsci, o conceito de democracia assume o sentido mais revolucionário elaborado na mais autêntica tradição marxista.[51] Suas indagações, como as de Marx, chegam à raiz última de onde deriva toda a divisão, a dominação e a violência que contaminam a trama das relações humanas e sociais e lançam uma das mais radicais

---

[51] Ver a este respeito: J. TEIXER, *Revolução e Democracia em Marx e Engels*, Rio de Janeiro, Ed. UFRJ, 2005; M. ABENSOUR, *A democracia contra o Estado. Marx e o momento maquiaveliano*, Belo Horizonte, Ed. UFMG, 1998.

perguntas que vai ecoar por muito tempo, constituindo sem dúvida o maior desafio político do século XXI: "Pretende-se que existam sempre governados e governantes ou se deseja criar as condições pelas quais desapareça a necessidade desta divisão? Ou seja, parte-se da premissa da eterna divisão do gênero humano ou se crê que ela seja apenas um fato histórico, correspondente a certas condições?".[52]

---

[52] Q15, 1752, §4.

FILOSOFIA DA PRÁXIS E (NEO)PRAGMATISMO

Não veio à mente de nenhum desses filósofos procurar o nexo existente entre a filosofia alemã e a realidade alemã, o nexo entre sua crítica e seu próprio ambiente material.

K. Marx

PROXIMIDADE E CONTRAPOSIÇÃO ENTRE FILOSOFIA DA PRÁXIS E PRAGMATISMO

Em artigo recente publicado pela revista *Crítica Marxista*, da Itália, Chiara Meta[1] apresenta um estudo no qual mostra diversas convergências entre a filosofia da práxis elaborada por Gramsci e o pragmatismo de alguns clássicos americanos, principalmente, William James e John Dewey. Ao lembrar que Gramsci considerava "Os princípios de psicologia" de W.

Artigo publicado na "Revista Brasileira de Educação", mai/jun/jul/ago, n. 29, 2005.
[1] META, C., Filosofia della prassi e pragmatismo, *Critica Marxista*, n. 2/3, 2004, pp. 41-53.

James "o melhor manual de psicologia"[2] indica que no Caderno 22 há alguns elementos (atos voluntários e involuntários, atividade muscular-nervosa etc.) e o próprio conceito de "hábito" derivados do autor norte-americano.

Interessantes são, também, os pontos de contato que a autora procura colocar em evidência entre Gramsci e Dewey, particularmente no que se refere à questão pedagógica e à função democratizadora da escola. Ao mostrar que os dois se depararam com os processos de industrialização, de massificação, de um novo modo de produção e de conhecimento nas primeiras décadas do século XX, sugere que entre Democracia e Educação de Dewey e os Cadernos 12 e 22 de Gramsci há mais "passagens" subterrâneas do que se possa pensar.

Além de outras afinidades, como por exemplo certa convergência no entendimento da linguagem, o artigo chega a sugerir que, tal como na filosofia da práxis de Gramsci, os nexos filosofia-senso comum e filosofia-política caracterizam também o próprio pensamento do pragmatismo.

Pelo menos à primeira vista, certamente as sintonias entre filosofia da práxis e pragmatismo não são poucas. Além dos indicados no artigo de Meta, poderíamos assinalar aqui outros possíveis temas que nos *Cadernos do Cárcere* se prestariam para desdobramentos de um estudo paralelo mais amplo com o pragmatismo:

– a concepção de uma filosofia imanente[3] e histórica,[4] destituída de metafísica,[5] de qualquer princípio de autoridade ou de vinculação religiosa que fomentem a submissão, a passividade, a alienação e a mistificação;

– o fim da filosofia tradicional essencialista, inatista ou transcendental[6] e a sua construção experimental, pública e discursiva;[7]

---

[2] Gramsci, A., *Lettere dal Carcere*, op. cit., p. 249 (25 de março de 1929).
[3] Q11, 1438, §28; Q. 16, 1226, §8.
[4] Q11, 1426, §22.
[5] Q11, 1479, §52.
[6] Q1, 119, §132.
[7] Q11, 1449, §34.

– a oposição ao positivismo, a crítica do racionalismo e do idealismo;[8]

– a superação de dualismos e dicotomias que separam a matéria do espírito, o corpo da mente, o pensamento do ser, o sujeito do objeto, o homem da natureza, a história da ciência;[9]

– o menosprezo pelas abstrações, pelo escolasticismo e os problemas inúteis;

– a ênfase na ação, nas práticas concretas, nos resultados verificáveis coletivamente;[10]

– a valorização da ciência e da experiência, do agir mais do que o contemplar;[11]

– a busca do consenso e o reconhecimento do senso comum;[12]

– o caráter histórico, social e superável do conhecimento, que deve ser continuamente verificado, entendido como fruto de construção e não de descoberta, vinculado a justificativas concretas, não a especulações e devaneios;[13]

– a construção de uma educação democrática, criativa, elaborada em conjunto, não hierárquica e autoritária.[14]

Estas e outras questões, juntamente com certa proximidade de linguagem, têm levado alguns autores a ignorar ou a secundarizar as diferenças e as contraposições entre filosofia da práxis e pragmatismo.[15]

---

[8] Q11, 1403-58, §15ss.
[9] Q4, 467, §41; Q11, 1457, §37.
[10] Q10, 1330, §44.
[11] Q11, 1467, §45.
[12] Q11, 1380, §12.
[13] Q1, 114, §123.
[14] Q10, 1330, §44.
[15] LOSURDO, D., no seu livro *Antonio Gramsci dal Liberalismo al "Comunismo Critico"*, Roma, Gamberetti, 1997, p. 122, faz referência a MONDOLFO, R., *Il Concetto di Necessità nel materialismo storico* (1912), que já no início do século passado procurava assimilar o marxismo ao pragmatismo, e depois também PRETI, G., *Il Pragmatismo che Cos'è?* (1946) chegou a afirmar que "o pragmatismo apresenta semelhanças consideráveis com o marxismo, do qual parece ser até o irmão mais jovem".

Na verdade, embora poucas e sumárias, as referências que Gramsci dedica ao pragmatismo norte-americano (mas também italiano: Vailati, Prezzolini, Pareto etc.) são de um autor que valoriza, sim, alguns aspectos, mas que acima de tudo ressalva a insuficiência e as contradições que o caracterizam. Se nos Cadernos, de um lado, anota: "Parece que eles (os pragmatistas) tenham percebido algumas questões reais e as tenham 'descrito' com uma certa exatidão, embora não tenham conseguido impostar os problemas e indicar a solução",[16] por outro lado, não se deve esquecer que, para Gramsci, o pragmatismo norte-americano está marcado pelo "imediatismo", o "politicismo" e o "ideologismo", que o tornam menos "prático" do "filósofo italiano ou alemão",[17] Na dinâmica do seu "pensamento em movimento",[18] a pergunta que Gramsci se coloca no primeiro Caderno: "Pode o pensamento moderno difundir-se na América, superando o empirismo-pragmatismo, sem uma fase hegeliana?",[19] encontra uma resposta no Caderno 17, onde afirma que, à diferença de "Hegel (que) pode ser considerado como o precursor teórico das revoluções liberais do séc. XIX, os pragmatistas, no máximo, têm ajudado a criar o movimento do Rotary Club ou a justificar todos os movimentos conservadores e reativos".[20] Mais do que isso, à medida que nos adentramos no estudo dos escritos de Gramsci para compreender o sentido que imprimiu à filosofia da práxis, perde-se de vista a aparente proximidade de alguns pontos com o pragmatismo, diante das fortes diferenças e das contraposições que emergem. Quando, depois, como tentaremos mostrar aqui, se compara a concepção de filosofia da práxis de Gramsci com o neopragmatismo de Rorty, a distância se torna ainda mais incomensurável e intransponível.

---

[16] *Ibid.*
[17] Q17, 1925, §22.
[18] BARATTA, G., *As rosas e os cadernos, o pensamento dialógico de Gramsci*, *op. cit.*, p. 136ss.
[19] Q1, 97, §105.
[20] Q17, 1926, §22.

A ESPECIFICIDADE DA FILOSOFIA DA PRÁXIS

Deve-se logo observar que quando se fala em "filosofia da práxis" estamos nos referindo ao pensamento mais peculiar engendrado pelo marxismo. Gramsci deixa claro que os "fundadores da filosofia da práxis" são Marx, Engels e Lenin[21] e, em continuidade com o pensamento por eles inaugurado, procura, principalmente nos Q10 e 11, aprofundar e conferir novos desdobramentos à filosofia marxista.

Como se sabe, a locução "filosofia da práxis" nos *Cadernos do Cárcere* vai gradativamente substituindo a expressão "materialismo histórico" ainda utilizada para designar o marxismo nas três séries de "Anotações de filosofia" dos Q4, 7 e 8.[22] Com isso, Gramsci procura não apenas se subtrair à censura carcerária, mas, principalmente, visa contribuir para a consolidação e atualização da nova concepção de mundo, uma tarefa na verdade percebida por Labriola[23], que havia já afirmado que "A filosofia da práxis é o coração do materialismo histórico".[24]

De modo que, ao dedicar-se a aprofundar e destacar os aspectos mais importantes da filosofia da práxis, a preocupação de Gramsci não se limita a redialetizar o pensamento de Marx desfigurado por interpretações marcadas pela metafísica do materialismo mecanicista (Buckarin, Plekanov etc.) ou pelo (neo)idealismo especulativo (Croce, Gentile, Bergson, Sorel etc.). Como resume Martelli:[25]

---

[21] Q10, 1315, §41; Q11, 1436, §27; Q16, 1856, §9.
[22] Tosel, A., Il lessico della filosofia della prassi di Gramsci, *Revista Marxismo Oggi*, Milano, Teti Editore, vol. 1, 1996, pp. 49-67. rosini, F., Filosofia della prassi, em: Frosini, F.; Liguori. G., *Le Parole di Gramsci – per un Lessico dei Quaderni del Cárcere*, Roma, Carocci Editore, 2004, pp. 93-111.
[23] Q11, 1507, §70; Q16, 1855, §9.
[24] Labriola, A., Discorrendo di socialismo e di filosofia, in Id., *Scritti Filosofici e Politici*. Edição, *op. cit.* pp. 702-703.
[25] Martelli, M., *Gramsci Filosofo della Politica*, cit., p. 41.

Em antítese ao "monismo" metafísico idealista (hipóstase do "Espírito") ou positivista-mecanicista (hipóstase da "Matéria"), que de maneira diferente separavam abstratamente o homem da natureza, e também em oposição ao criacionismo gnosiológico subjetivista, Gramsci elabora uma concepção materialista, mas ao mesmo tempo histórica e dialética, da relação homem/natureza, cujo baricentro é constituído pelo conceito de práxis.

Com suas reflexões sobre a filosofia da práxis, de fato, Gramsci procura reconduzir o marxismo ao desenho originário das *Teses sobre Feuerbach* de Marx e à pontualização que Engels faz em *Ludwig Feuerbach e a crítica da filosofia clássica alemã*. Mas, acima de tudo, para Gramsci – aponta Frosini –, "o problema da filosofia da práxis, é, ao mesmo tempo, o problema da filosofia depois de Marx, ou seja, do seu estatuto no nosso tempo".[26] Por isso, além do resgate do pensamento originário de Marx, Gramsci procura destacar a especificidade, a originalidade e a maior consistência da filosofia da práxis em relação às outras filosofias. Preocupa-se, então, em colocar em evidência a autonomia, o pensamento novo e independente[27] de um "marxismo [...] que contém em si todos os elementos fundamentais [...] de uma concepção global de mundo [...]",[28] que "renova completamente a maneira de entender a filosofia",[29]

Para esta temática, remetemos a outros estudos: Kosik[30]; Losurdo[31]; Semeraro[32]. Nestas páginas nos limitamos

---

[26] FROSINI, F., "Filosofia della prassi", cit., p. 16.
[27] Q4, 424, §3.
[28] Q4, 435, §14.
[29] Q4, 433, §11.
[30] KOSIK, K., "Gramsci e la filosofia della prassi". Em: GARIN, E. et al, (1969) *Gramsci e la cultura contemporanea*. Atti del convegno internazionale di studi gramsciani, Roma, Editora Riuniti, 1969 pp. 45-50.
[31] LOSURDO, D., "Gramsci, Gentile, Marx e le filosofie della prassi". Em: ROSSI, P. et al, (1990) *Gramsci e il marxismo contemporaneo*. Atti del convegno internazionale di studi gramsciani, Roma, Editora Riuniti, 1990, pp. 90-114.
[32] SEMERARO, G., *Gramsci e a sociedade civil*, cit. pp. 101-113.

a dizer, sinteticamente, que para Gramsci filosofia da práxis é a atividade teórico-política e histórico-social dos grupos "subalternos" que procuram desenvolver uma visão global de mundo e um programa preciso de ação dentro do contexto em que vivem, com os meios que têm à disposição, visando construir um projeto hegemônico alternativo de sociedade. Martelli caracteriza a abrangência da filosofia da práxis em três aspectos inseparáveis: *técnico-produtiva; científico-experimental; histórico-política*[33]. Aqui, acrescentaríamos apenas que:

– é práxis técnico-produtiva, porque faz do trabalho a "célula 'histórica' elementar",[34] na formação de si mesmos, na mediação ativa que nós temos com a natureza e com os outros homens;[35]

– é práxis científico-experimental, porque atividade pública de reflexão e pesquisa em vista da construção de um conhecimento e de uma ciência voltados para a humanização do mundo e a expansão da democracia. Para Gramsci, de fato, "o cientista-experimentador é um trabalhador, não um puro pensador, e o seu pensamento é continuamente controlado pela prática e vice-versa, até se formar a unidade perfeita de teoria e prática";[36]

– é práxis histórico-política, enquanto atividade que opera a mediação entre "vontade humana (superestrutura) e a estrutura econômica", entre "o Estado e a sociedade civil",[37] entre histórias locais e o contexto global dos grupos subalternos, que, ao buscar a libertação, criam um novo modo de agir e de pensar, uma nova visão de mundo, uma filosofia que lança as bases para uma nova civilização.

Assim, para Gramsci o homem não entra em relação com os outros e o mundo simplesmente pelo fato de ser ele

---

[33] MARTELLI, M., *Gramsci Filosofo della Politica*, cit., p. 42.
[34] Q4, 473, §47.
[35] Q11, 1449, §34.
[36] *Ibid.*
[37] Q7, 868, §18.

mesmo natureza, mas ativamente, por meio do trabalho, da técnica, da filosofia e da política.[38] Daí porque, além de superar a naturalização do mundo, a cultura de subalternos, o imediatismo e o pragmatismo que afeta o agir das classes trabalhadoras, Gramsci se dedica principalmente a despertar neles a capacidade política que possa levá-los ao autogoverno e à direção de uma nova civilização.

Não há dúvida de que em Gramsci a filosofia da práxis é entendida como uma construção própria das classes subalternas, que se organizam, junto com seus intelectuais, para suplantar e superar a visão restrita e desumanizadora das classes elitizadas. Partindo das contradições[39] do mundo dirigido e mantido por estes, a filosofia é da práxis porque os subalternos, com suas práticas políticas, econômicas e culturais, conseguem elaborar uma proposta alternativa, universal e socializadora de mundo, superior à ordem existente, atribuindo-se a tarefa histórica de construir coletivamente, de baixo, uma nova, "total, integral civilização".[40]

Para Gramsci, só assim os subjugados podem chegar à liberdade, a sua própria identidade e hegemonia. E a conquista desta "unidade na diversidade" acontece no processo político, por meio de uma "luta de hegemonias"[41] não procurando intelectualística[42] ou intimisticamente, dentro de si, o conhecimento, os valores e "as razões de vida".[43] Pela filosofia da práxis, na verdade, o homem é visto como "conjunto das relações sociais",[44] de relações não vagas e abstratas, mas dialeticamente concretas, consideradas dentro de precisas condições de trabalho, de um modo de produção material e

---

[38] Q10, 1345, §54.
[39] Q11, 1487, §62.
[40] Q11, 1434, §27.
[41] Q10, 1385, §12.
[42] Q1, 33 ss, §43.
[43] Gramsci, A., *Lettere del Cárcere,* cit., p. 421 (18 de maio de 1931).
[44] Q10, 1337, §48.

simbólico, de divisões de classe, de distribuição da riqueza e do poder no mundo que nos engloba.

Como em Marx não se pode separar o pensar do agir, o mundo material da esfera das ideias, também em Gramsci há uma homologia entre a formação da vontade do indivíduo e a construção de um projeto coletivo de sociedade. Depois de Marx, de fato, chegaram ao fim as concepções de filosofias separadas, especulativa e ideologicamente manipuladas pelas classes dominantes, e inicia-se uma outra fase da humanidade, capaz de vincular organicamente o pensamento à economia e à política, uma vez que a realidade não pode ser pensada e entendida dualística e fragmentariamente. Para Gramsci, "separada da teoria da história e da política, a filosofia acaba se tornando metafísica; por isso, a grande conquista na história do pensamento moderno, operada pela filosofia da práxis, é exatamente a historicização concreta da filosofia e a sua identificação com a história".[45] Daí porque: "a filosofia deve tornar-se política para ser verdadeira".[46]

A crítica ideológica da filosofia significa, na prática, a reivindicação da sua ligação com a realidade concreta e histórica. Por isso Gramsci enfatiza a estreita ligação entre filosofia, economia e política, e chega a afirmar que a filosofia da práxis "é uma filosofia que é também uma política e uma política que é também uma filosofia"[47], e que "a reforma econômica é exatamente o modo concreto através do qual se apresenta toda a reforma intelectual e moral"[48].

A ligação inseparável entre "filosofia, política e economia"[49] faz com que a filosofia não se dissolva na abstração ou no intimismo, a política não se torne um cego agir imediatista e pontual, a economia não seja vista como um poder separado,

---
[45] Q11, 1426, §22.
[46] Q11, 1472, §49.
[47] Q16, 1860, §9.
[48] Q13, 1561, §1.
[49] Q4, 472, §45.

uma fatalidade incontrolável que incumbe sobre os destinos do mundo. Tanto a filosofia como a política e a economia, entrelaçadas, para Gramsci formam indivíduos conscientes de sua subjetividade social, fincados no terreno concreto da história e das suas contradições[50] com as quais precisa aprender a interagir para compreender seus mecanismos de poder e se organizar para operar transformações: "O filosofo, de fato, é e não pode não ser o político, quer dizer, o homem ativo que modifica o ambiente, entendido este como o conjunto das relações das quais cada um entra a fazer parte".[51]

Assim, com uma diferença de acento em relação a Marx – que enfatiza mais os processos materiais e econômicos –, Gramsci evidencia que a formação da subjetividade política dos grupos subalternos não é dada automaticamente, de maneira direta, pela própria condição social ou pela simples inserção no processo de produção material, mas ocorre no processo de construção da hegemonia por meio de um difícil e complexo trabalho político-cultural capaz de superar a fragmentação, a inércia e a submissão.

Não é por acaso que em Gramsci é a ideologia, o foco maior da sua atenção. "Para Gramsci, o coração da hegemonia sociopolítica de uma classe dirigente ou de uma classe revolucionária é a capacidade de produzir, ao lado da riqueza material, principalmente uma riqueza teórica, a elaboração de uma visão própria de mundo não subordinada ou colonizada por patrimônios ideológicos alheios. A capacidade de decidir e definir a identidade da própria subjetividade conforme uma filosofia própria, em que não haja mais discrepância entre o plano material e a autorepresentação, entre o fazer e o saber dele".[52]

---

[50] Q4, 471, §45.
[51] Q10, 1345, §54.
[52] FINELLI, R., Marx e Gramsci: o confronto de duas antropologias, em: PETRÔNIO, G. e MUSITELLI, M. P. (orgs.) *Marx e Gramsci: memória e attualità*, Roma, Editora Manifestolibri, 2001, p.105.

Isso quer dizer que, sem perder de vista este horizonte teórico-político desenhado por Gramsci no seu tempo, cada grupo social subalterno, em seu lugar e circunstâncias, tem a insubstituível tarefa de elaborar seus horizontes teóricos e construir a sua hegemonia. Hoje, por exemplo, a reelaboração da filosofia da práxis não pode deixar de levar em consideração que vivemos na época da globalização dominada pelo "império" norte-americano; que, no pensamento pós--moderno, além de aspectos corrosivos, antidemocráticos e antipopulares, há elementos que podem ser aproveitados no fortalecimento das lutas dos subalternos;[53] que o conceito de política se ampliou e complexificou muito; que o trabalho passa por um processo de intelectualização sem precedentes na história da humanidade; que a hegemonia deve ser equacionada com a questão do poder e suas múltiplas manifestações; que as lutas sociais se modificaram e múltiplos atores se organizam como novos protagonistas na esfera da política; que o socialismo não pode ser dissociado da realização da democracia; que no Brasil e na América Latina não há como pensar a construção de um "outro mundo possível" sem enfrentar e superar as contradições do sistema capitalista.

A "NOVIDADE" DO NEOPRAGMATISMO DE R. RORTY

Se a filosofia da práxis, para além de alguns pontos de aproximação, apresenta profundas divergências teóricas e contrapostos projetos de sociedade em relação ao pragmatismo clássico norte-americano, a distância se torna ainda mais nítida quando se examina o neopragmatismo desenhado por R. Rorty, herdeiro desta linha de pensamento.

---

[53] SEMERARO, G. Linhas de uma filosofia política da educação brasileira, *Revista Movimento*, n. 10, 2004, pp. 35-49.

Este representa, de fato, o pragmatismo norte-americano na versão pós-moderna mais sofisticada. Seus escritos procuram combinar o pensamento antimetafísico (antiessencialista e antirepresentacionista) com um remodelado liberalismo "solidário" e um "vocabulário" inspirado na filosofia da linguagem.

Em Ensaios sobre Heidegger e outros; escritos filosóficos II,[54] o próprio Rorty explicita abertamente que o seu projeto filosófico visa interligar os pragmatistas, particularmente J. Dewey, a Nietzsche e Heidegger e aos filósofos analíticos norte-americanos (Quine, Davidson, Putnam).

Mas, embora mencione constantemente Dewey, na verdade Rorty está sintonizado com a filosofia da vida de Nietzsche e a crítica à "tradição ontoteológica" de Heidegger, ao mesmo tempo em que retira suas inspirações mais atuais de Donald Davidson, "um filósofo cuja obra parece-me ser a melhor declaração corrente de uma posição pragmatista".[55] De fato, se por um lado, Rorty declara em diversas ocasiões que "a minha admiração por Dewey é quase ilimitada"[56] e que "o liberalismo naturalista e antiideológico deweano é a mais válida tradição da vida intelectual americana"; por outro, está convencido de que "o pragmatismo deveria desenvolver o lado holístico e sincrético para poder construir um invólucro melhor para o liberalismo".[57]

Pelo uso que faz dos seus referenciais teóricos e pelas suas próprias declarações ficam evidentes as posições políticas que Rorty assume em defesa da "utopia liberal"[58] e

---

[54] RORTY, R., *Ensaios sobre Heidegger e outros*; escritos filosóficos II, Rio de Janeiro, Editora Relume-Dumará, 1999a, pp. 14-15.
[55] *Ibid.*, p. 26.
[56] RORTY, R., *Para realizar a América. O pensamento de esquerda no século XX na América*, Rio de Janeiro, Editora DP&A, 1999b, p. 14.
[57] RORTY, R., *Objetivismo, relativismo e verdade*; escritos filosóficos I, Rio de Janeiro, Editora Relume-Dumará, 1997, p. 93.
[58] RORTY, R., *La Filosofia dopo la Filosofia-Contingenza, Ironia e Solidarietà*, Roma, Editora Laterza, 2001, p. 218.

do modelo norte-americano de sociedade. Um liberalismo que, na esteira das reformadoras teorias de J. Rawls[59], Rorty espera ver renascer na América de hoje, já que "patriotismo, economia solidária, anticomunismo e pragmatismo de Dewey andavam juntos, fácil e naturalmente".[60] Assim, não há escrito de Rorty onde não apareça, inabalável e indiscutível, metafisicamente presente como "mão invisível", a "crença" de que "sem [...] as instituições da sociedade burguesa liberal os homens teriam mais dificuldade para encontrar a própria salvação pessoal".[61]

Imbuído dessa "missão", Rorty, "anticomunista militante" de esquerda,[62] defende um "liberalismo democrático", uma "social-democracia reformista" que leve a purificar-se do egoísmo e dos excessos da concorrência para tornar-se sensível ao sofrimento humano[63] e impedir a crueldade.[64] Para tanto, sonha com um mundo onde as classes possam trabalhar "cooperativamente".[65] Invoca as políticas reformistas de "Dewey e Hook, que lutaram com grande sucesso contra as tentações que o marxismo apresentou aos intelectuais americanos nos anos 30".[66] Substitui a retórica dos direitos universais com as tradições genuínas do "nosso mundo" norte-americano[67]. Contrapõe o conceito de "societas" (sociedade que partilha valores específicos de um preciso grupo social) ao conceito de "universitas" (associação universal dos seres humanos que se reconhecem na mesma natureza humana).[68] Está convencido de que não se pode pensar a realização da

---

[59] RORTY, R., *Objetivismo, relativismo e verdade*, cit., p. 239ss.
[60] RORTY, R., *Para realizar a América*, cit., p. 98.
[61] RORTY, R., *La filosofia dopo la filosofia*, cit., p. 103.
[62] RORTY, R., *Para realizar a América*, cit., p. 94.
[63] RORTY, R., *Ensaios sobre Heidegger e outros*, cit., p. 67.
[64] RORTY, R., *La Filosofia dopo la Filosofia*, cit., p. 82.
[65] *Ibid.*, p. 89.
[66] RORTY, R., *Objetivismo, relativismo e verdade*, cit., p. 107-108.
[67] RORTY, R., *Para realizar a América*, cit., p. 84.
[68] RORTY, R., *La Filosofia dopo la Filosofia*, cit., p. 75.

democracia desvinculada do capitalismo: "Democracia participativa e fim do capitalismo são ideais que ninguém é capaz de imaginar sendo realizados".[69] Para o que chama de "esquerda", indica que "deve voltar-se ao trabalho de reforma gradual dentro do quadro de uma economia de mercado"[70], de uma democracia já organizada, na qual "nenhuma 'crítica radical' é requerida, sendo necessário apenas atenção para o detalhe", e na qual "o filósofo [...] é alguém que provoca o confronto entre os bons e os maus aspectos dessa sociedade".[71] Sem nunca pôr em dúvida a sacralidade do capitalismo, afirma que: "Deveríamos repudiar a insinuação dos marxistas de que só aqueles que estão convencidos de que o capitalismo deve ser superado podem ser tidos como de esquerda...".[72] Idealiza, afinal, "uma autoridade global que poderia colocar o capitalismo global a serviço da democracia [...] uma vez que hoje 'socialismo' não significa outra coisa se não 'capitalismo domesticado'".[73]

Portanto, em contradição com as ideias de diferença, de democracia e de "conversação" aberta de que sua filosofia se diz portadora, Rorty toma partido indiscutível a favor do liberalismo, faz apologia dos seus heróis, valoriza autores de seu interesse e desqualifica outros que não têm "utilidade" para o seu discurso,[74] indica com precisão as leituras que servem para uma boa formação e outras que devem ser abandonadas,[75] ergue barreiras contra o marxismo, porque "para nós americanos é importante não permitir que o marxismo influencie a história que contamos sobre nossa própria es-

---

[69] RORTY, R., *Para realizar a América*, cit., p. 139.
[70] *Ibid.*, p.141.
[71] RORTY, R., *Ensaios sobre Heidegger e outros*, cit., p. 39.
[72] RORTY, R., *Para realizar a América*, cit., p. 76.
[73] RORTY, R.; VATTIMO, G., *Il Futuro della Religione; Solidarietà, Carità, Ironia*. Edição S. Zabala, Milano, Editora Garzanti, 2005, p. 82.
[74] RORTY, R., *La Filosofia dopo la Filosofia*, cit , p. 100.
[75] RORTY, R., *Para realizar a América*, cit., p. 93.

querda",[76] uma vez que "nós americanos não precisamos de Marx para nos mostrar a necessidade de redistribuição...",[77] Assim, a aparente liberalidade do seu pensamento e a modéstia de objetivos que a sua filosofia se propõe mal escondem a intenção clara de "criar" um modo de pensar mais útil e prático para "refundar" mais eficazmente o liberalismo, modelo inigualável para o mundo, porque livre, sem amarras, sem princípios nem finalidade, cuja missão é "prevenir a miserabilização do proletariado país por país, no espírito pragmático e experimental que Dewey recomendou",[78] e se manter armado, já que "A Guerra Fria (foi) travada [...] para salvar o mundo de um grande perigo",[79]

Mas há outros aspectos que chamam a atenção quando nos adentramos na filosofia "solidária" e pós-moderna de Rorty. No mundo da sua encantadora literatura desaparece o "interesse" pelo contexto histórico dentro do qual deve-se entender os fatos, a linguagem, os valores. Em seus escritos não há sinal da divisão social do trabalho e sua exploração, dos processos históricos, das forças sociais, políticas e econômicas que formam mentalidades e amoldam comportamentos, que levam alguns povos a subjugar outros, que fazem acumular riquezas e concentrar poder no império norte-americano. No lugar de questões pouco pragmáticas como estas, que até suscitam sentimentos de indignação e piedade, Rorty concentra seus esforços sobre o esgotamento da filosofia ocidental tradicional e suas teorias "inúteis" para o nosso tempo.

Partindo da ideia de que estamos em época pós-metafísica e pós-filosófica, Rorty acredita ter havido um deslocamento da subjetividade/identidade fundada sobre a "consciência", para uma concepção que valoriza a completa naturalização das relações entre os homens e o meio. Nesta visão, organismo e

---

[76] *Ibid.*, p. 76.
[77] *Ibid.*, p. 84.
[78] *Ibid.*, p. 77.
[79] *Ibid.*, p. 95.

ambiente, interno e externo, são considerados holisticamente relacionados única e exclusivamente por causação. O modelo naturalista, de fato, dispensa a noção de consciência, de sujeito e de processos históricos. Ao abandonar a "metalinguagem" e a introspecção, e ao adotar a observação, o ponto de vista da terceira pessoa analisando expressões linguísticas, crenças e desejos, Rorty pensa que é possível ser "ontologicamente neutro", "para além do bem e do mal", pelo fato de limitar-se apenas a descrever, sem ideologia, o mundo com seus vários vocabulários, sem privilegiar nenhuma linguagem em particular. Na esteira de Nietzsche, portanto, a maior preocupação de Rorty é dissolver a filosofia do sujeito, da consciência, da razão, da verdade, da universalidade, substituindo-a pelo naturalismo, o holismo, a linguagem, a utilidade, a contingência.

Por isso, em conformidade com a "virada linguística", a filosofia, nas mãos de Rorty, sofre também "a virada da teoria à narratividade",[80] Neste sentido, o que nos restaria, agora, é aprender a nos "recriar" pela linguagem, a nos redescrever incessantemente por meio de novos vocabulários. O mundo pragmático, natural e palpável de Rorty nos orienta assim a "utilizar" impoliticamente termos e novas metáforas, sem se importar com o contexto histórico e sociopolítico. Rorty acredita, de fato, que:

"[...] a única coisa que podemos fazer para ampliar o raio dos nossos conhecimentos [...] consiste em ler livros, pois os irônicos passam mais tempo em colocar ordem entre os livros do que entre as pessoas concretas, reais. Eles temem que conhecendo apenas os habitantes do próprio bairro podem acabar presas do vocabulário no qual foram educados e, portanto, procuram conhecer pessoas estranhas (Alcebíades, Julien Sorel), famílias estranhas (os Karamazov, os Causabons) e estranhas comunidades (os Cavalheiros teutônicos, os Nuer, os mandarins da época Sung)".[81]

---

[80] RORTY, R., *La Filosofia dopo la Filosofia,* cit., p. 5.
[81] *Ibid.,* p. 98.

Ao se dedicar aos romances e afastar seus olhos das contradições sociopolítico-econômicas existentes no mundo, o neopragmatismo de Rorty quer nos fazer crer que hoje não há mais problemas filosóficos "fundamentais" a serem resolvidos e que a filosofia não passa de uma "crítica literária",[82] de uma "prática discursiva" entre outras que caracterizam a nossa convivência. Por isso, a filosofia deve abandonar sua pretensão de elaborar visões globais de mundo, de fundamentar o conhecimento e de dar sustentação a práticas éticas e políticas, para transformar-se em uma espécie de narrativa, sem nenhuma tentativa de chegar a uma teoria abrangente ou a um projeto de sociedade. Pois, agora, trata-se não de elaborar conceitos, mas de transitar entre vocabulários; não de construir uma epistemologia, mas de dedicar-se aos jogos de linguagem; não de argumentar, mas de justificar para "audiências"; não de auscultar a realidade, mas de "conversar" sobre ela. Qualquer coisa a mais do que isso levaria aos perigos da "sobrefilosoficação". Convencido disso, Rorty pode declarar que "Se considerássemos a história humana como história de metáforas sucessivas, para nós o poeta, no sentido geral do artífice de novas palavras, criador de novas linguagens, seria a vanguarda da espécie".[83] Este "gênio", sendo o único que "sabe contar a história", tem sua superioridade assegurada em relação "ao resto da raça humana".[84] Em conformidade com o elitismo de Nietzsche e Heidegger, Rorty também acredita que as mudanças no mundo acontecem pelas "revoluções conceituais",[85] pela introdução de "novas metáforas", pelas idiossincrasias dos grandes pensadores,[86] sem relacioná-las às lutas concretas de grupos sociopolíticos, a complexas disputas de contrapostos proje-

---

[82] RORTY, R., *La Filosofia dopo la Filosofia,* cit, p. 99.
[83] *Ibid.,* p.30.
[84] *Ibid.,* p. 39.
[85] RORTY, R., *Ensaios sobre Heidegger e outros,* cit., p. 29.
[86] *Ibid.,* p. 29.

tos de sociedade, menos ainda suspeitar que muitas ideias e "metáforas" podem se originar nas ações e nas reflexões de seres humanos comuns.

Com esta reinterpretação da filosofia, o que nos restaria – melhor, aos poetas e pensadores – são as narrativas e os vocabulários, pelos quais "as coisas se tornam mais prontamente manipuláveis", sem esperar alcançar algo, uma vez que "não há nada a ser conhecido sobre coisa alguma a não ser suas relações com outras coisas".[87] A meta da investigação e da ciência, de fato, não é a verdade, mas a utilidade. Darwinianamente, é a capacidade cada vez maior de formar os instrumentos necessários para a espécie humana sobreviver. No entendimento pragmatista da investigação, "a linguagem é um conjunto de instrumentos", é um conjunto de "sinais e ruídos que os organismos usam como ferramenta para conseguir o que eles querem".[88] Sendo assim, a linguagem não deve ser vista como um "quebra-cabeça" para descobrir algum desenho escondido do mundo ou um significado global da existência. De fato, uma vez que a filosofia tradicional faliu com a sua imagem "da mente como sendo um grande espelho" capaz, com seus "métodos puros", de chegar ao conhecimento entendido como "representação" precisa do mundo e capaz de elaborar "uma teoria geral da representação",[89] o que nós temos agora é só um "vocabulário contingente" utilizado por uma "comunidade restrita".[90]

Se vivemos em uma sequência aleatória de acidentes e palavras, não podemos ter a pretensão de compreender e representar a realidade. Então, mais do que uma verdade, é preciso justificar "crenças" para uma audiência com mais

---

[87] RORTY, R., *Pragmatismo. Filosofia da criação e da mudança*, Edição MAGRO, C. - PEREIRA, A. M., Belo Horizonte, Ed. UFMG, 2000, p. 67ss.
[88] RORTY, R., *Ensaios sobre Heidegger e outros*, cit, p. 17.
[89] RORTY, R., *Philosophy and Mirror of Nature*, Princeton, Princeton University Press, 1979, pp. 6-12.
[90] *Ibid.*, p. 365.

facilidade que outras, pois só há vários objetivos locais, práticos, precisos, nenhum objetivo geral porque não há nenhuma justificação última, como não há nenhum centro considerado "consciência" porque não há nenhum "ponto arquimediano".[91]

"PRATICAMENTE", EM QUE CONSISTE O (NEO)PRAGMATISMO?

A centralidade do "uso de vocabulários contingentes", da "conversa" e da "narrativa" na filosofia de Rorty são tão fortes que chega a operar uma separação entre o mundo da fala e as práticas de vida. Assim, contraditoriamente com seu discurso, mas coerente com o liberalismo que defende, Rorty acaba separando o pensamento do agir político. Refunda, assim, o dualismo que pensava ter superado, a tal ponto de não se importar com o comportamento e as escolhas concretas do filósofo, uma vez que o que vale é o que este pensa e escreve.[92] Em um dos exemplos mais ilustrativos dessa atitude, Rorty chega a instruir M. Foucault sobre como deveria ser um verdadeiro filósofo: "Eu estou com vocês enquanto um companheiro cidadão, mas, enquanto filósofo, estou retirado em mim mesmo, perseguindo projetos de autoinvenção que não são do seu interesse. Eu não estou interessado em oferecer fundamentações filosóficas que legitimem o fato de eu estar do seu lado, pois meu projeto filosófico é um projeto privado que não provê nem motivos nem justificações para minhas ações políticas".[93]

Como Nietzsche, acreditando que a realidade é "um exército móvel de metáforas", e que "não há fatos, mas só interpretações", o que importa para Rorty é a fabulação e a ironia, não a transformação do mundo.

---

[91] RORTY, R., *Pragmatismo. Filosofia da criação e da mudança*, cit., pp. 37-44.
[92] *Ibid.*, p.171.
[93] RORTY, R., *Ensaios sobre Heidegger e outros*, cit., p. 263.

Contrariamente à filosofia da práxis, portanto, não é a realidade dos grupos humanos concretos, a premência dos seus problemas, a disputa de projetos alternativos de sociedade, mas, hollywoodianamente, as narrativas, os novos vocabulários, as boas intenções de "grandes" autores depositados em livros e seus jogos de linguagem que alimentariam a solidariedade e a criação de novos espaços de convivência. Justamente, Susan Haack[94] observa que em Rorty as terapias de grupo e as práticas discursivas assumem o lugar dos problemas reais a serem resolvidos. E Habermas, em sua crítica a Rorty, observa que "Quando o pensamento filosófico [...] é desvinculado do dever de resolver problemas, e o seu fundamento é transferido para a crítica literária, é-lhe subtraída não só a sua seriedade, mas também a sua produtividade e criatividade".[95]

Rorty, de fato, acredita que o simples mudar do nosso modo de falar, mudaria "o que queremos fazer e que pensamos de ser".[96] O novo demiurgo, portanto, é a linguagem, melhor, os "novos vocabulários". No lugar do ser, de Deus, da razão, da história, do espírito, do partido, são os fonemas, os "sinais e os ruídos" que chegam a "criar a pessoa humana [...] a fazer aparecer boa ou má, importante ou secundária, útil ou inútil qualquer coisa".[97]

Neste sentido, a própria sedutora e risonha narrativa de Rorty não é apenas talento pessoal. É a expressão literária de um pensamento que traduz os valores que defende. Seu estilo desinibido, irônico, ousado, seguro, agradável, erudito, está intimamente sintonizado com o método de "bricolagem de discursos", com a liberdade de "construir textos com tramas múltiplas

---

[94] HAACK S., Quanto àquela frase "estudando com espírito literário...", em: MARGUTTI PINTO, P.R. (org.) *Filosofia analítica, pragmatismo e ciência*, Belo Horizonte, Ed. UFMG, 1998, pp. 40-70.
[95] HABERMAS, J., *O discurso filosófico da modernidade*, Lisboa, Editora Dom Quixote, 1990, p. 198.
[96] RORTY, R., *La Filosofia dopo la Filosofia*, cit., p. 29.
[97] *Ibid.*, p.14.

de narrativas provocadoras, contingentes com suas necessidades de cada momento",[98] como o liberalismo quer.

Com esta "liberdade", Rorty se esmera em "utilizar" como acha melhor o pensamento de qualquer autor, tentando juntar em seus textos "metáforas" de Hegel e Marx com as de Kierkegaard, Nietzsche, Heidegger e Derrida; afirmações de Dewey e Rawls com proposições de Mill e Habermas.[99] Sem se importar com o conjunto da obra de um autor e o contexto histórico-político em que escreve, Rorty espera assim, pela via da narrativa e da linguagem, construir holisticamente um "belo mosaico".[100] Neste sentido, para fundamentar o neopragmatismo, não apenas Nietzsche e Heidegger nos revelam que as categorias da razão "são meios para o ajuste do mundo a certos fins utilitários", mas também que "só nos tornamos pragmatistas porque Platão e Aristóteles já nos deram um avaliação técnica, instrumental, de para que serve o pensamento"[101]. Com a mesma liberdade pragmática, Rorty chega a afirmar que as teses contra Feuerbach de Marx formam uma plataforma do pragmatismo[102] e que o método dialético de Hegel é "simplesmente uma técnica literária", que "não tem por objetivo reatar o sujeito com o objeto", que "abandona a ideia de chegar à verdade", que "inaugurou uma tradição da filosofia irônica que continua em Nietzsche, Heidegger e Derrida".[103] Por estas e tantas outras afirmações, percebe-se melhor por que Rorty trava suas lutas em defesa da "contingência": porque só esta, afinal, nos habilita na "capacidade de manipular entes para satisfazermos nossos próprios desejos".[104] Pela mes-

---

[98] RORTY, R., *Pragmatismo. Filosofia da criação e da mudança*, cit., p. 11s.
[99] RORTY, R., *La filosofia dopo la filosofia*, cit., p. 2ss.
[100] *Ibid.*, p. 99.
[101] RORTY, R., *Ensaios sobre Heidegger e outros*, cit., p. 48.
[102] *Ibid.*, p. 41.
[103] RORTY, R., *La filosofia dopo la filosofia*, cit., p. 96ss.
[104] RORTY, R., *Ensaios sobre Heidegger e outros*, cit., p. 61.

ma razão, foi observado que quando se procura "desfundamentar" a ideia de natureza humana e de "substância", se objetiva derrubar a ideia de igualdade.[105]

Mas esta habilidade manipulatória nos confirma ainda mais que de "contingente, irônico e solidário", Rorty possui apenas a literatura, porque seus fundamentos a priori e a "crença" em um projeto preciso de sociedade aparecem perfeitamente sólidos e inabaláveis. Pois, quanto mais combate os fundamentos dos... outros mais 'fundamentalista' torna-se o seu discurso. O livre, neutro, antimetafísico, contingente e criativo neopragmatismo de Rorty, de fato, não consegue se livrar do seu inquestionável "fundamento" da "American way of life", do seu intocável "ponto arquimediano": o pressuposto "liberal" da existência do indivíduo natural, autônomo, destituído de consciência e interioridade, mas dotado de "crenças" e "desejos", capaz de interação com o universo, mas avesso a buscar visões de mundo que o exponham a se tornar um "ser social" e politicamente organizado. Não há surpresa nisso se considerarmos que em Rorty, como em seu mestre Nietzsche, há uma visão naturalista entre os seres humanos e o resto do universo:

"Pois, afinal, a autêntica novidade pode muito bem acontecer em um mundo de forças cegas, contingentes, mecânicas. [...] assim, pelo que nós sabemos, ou que nos importa, o uso metafórico da palavra *ousia* da parte de Aristóteles, de *agape* da parte de São Paulo, e de *gravitas* da parte de Newton, foi o resultado da descarga produzida por um raio cósmico na estrutura de alguns neurônios determinantes do cérebro deles. Ou, como é mais plausível, foi o fruto de algum episódio peculiar da infância deles, de uma ideia fixa produzida por algum trauma pessoal".[106]

---

[105] LOSURDO, D. *Nietzsche, il ribelle aristocratico*; biografia intellettuale e bilancio critico. Torino, Editora Bollati Boringhieri, 2002, p. 710.
[106] RORTY, R., *La filosofia dopo la filosofia*, cit., p. 26.

Esta naturalização serve para Rorty justificar as distâncias que quer tomar das tendenciosas posições político-ideológicas que poderiam pôr em questão a "inocência" do liberalismo com o qual sonha, cuja "substância" permanece dualista porque prega a ironia privada e a solidariedade pública, invoca a piedade diante das crueldades humanas, mas se recusa a descobrir as causas. E não se pode pensar que estas contradições lhe escapam, pois Rorty é um intelectual muito informado para não saber que certas filosofias por ele desqualificadas ameaçam concretamente desmascarar a perversidade do sistema em que vivemos, as desigualdades por ele produzidas, as gigantescas transferências de recursos drenadas dos países pobres para os centros de poder, a militarização que isso comporta, o terrorismo ideológico e financeiro, o aprofundamento da divisão de classe, o fosso que está dividindo tragicamente a humanidade em fronteiras que segregam multidões empobrecidas de grupos humanos encastelados em altos padrões de consumo e de cultura.

Longe desta realidade "irrelevante", a filosofia de Rorty procura seu brilho na esgrima que trava com o pensamento tradicional europeu, na desconstrução de um passado cuja visão "ocular" e racionalidade impediriam a liberdade da sua própria afirmação, da sua "autocriatividade" e da "redescrição" de si próprio. Para ele, de fato, as questões mais importantes se concentram nos dualismos entre a tradição metafísica e a linguagem atual, a modernidade e a pós-modernidade, a filosofia continental e norte-americana. Não lhe importa verificar se os dualismos, antes do que na esfera da metafísica e do discurso, não nascem, acima de tudo, das relações que se estabelecem entre dominadores e subjugados, entre quem estabelece "valores" conforme seus interesses e os que são empobrecidos. Quando se recusa olhar para esta realidade, de pouco serve evadir-se no mundo das palavras. Agindo assim, se contribui para a manutenção e a "fundamentação" de outros dualismos igualmente perversos: a separação da filosofia da política, o público do privado, a narrativa das estruturas econômicas, a "societas" de protegidos separada da "universitas" da maioria entregue à "caridade". Por isso, à filosofia de Rorty não interessa a realidade na sua complexa concretude, mas apenas o "jogo de palavras", o construcionismo permanente de acordo com os interesses de um grupo social particular, assumidamente "etnocêntrico",[107] que tudo faz para defender os seus valores que continuam "essencialmente" ocidentais. Ao recusar a análise das contradições e dos processos históricos, a compreensão do mundo em que se debatem outros grupos sociais e diferentes projetos de sociedade, o neopragmatismo de Rorty acaba comprometendo também seus próprios esforços de valorizar o particular e o contingente, porque os volatiliza e os exclui de uma relação maior.

Contrariamente ao que Rorty gosta de apresentar, totalidade, de fato, não significa necessariamente visão totalitária, exaustiva, fechada, única, definitiva, mas, na longa tradição dialética, deve ser entendida como uma compreensão, a mais ampla possível, histórica e superável, que conseguimos alcançar da complexa e contraditória realidade na qual nos movemos interativa e conflitivamente, em busca de conexões entre partes e todo, micro e macro, para melhor termos condições de transformá-la individual e conjuntamente.

Ao descartar esta leitura dialética – que o tão mencionado Hegel define como "ciência das contradições e das conexões universais" –, o neopragmatismo de Rorty, no lugar de construir o concreto (rica totalidade de múltiplas determinações), acaba se tornando redutivo, imediatista e abstrato. Sem uma relação maior, até o uso instrumental e operacional dos seus vocabulários fica inviabilizado e a "metafísica" da "utilidade" e da "contingência" defendida por Rorty torna-se pobre e sem saídas. Transforma-se em uma ilusão pior que a criada por Platão, por ele incansavelmente combatido.

---

[107] RORTY, R., *La Filosofia dopo la Filosofia*, cit., p. 227.

A aposta na contingência, nos vocabulários, na ironia, mais do que uma ruptura com a filosofia tradicional, na verdade, operam apenas uma inversão, "do Ser para os entes", deixando a lógica subjacente substancialmente igual.

A metafísica, de fato, não se combate jogando todas as cartas sobre a aparência e os rodeios das palavras, como haviam já feito os sofistas. K. Otto Apel[108], justamente, tem observado que quando alguém troca alegremente a "episteme" pela "doxa", a "verdade" pelo "útil", acaba renunciando a sua capacidade racional e à visão de conjunto. Quem abraça esta inversão, como Rorty, se recusa a perceber que as armadilhas do poder existem tanto na metafísica tradicional como também na pressuposição de que tudo se desintegra e volatiliza no ácido corrosivo do relativismo. Não se dá conta de que o "poder" do seu neopragmatismo, tão sutil como a "metafísica" das suas "crenças" sem aparente teoria e visão de mundo, afinal de conta, acaba se colocando a serviço de um liberalismo pós-modernizado e de um capitalismo virtual que combate a política, a formação de subjetividades, do público, dos direitos universais, de outros possíveis projetos de sociedade, porque se recusa a admitir a realidade que produz: o trágico dualismo na humanidade e a destruição do planeta.

---

[108] APEL, K.O. *Estudos de moral moderna*. Petrópolis, Editora Vozes, 1994.

A FORMAÇÃO DA SUBJETIVIDADE NAS LUTAS HEGEMÔNICAS

Na democracia, a própria constituição apresenta-se simplesmente como uma determinação da autodeterminação do povo... A democracia é o enigma de todas as constituições.

K. Marx

A NOVA POLÍTICA DO PROTAGONISMO DAS MASSAS

Gramsci teve uma existência relativamente curta (1891-1937), mas viveu intensamente eventos históricos extraordinários que marcaram os rumos do nosso século: a Primeira Guerra Mundial, a Revolução Russa, os levantes operários na Itália e na Europa, a formação de grandes partidos políticos, a consolidação de regimes totalitários, a depressão econômi-

---

Artigo publicado na Revista "Educação e Sociedade", n. 66, abril, 1999.

ca de 1929, a afirmação dos Estados Unidos como potência hegemônica mundial.

Neste período, aparecem já claras as características dominantes das décadas seguintes: a emergência crescente das massas e as dimensões globais e instantâneas que vieram adquirindo as complexas relações humanas. Hoje, favorecidos por um olhar retrospectivo sobre o século que se encerrou, percebemos melhor que o mesmo fenômeno tem percorrido todos os continentes estreitando-os em um destino comum. Não apenas as guerras "totais" – as mais catastróficas da história da humanidade –, mas "filhas" destas, as revoluções políticas e culturais fizeram do "novecento" um século "breve" e convulsivo, marcado por tensões "extremas" que mesclaram inauditos massacres humanos com prodigiosas conquistas científicas e tecnológicas.[1]

Na "aldeia global" em que se transformou o nosso mundo, nada acontece, portanto, que não envolva amplas camadas da população. As massas tornaram-se a chave do nosso tempo: quer se procure a sua legitimação instrumentalizando-as passivamente, quer elas, de baixo, manifestem ativamente as suas reivindicações nas mais diversas expressões. Assim, enquanto, de um lado, se multiplicam e sofisticam os instrumentos de manipulação, por outro lado, a criatividade popular renasce obstinadamente, manifestando cada vez mais a sua vontade de escrever a história com as próprias mãos.

Gramsci esteve particularmente atento a essas transformações, envolvido em uma época onde a classe dominante havia perdido o consenso e "as grandes massas haviam se afastado da ideologia tradicional, não acreditando mais no que antes acreditavam. A crise consiste exatamente no fato de que o velho morre e o novo não consegue nascer: neste interregno acontecem os fenômenos mais perigosos".[2]

---

[1] HOBSBAWM, E. *Era dos extremos. O breve século XX: 1914-1991*, São Paulo, Companhia das Letras, 1994, pp. 51-62.
[2] Q3, 311, §34.

Gramsci não era o primeiro a pôr-se a questão política da emergência das massas no cenário histórico contemporâneo. Hegel havia já observado que uma das maiores contradições dos tempos modernos derivava do crescimento vertiginoso da riqueza que não produzia a prosperidade, mas a pobreza e a "plebe". Em suas reflexões, estava também convencido de que a "moralidade" individual, a beneficência particular ou a assistência pública não iriam superar o mecanismo de multiplicação do surgimento da "plebe",[3] uma vez que se tratava de uma consequência estrutural do moderno sistema produtivo. A solução, para ele, deveria ser encontrada na constituição de um "Estado ético" capaz de ultrapassar os conflitos da sociedade civil e garantir o funcionamento do todo.

Ao fenômeno das massas, Nietzsche – enquanto lança uma crítica radical à decadência da civilização ocidental e a sua moral servil – dedica só o desprezo e o chicote. A nova nobreza do "Super-homem", afirmava, deve aprender a odiar a "plebe" e combater a praga dos movimentos socialistas que procuravam reeditar em formas seculares as ilusões igualitárias pregadas pelo Cristianismo para as massas dos fracos e desorientados.[4]

No tempo de Gramsci não faltava quem, como Ortega y Gasset, vendo na "rebelião das massas" uma ameaça à ordem social e às tradições ocidentais, estimulava as elites intelectuais a assumir a "educação" das massas e a dirigi-las politicamente. G. Sorel, por outro lado, pregava a "cisão" dos trabalhadores da sociedade burguesa e, lançando um apelo ao mito unifica-

---

[3] HEGEL, G.W.F., *Lineamenti della Filosofia del Diritto. Diritto naturale e scienza dello Stato in compedio,* a cura di MARINI, G. Roma-Bari, Editora Laterza , 1996, §245: "Deste modo se mostra que, apesar do seu excesso de riqueza, a sociedade civil não é suficientemente rica, isto é, na sua riqueza, não possui a quantidade de bens para pagar o tributo ao excesso de miséria e a sua consequente plebe".

[4] NIETZSCHE, F., *Genealogia della morale. Scelta di frammenti postumi: 1886-1887,* edição de COLLI, M. e MONTINARI, M. Milano, Editora Mondadori, 1991, p. 15 e pp. 38-39.

dor da "greve geral", incentivava para a ação direta das massas sem recorrer às "ambíguas" mediações políticas.

Assim, quando por toda parte se pensava que a saída para a grave crise histórica iria surgir da afirmação de um Estado forte, dos métodos da "guerra de movimento" ou da integração das massas nas velhas formas políticas, Gramsci, rejeitando as soluções do fascismo e criticando as tendências à centralização do poder,[5] sustentava que uma nova civilização só poderia vir à luz pelo ingresso na história das massas livres e democraticamente organizadas. Diferentemente da maioria dos seus contemporâneos, o pensador italiano estava convencido de que somente por meio do desenvolvimento de uma consciência histórica da realidade e de uma ação política voltada a elevar a condição "intelectual e moral" das massas se poderia chegar a uma sociedade realmente "civil", capaz de humanizar-se plenamente e de autogovernar-se. A solução à "crise de autoridade", ou seja, de "hegemonia" ou de "Estado no seu conjunto", deveria ser encontrada no reconhecimento da passagem, já em ato nas práticas das massas, "da passividade política para uma certa atividade (onde) apresentam reivindicações que no seu conjunto desorgânico constituem uma revolução".[6]

A trágica experiência da Primeira Guerra Mundial (1914-1918) havia, de fato, provocado uma ruptura irreparável entre massas populares e ideologias dominantes minando toda a credibilidade nos métodos tradicionais da política baseada

---

[5] Nos últimos anos antes da prisão, Gramsci entra em conflito direto não apenas com o fascismo na Itália, mas também com a centralização do poder e o processo de burocratização que começava a se implantar na URSS. Ver a célebre *Lettera al Comitato Centrale del PCUS* e a réplica à resposta de Togliatti, em: GRAMSCI, A., *Lettere: 1908-1926*, Torino, Ed. Einaudi, 1992, pp. 455-473. Ver, também, Q13, 1604, §23: "A burocracia é a força rotineira e conservadora mais perigosa: quando consegue construir um corpo sólido, independente e separado da massa, o partido se torna anacrônico e, nos momentos de crise aguda, acaba esvaziado de seu conteúdo social e permanece como que suspenso no ar".

[6] Q13, 1603, §23.

prevalentemente na força e na prepotência. Ora, não se podia mais pensar em administrar o poder unicamente apoiados sobre os sistemas coercitivos. O protagonismo e as aspirações à democracia, crescentemente demonstrados pelos movimentos que despontavam das iniciativas populares, favoreciam a expansão da sociedade civil e revolucionavam totalmente a concepção do Estado.[7]

O surgimento das complexas e diversificadas manifestações de democracia popular tornava-se, portanto, o novo espaço dentro do qual precisava repensar a política e elaborar os novos termos da hegemonia. Por isso, se fazia necessário alargar a concepção de Estado e de sociedade. Por um lado, de fato, não se podia mais pensar na sociedade civil como sendo uma realidade privada, de caráter exclusivamente econômico, agindo à parte da estrutura pública do Estado. Por outro lado, galvanizar os sentimentos das massas para conduzi-las mecanicamente, como um exército disciplinado, em direção a políticas massificadoras, revelava-se um jogo anacrônico, além de perigoso.

Os tempos apresentavam sinais claros de que amplos setores da sociedade estavam já em condição de administrar a sua liberdade e de chegar a uma sociedade "autorregulada". Gramsci percebia que os destinos da história e da política seriam decididos cada vez mais pela participação ativa das massas e pela criatividade dos diversos grupos organizados na sociedade civil. Assim, entende-se porque, juntamente com o desenvolvimento de uma concepção crítica e histórica da realidade, insiste muito nos elementos que favorecem a formação de uma personalidade própria dos trabalhadores, na liberdade e na capacidade de iniciativa, na função da cultura e no processo de subjetivação das camadas subalternas.

O amadurecimento destes elementos iria levar as classes trabalhadoras a colocar-se como alternativa às teorias econo-

---

[7] Q7, 876, §28.

micistas que induziam ao fatalismo e recorriam ao "transformismo" e à "revolução passiva", métodos aperfeiçoados pela "economia programática" americana que produzia o homem-máquina e o "gorila amestrado". Com tais sistemas não se chegava a "uma nova sociedade política e a um novo tipo de sociedade civil".[8] As relações sociais entre as classes permaneciam inalteradas e a formação do homem-massa, despolitizado e atomizado, impedia o avanço efetivo dos setores populares. Gramsci, ao contrário, percebia, na formação "maciça" das modernas democracias e nas irrefreáveis associações da vida civil,[9] um claro convite a socializar a política e a democratizar o poder subordinando a doutrina da política-potência à concepção da política-hegemonia.[10]

PARA ALÉM DO ECONOMICISMO E DO ESTATISMO

Consciente das transformações do seu tempo, Gramsci, portanto, quando trata das relações que intercorrem entre sociedade política e sociedade civil, procura evitar equívocos seja de caráter economicista e liberal seja de caráter organicista e totalitário. Os primeiros, identificando o Estado com o governo, separam o Estado da sociedade civil considerando-a um setor autônomo, regulado por normas "naturais" de liberdade econômica: "Naturalmente, os liberais 'economicistas' consideram o Estado *veilleur de nuit* e gostariam que a iniciativa histórica fosse deixada à sociedade civil e às diversas forças que aí despontam, com o 'Estado' guardião da 'lealdade do jogo' e das suas leis".[11] As outras confusões derivam dos sistemas totalitários que visam a identificar Estado e sociedade civil, unificando "ditatorialmente" os elementos da sociedade civil no Estado, na "desesperada busca de controlar

---

[8] Q4, 460-461, §38.
[9] Q13, 1567, §7.
[10] VACCA, G. *Gramsci e Togliatti*, Roma, Ed. Riuniti, 1991, p. 13.
[11] Q26, 2302-2303, §6.

toda a vida popular e nacional".[12] Neste caso, hegemonia e ditadura são unificados, o consenso é obtido com a força e todas as manifestações sociais acabam centralizadas e dominadas pelo Estado.

Essas duas posições, que no tempo de Gramsci eram representadas pelo liberalismo de Croce e pelo fascismo de Gentile, para além da aparente alternativa, mantinham laços comuns e se completavam reciprocamente. De fato, a identificação de Estado e governo das teorias liberais remetia a uma concepção de Estado como estrutura puramente jurídico-coercitiva, de *gendarme*, que não havia ainda superado a mera fase corporativa, que não havia se desenvolvido em sintonia com a maturação das forças sociopolíticas emergentes na história. Assim, essa incapacidade de renovar-se e entender a realidade histórica concreta, disfarçada de liberdade e de neutralidade, abria o caminho para a fragmentação social e para o vazio político. A separação entre sociedade política e sociedade civil, de sinal de liberdade, acabava por transformar-se em condição propícia à formação de ideologias totalitárias prontas a intervir, principalmente, nos momentos de crise e de desorientação geral.

Para evitar os perigos do "economicismo" e do "estatismo", Gramsci defende uma relação dialética de "identidade-distinção entre sociedade civil e sociedade política",[13] duas esferas distintas e relativamente autônomas, mas inseparáveis na prática. De fato, a primeira, composta de organismos privados e voluntários indica a "direção", enquanto a segunda, estruturada sobre aparelhos públicos se caracteriza mais pelo exercício do "domínio". O Estado moderno não pode mais ser entendido como um sistema burocrático-coercitivo. As suas dimensões não podem se limitar aos instrumentos exteriores de governo, mas abarcam também a multiplicidade dos organismos da sociedade civil onde se manifesta a livre

---

[12] Q6, 763, §87.
[13] Q8, 1028, §142.

iniciativa dos cidadãos, seus interesses, suas organizações, sua cultura e valores e, aonde, praticamente, se estabelecem as bases do consenso e da hegemonia.

Os sistemas modernos de políticas democráticas se medem justamente pela capacidade de desenvolver uma ampla e dinâmica sociedade civil que permita expressar plenamente as aspirações e a participação dos diferentes setores da vida coletiva. O que interessa a Gramsci, portanto, não é tanto a consistência do aparelho do Estado ou o vigor econômico de grupos privados, mas a criatividade e a articulação entre as diversas associações da sociedade civil popular na qual os indivíduos aprendem a política do autogoverno e a gestação de valores democráticos.

Nesse sentido, o Estado, os partidos, as diversas instituições existentes são entendidas como superáveis pela sociedade "regulada", o lugar onde as massas podem encontrar as condições para se tornarem sujeitos livres e socializados. Por isso, a verdadeira função de um Estado democrático deve ser "ética", "educativa", de "impulso histórico", de "elevação intelectual e moral das massas".[14] O Estado se torna ético porque promove o crescimento da sociedade civil sem anular os espaços de liberdade dessa, de modo que a sociedade civil, à medida que amadurece na responsabilidade e na socialização do poder, acaba anulando as intervenções externas e coercitivas do Estado e se transforma em "Estado sem Estado". Trata-se, na verdade, de uma "pura utopia", como o próprio Gramsci reconhece, mas "fundamentada sobre o pressuposto de que todos os homens são realmente iguais e, portanto, igualmente racionais e morais, quer dizer, passíveis de aceitar a lei espontaneamente, livremente e não por coerção, como imposta por uma outra classe, como coisa exterior à consciência".[15]

---

[14] Q10, 1302, §41.
[15] Q6, 764, §87.

A novidade da noção de sociedade civil esboçada por Gramsci consiste no fato de que não foi pensada em função do Estado, em direção ao qual tudo deve ser orientado, como queria Hegel. Nem se reduz ao mundo exclusivo das relações econômicas burguesas, como queriam algumas interpretações das teorias de Marx. Para Gramsci, a sociedade civil é, antes de tudo, o extenso e complexo espaço aberto às iniciativas dos sujeitos modernos que com seus interesses, com seus valores etico-políticos e suas dinâmicas associativas chegam a formar as variáveis das identidades coletivas. É lugar, portanto, de grande importância política onde também as classes subalternas são chamadas a desenvolver as suas convicções e a lutar por seu projeto hegemônico.

Sem diminuir o peso das estruturas e da base econômica, Gramsci estabelece uma dialética entre sociedade civil e sociedade política e indica que há uma relação tensa e recíproca entre as condições objetivas da realidade e a vontade de organização de sujeitos ativos capazes de construir o "bloco histórico". Nesta relação, no entanto, o que deve emergir é sempre a promoção sociopolítica das massas, o desenvolvimento dos valores da liberdade, da responsabilidade e da capacidade dirigente das classes trabalhadoras.

Gramsci não se afasta do marxismo, mas se diferencia das interpretações usuais pela insistência sobre a construção de sujeitos historicamente ativos e organizados que procuram conquistar a hegemonia com os métodos da democracia, subtraindo-a progressivamente à esfera de influência da burguesia e da burocracia. Por isso, além de evidenciar as aberrações do capitalismo, Gramsci confere uma ênfase particular à criatividade e à capacidade de iniciativas que devem aprender a desenvolver as classes subalternas. Estas, mais do que preocupar-se em resistir à opressão são chamadas a buscar formas para sair da submissão e inventar os termos de uma nova sociedade.

Ao destacar a importância da liberdade, das organizações e do envolvimento ativo das massas, Gramsci resgata, assim, toda a força educativa e mobilizadora do marxismo. Entende-se, assim, porque denuncia "o objetivismo materialista" que atribuindo um primado automático e absoluto às estruturas materiais, cria um fundamento pseudoteórico às concepções dogmáticas da revolução e justifica posições evolucionistas e mecanicistas: "O erro do materialismo histórico – afirmava Gramsci – reside no fato de considerar todo ato político, imediatamente, como determinado pela estrutura, ou seja, como reflexo de uma real e permanente... modificação da estrutura"[16].

A insistência sobre o primado da estrutura e a "objetividade" da realidade, para Gramsci, acabava por abrir o caminho a visões metafísicas e a posições políticas estéreis. Nos anos que se seguiram à Primeira Guerra Mundial, de fato, o obstáculo maior que impediu o sucesso da revolução em um período de profunda crise socioeconômica do capitalismo veio exatamente da crença nas transformações automáticas das estruturas e da insuficiência dos elementos subjetivos. Gramsci não esquecerá jamais que o movimento socialista ocidental perdeu a ocasião de conquistar o poder por falta de iniciativa política. A incapacidade da organização e da determinação levou os socialistas a aceitarem passivamente a realidade histórica imposta pela iniciativa capitalista e a assistirem como espectadores impotentes aos eventos que se precipitavam.[17]

Desde os escritos juvenis, Gramsci havia denunciado a "esterilização" do pensamento de Marx operada pelos socialistas positivistas. Ao combater as posições "deterministas" e "transformistas" alertava contra o perigo de transformar as ideias revolucionárias de Marx em inércia do proletariado e de reduzir seu pensamento a esquema exterior, a lei natural que deve realizar-se fatalmente, "independentemente

---

[16] Q7, 872, §24.
[17] Veja-se, por exemplo: GRAMSCI, A., Socialisti e comunisti, 12 marzo 1921, pp. 104-105, ou La tattica del fallimento, 22 settembre 1921, pp. 347-348, em: *Socialismo e Fascismo. L'Ordine Nuovo: 1921-1922*, Torino, Ed. Einaudi, 1966.

da vontade dos homens, das suas atividades associativas, das forças sociais que estas atividades desenvolvem, tornando-se assim determinantes para o progresso, motivo necessário de novas forças de produção".[18] Contrariamente ao que se pensava, a concepção objetivo-mecanicista havia suscitado uma mentalidade de submissão e de fatalismo, uma ideologia de "resistência passiva" à hegemonia da classe dominante. Na realidade, quando as classes subalternas pensam em seguir as "leis da história", se submetem, de fato, à história feita pelos outros.

Gramsci não cansa de repetir que as concepções que sustentam a iniciativa e o desenvolvimento da subjetividade são próprias de um grupo social que se propõe a ser sujeito e protagonista da história. A subjetividade, de fato, é a típica maneira de ser das classes dirigentes, de quem exercita uma relação ativa com a realidade. Não se podia, portanto, pensar na emancipação dos trabalhadores enquanto se mantinha a submissão às regras e aos princípios da classe dominante. Para desenvolver no operário a "psicologia do produtor" e colocar a nova classe fundamental em condição de dirigir o processo histórico era necessário desenvolver posições antitéticas à ordem existente. Mas, a ruptura, a "cisão", não era suficiente. Havia, principalmente, necessidade de elaborar e de concretizar um projeto de sociedade superior ao da classe dominante.

Deve ser entendida neste sentido a insistência de Gramsci sobre a centralidade do conceito de história como processo, sobre a valorização da responsabilidade dos sujeitos e sobre a importância decisiva atribuída às organizações das classes subalternas. Na dinâmica da sociedade, de fato, interagem "forças materiais" e movimentos ético-políticos que formam um inseparável "bloco histórico". Entre "estrutura" e "superestrutura" deve existir, portanto,

---

[18] GRAMSCI, A. *La Città Futura: 1917-1922*, edição de CAPRIOGLIO, S., Torino, Ed. Einaudi, 1982, pp. 554-555.

uma relação de reciprocidade na qual é possível combinar um amplo projeto político com planos econômicos criativos e participativos.

A própria estrutura, "conjunto de relações materiais de produção",[19] é, para Grasmci, uma "realidade em movimento", é "história cristalizada", "condensação objetivada da práxis"[20] que não deve ser confundida com a mera atividade física ou metafísica. Assim, se as condições objetivas "determinam" a ação política e as atividades das pessoas, o fazem apenas *in negativo*, pelo fato de que definem o campo de ação, os horizontes em que os sujeitos são delimitados, sem que com isso venha a se impedir a sua liberdade de iniciativa, as suas liberdades efetivas e a sua verdadeira autonomia.

Então, o ponto central das reflexões de Gramsci se prende à formação de novos sujeitos sociopolíticos que visam à construção de um projeto de sociedade aberto à participação de todos os trabalhadores. Nesse sentido, a consciência, a subjetividade e a formação de uma personalidade própria individual e coletiva representam uma dimensão fundamental na ação política, uma vez que, se é verdade que não é a consciência que determina o ser social, é também verdade que só por meio da consciência o homem pode apropriar-se das funções da sociedade e ter condição de realizá-las lutando contra as pressões externas que condicionam o seu comportamento e neutralizam as suas aspirações.

AS RAÍZES DA DEMOCRACIA NA SOCIEDADE CIVIL

Foi já observado que o desenvolvimento dos elementos da subjetividade é a contribuição mais significativa de Gramsci ao marxismo contemporâneo, no âmbito do qual opera

---

[19] Q4, 444, §25.
[20] Q7, 854, §1.

uma verdadeira refundação da filosofia.[21] Na base desta afirmação se põem a concepção histórica e imanente do seu pensamento, a importância que Gramsci atribui aos elementos da liberdade e da vontade, a insistência sobre a "reforma intelectual e moral", o papel da escola e da cultura, a formação da consciência e a participação ativa das classes subalternas nas novas organizações sociais, a função positiva das ideologias, a construção de uma nova concepção de mundo superior à da classe dominante burguesa e, acima de tudo, a procura dos fundamentos etico-políticos e do consenso na construção da hegemonia.

Gramsci funda a noção de subjetividade na "filosofia da práxis", uma concepção em que os homens são sujeitos reais da história e não instrumentos passivos de determinações materiais ou espirituais. A "filosofia da práxis", de fato, se enraíza, ao mesmo tempo, no imanentismo e na "concepção subjetiva da realidade, pelo fato de que a conduz, explicando-a como fato histórico, como 'subjetividade histórica de um grupo social', como fato real que se apresenta como fenômeno de 'especulação' filosófica mas na realidade é simplesmente um ato prático, a forma de um conteúdo social concreto e o modo de conduzir o conjunto da sociedade a conseguir uma unidade moral".[22] O homem, para Gramsci, é impensável fora da história das relações sociais e das transformações operadas pelo trabalho organizado socialmente. A originalidade da filosofia da práxis consiste, exatamente, no fato de ser uma teoria que leva adiante as dimensões da subjetividade da filosofia moderna sem fazer concessões às tendências idealistas ou mecanicistas, uma vez que se ocupa das transformações

---

[21] FERRARA, G. Forme della rappresentanza e governo della società, em: TEGA, W. (org.), *Gramsci e l'Occidente*, Bologna, Cappelli Ed., 1990, p. 234. Ver, também, SALVADORI, M. *Gramsci e il Problema Storico della Democrazia*, Torino, Ed. Einaudi, 1970. Sobre este assunto ver também D. RAGAZZINI, *Teoria da personalidade na sociedade de massa: a contribuição de Gramsci*, Campinas-SP, Associados, 2005.
[22] Q10, 1226, §8.

da realidade por meio de uma consciência nunca separada das estruturas materiais, dos condicionamentos sociais e dos conflitos de classe.

A dimensão subjetiva e o momento ético-político, para Gramsci, não são o resultado de um efeito mecânico proveniente de estruturas objetivas nem se identificam com alguma ideia pré-determinada que dirige a história misteriosamente, mas são a expressão mais elevada do projeto hegemônico de sociedade que as classes subalternas são capazes de construir quando se constituem como sujeitos conscientes e ativos. Nesse difícil e complexo processo de subjetivação, as novas forças sociais, antes agrupadas em sistemas econômico-corporativos, assumem progressivamente atitudes em contraposição à ideologia dominante até amadurecer uma visão independente e superior de mundo para a qual convergem os diferentes grupos que lutam pelos mesmos horizontes sociais e políticos.

Em seu conjunto, o pensamento de Gramsci está voltado para municiar as organizações das classes subalternas que lutam para conquistar a sua liberdade e a sua hegemonia. Nesse sentido, vai além da noção de "sociedade civil" burguesa que, na história moderna, passou a significar o mundo do mercado e da livre iniciativa, assim como das normas que se criaram para regular a propriedade privada na complexa dinâmica das novas sociedades.

Embora as origens do conceito de sociedade civil estejam relacionadas com a tradição política burguesa e liberal, Gramsci elabora um novo significado que o diferencia da tradição jusnaturalista e o conduz além dos horizontes desenhados por Hegel, por Croce e pelo próprio Marx. Âmbito particular da subjetividade e de suas múltiplas expressões, a sociedade civil não é apenas o território exclusivo da burguesia reservado para as suas iniciativas econômicas e a estruturação da sua hegemonia no mundo moderno. Gramsci percebe que este espaço pode, também, transformar-se em uma arena privilegiada onde as classes subalternas organizam as suas associações, articulam as suas alianças, confrontam os seus projetos ético-políticos e disputam o predomínio hegemônico. A modernidade, de fato, não deu só origem ao capitalismo e à autonomia pessoal, mas abriu a estrada, também, à emancipação das massas e lançou as premissas da democracia social. E se é verdade que no Ocidente as estruturas da sociedade civil se desenvolveram simultaneamente às estruturas do mercado capitalista e a formas particulares de industrialismo, seria um "erro deduzir disso a existência de uma única lógica social que veja sociedade civil, capitalismo e industrialismo indissoluvelmente associados".[23]

O socialismo, como democracia radical, pode, atuando no mesmo terreno da sociedade civil que deu origem a formas de vida burguesa, superar a lógica do capital e criar uma nova lógica industrial a partir dos princípios de participação ativa das classes trabalhadoras e da socialização do poder. Neste sentido, entende-se porque Gramsci, utilizando uma diferente tradição de pensamento, alarga e supera com originalidade o conceito de sociedade civil e a própria concepção de mundo das teorias liberais.

Na realidade, se pode dizer que com o conceito de sociedade civil acontece o que N. Bobbio argutamente observa em relação à transformação da categoria "Estado ético" utilizada por Gramsci que "se serve de uma expressão dos seus adversários, de uma expressão não marxista para designar um conceito típico da filosofia política marxista e o faz invertendo literalmente o sentido, ou seja, interpretando-o não como forma sublimada de Estado, mas como negação e fim do Estado".[24]

Quando se observa o processo de assimilação e de superação do conceito de "sociedade civil" nos textos de

---

[23] TEXIER, J. Il concetto gramsciano di 'società civile' e l'indipendenza personale, em: AA.VV., *Gramsci e il Marxismo Contemporaneq op. cit.* p. 31.
[24] BOBBIO, N. *Saggi su Gramsci,* Milano, Feltrinelli, 1990, pp. 103-104.

Gramsci, percebe-se o mesmo mecanismo de transformação. Em parte, o conceito conserva os valores típicos da modernidade: a liberdade, a laicidade, o espírito de iniciativa, a consciência crítica, a subjetividade, a dinâmica e a historicidade das relações sociais. Mas, Gramsci não se limita a estas características. Contrariamente à concepção prevalecente no mundo liberal-burguês que parte do indivíduo como realidade completa em si mesma e dos próprios interesses como finalidade última de todas as coisas, Gramsci parte das necessidades concretas das classes subalternas, de experiências como as dos "Conselhos de fábrica" de Turim, onde os indivíduos chegam a se organizar socialmente e a conquistar espaços hegemônicos para o seu projeto de sociedade. Naquela experiência, marcante para o resto de sua vida, ficou provado que um movimento de fábrica tende a transformar em "subjetivo" o que é posto "objetivamente", que de um sistema de fábrica pode surgir uma "vontade coletiva" capaz de operar uma relativização do modo capitalista de produção e introduzir uma "ruptura" radical entre capitalismo e industrialismo: "o nexo pode dissolver-se; a exigência técnica pode ser pensada concretamente separada dos interesses da classe dominante, não só, mas unida aos interesses da classe ainda subalterna. Que uma tal ruptura e nova síntese seja historicamente madura está demonstrado peremptoriamente pelo próprio fato de que um tal processo é apropriado pela classe subalterna, que por isso mesmo não é mais subalterna, ou seja, demonstra querer sair da sua condição subordinada".[25]

Na visão do liberalismo a sociedade civil é o espaço do indivíduo separado da esfera do Estado, estrutura exterior e opressora mas inevitavelmente necessária para moderar os "excessos" dos interesses privados. Aqui, o ponto de

---

[25] Q9, 1138, §67.

partida e de chegada é sempre a liberdade e o benefício do indivíduo. Em Gramsci, ao contrário, a sociedade civil é o terreno onde indivíduos "privados" de sua dignidade e pulverizados em suas vidas podem encontrar condições para construir uma subjetividade social, podem chegar a ser sujeitos quando, livre e criativamente organizados, se propõem a desenvolver juntamente com as potencialidades individuais as suas dimensões públicas e coletivas. O percurso, neste sentido, vai do ser privado ao ser social. O indivíduo, aqui, sem deixar de ser centro autônomo de decisões, consciência livre e ativa, nunca é entendido como ser isolado e "mônada" autossuficiente em si mesma, mas é sempre visto dentro de uma concreta trama social, como um sujeito interativo com outros sujeitos igualmente livres com os quais se defronta e constrói conflituosa e consensualmente a vida em sociedade. Nesse sentido, a concepção de liberdade, para Gramsci, adquire uma conotação positiva, de expansão social, não de diminuição e de limitação: a liberdade individual não termina onde começa a dos outros, mas se desenvolve ainda mais quando se encontra com a dos outros.

Ao defender a condição de sujeitos livres e ativos alargada às massas populares, Gramsci reinterpreta o conceito de homem como ser social e como cidadão de uma sociedade tão "civil" que chega ao ponto de não precisar do Estado como uma instância exterior, uma vez que a liberdade toma o lugar da necessidade e o autogoverno o lugar do comando.

O Estado, em Gramsci, torna-se supérfluo não porque o privado não admite interferências na sua esfera, mas porque nas massas se desenvolve a responsabilidade pelo público e o coletivo. Ao "absorver" a sociedade política, a sociedade civil – que surge das organizações populares e valoriza a sua criatividade – imprime um conteúdo público a suas atividades, cria um novo Estado capaz de orientar a economia e as potencialidades sociais na direção do interesse geral. Gramsci não postula uma sociedade sem Estado,[26] mas uma nova sociedade que cria um novo tipo de Estado. E, da mesma forma em que vê uma relação dialética – "difícil de entender para mentalidades esquemáticas e abstratas" – entre o desenvolvimento da subjetividade crítica e a formação do homem-coletivo, assim, afirma que "é difícil compreender como pela destruição da máquina estatal se possa chegar a criar uma outra mais forte e complexa".[27]

Na realidade – e aqui a posição de Gramsci chega a ser ainda mais original – o primado do público não significa estabelecer um aparelho estatal que regule coercitivamente a atividade dos indivíduos e dos grupos. O interesse social e as organizações públicas, que devem ser criadas continuamente, não sufocam as liberdades individuais. Para Gramsci, de fato, não existe "um todo antes das partes" como na filosofia aristotélica reativada por Hegel. Nem existe uma ideia de totalidade cujo fim – superior à soma das partes – absorve a sociedade civil no Estado. Ao afastar-se da concepção liberal, Gramsci não abraça as teorias totalitárias do Estado nem adere a visões comunitaristas ou populistas.[28] A totalidade e a organicidade que Gramsci defende são as que surgem (e precisam sempre ser recriadas!)

---

[26] É bom lembrar que quando Gramsci fala da dissolução do Estado se refere à superação do Estado capitalista, origem das divisões e das guerras, não à eliminação das instituições necessárias à convivência social. De fato, para Gramsci, "a sociedade sem Estado é pura abstração" (*L'Ordine Nuovo, op. cit.*, p. 377). A construção da "sociedade regulada" não significa inexistência de leis ou Estado, mas que as leis e o Estado devem ser o resultado de decisões livres e autônomas e não de imposições heteronômicas e autoritárias.
[27] Q9, 1111, §23.
[28] Desde seus escritos juvenis, Gramsci sempre defendeu que "... O Estado socialista ... não é a evolução do Estado capitalista ... mas continua e é um desenvolvimento sistemático das organizações profissionais e das entidades locais que o proletariado soube suscitar espontaneamente, por conta própria. A atividade que o proletariado realiza não pode absolutamente levar à aplicação dos poderes e do intervencionismo do Estado, mas deve levar à descentralização do Estado burguês, à expansão das autonomias locais e sindicais para além da lei reguladora" (GRAMSCI, A., Dopo il Congresso, em: *Scritti Giovanili (1914-1918)*, Torino, Ed. Einaudi, 1972, p. 315).

das relações livres e conscientes de sujeitos sociais que, nas diferenças e nos conflitos, chegam a construir um consenso ativo e uma hegemonia cuja estabilidade depende constantemente da avaliação e da aprovação da sociedade.

Contrariamente ao que se pensa, portanto, Gramsci não é o teórico do Estado mas o intelectual-militante das classes trabalhadoras em movimento na sociedade civil e em busca de uma cidadania construída com a própria participação. Gramsci não trabalha para erguer um Estado que distribua benefícios e proteção, mas para elevar intelectual e moralmente camadas cada vez mais amplas da população, ou seja, "para dar personalidade ao amorfo elemento de massa".[29] A sua verdadeira preocupação é chegar a realizar nos indivíduos o salto revolucionário da condição de excluídos e de assalariados à de cidadãos que tomam parte não apenas do processo de produção, mas também da direção política e cultural.

Contemporâneos, praticamente, de Gramsci, os teóricos da Escola de Frankfurt também dedicaram grande parte dos seus esforços a análises brilhantes do processo de massificação para o qual havia desaguado o contraditório projeto do Iluminismo. Em suas críticas, juntamente com os avanços da liberdade e da ciência que visavam reduzir as desigualdades entre os homens, destacavam o surgimento de sofisticados mecanismos de controle que haviam acabado por concentrar-se nas mãos de um poder que degenerara na ditadura da razão e na dissolução da sociedade. Diante das barbáries da Segunda Guerra Mundial e da massificante expansão da indústria cultural, tiravam suas conclusões sobre a falência da "razão instrumental" que, de promessa de libertação e de felicidade universal, havia se convertido em instrumento de dominação e de morte.[30]

---

[29] Q11, 1423, §22.
[30] Ver, principalmente, HORKHEIMER, M., *Eclipse da razão*, Rio de Janeiro, Editorial Labor do Brasil, 1976, pp. 139ss. e ADORNO, T.W. & HORKHEIMER, M., *Dialética do esclarecimento*, Rio de Janeiro, J. Zahar Editor, 1985.

No pós-guerra, também Hannah Arendt sondava, como poucos, "as origens do totalitarismo" e suas nefastas repercussões sobre a história ocidental. Para superar a triste experiência da massificação de indivíduos atomizados e desorientados, presa fácil de políticos alucinados, H. Arendt defende a separação da esfera privada da pública, valoriza os recursos do sujeito e resgata o espaço público como "transparência" dos indivíduos e esplendor da política, à semelhança do modelo político do classicismo greco-romano.[31]

Mesmo diante de reflexões tão argumentadas, Gramsci não chega a ser ofuscado no seu modo peculiar de abordar a questão das massas. Para o pensador sardo, de fato, as virtudes republicanas dos antigos, porquanto sirvam de inspiração, não são suficientes para resolver os problemas postos pela modernidade. Nem o resgate da personalidade individual conseguirá desenvolver todas as dimensões da "condição humana" na complexa trama das relações sociais contemporâneas. Ainda que seja necessário estabelecer canais de "comunicação" e fundar um espaço público, a transformação das condições de vida de todos os possíveis interlocutores não está assegurada completamente por este processo. A vida em sociedade, para Gramsci, não se limita ao nobre exercício do *logos* ou à demonstração de "façanhas" pessoais em busca da imortalidade, mas comporta principalmente uma práxis política consciente e coletiva que visa transformar a realidade, combate os privilégios e promove o protagonismo das massas espoliadas e excluídas. Sem ficar prisioneiro do "pessimismo" e da impotência diante dos sistemas "onipotentes" de dominação, Gramsci confia no "otimismo da vontade" e na capacidade de iniciativa e de organização que surgem das classes dos trabalhadores na dinâmica da história. O exercício da crítica, por quanto necessário, não é suficiente para formar o novo ser social capaz de vencer as manipulações do poder e chegar

---

[31] ARENDT, H., *The Human Condition,* New York, Doubleday, 1959.

ao autogoverno. Resta fundamental, no complexo processo de globalização em curso, a determinação e a intervenção ativa das massas preparadas e articuladas politicamente.

Frente às imensas possibilidades associativas que vê despontar na sociedade contemporânea, Gramsci lança um olhar otimista sobre as inimagináveis transformações que podem se realizar em uma história que nunca se abriu tanto às dimensões globais da socialização: "Porque o indivíduo pode associar-se com todos os que querem a mesma mudança e, se esta mudança é racional, o indivíduo pode multiplicar-se por um número incalculável de vezes e obter uma mudança muito mais radical da que parecia possível à primeira vista. Sociedades às quais o indivíduo pode participar: são muito numerosas, mais do que se pode imaginar. É por meio destas 'sociedades' que o indivíduo faz parte do gênero humano".[32]

Os horizontes políticos traçados por Gramsci se abrem, assim, às dimensões universais, não apenas porque entende a história da humanidade como uma todo intercomunicante, mas principalmente porque reconduz à própria sociedade, às forças vivas nela operantes, a responsabilidade direta da política e a sua capacidade de definir-se livremente.

As novas perspectivas que Gramsci confere à dinâmica da sociedade civil revolucionam, portanto, não apenas a concepção tradicional de política e de Estado, mas destituem de fundamento qualquer visão centralizadora de poder e dissolvem toda pretensão de construir a hegemonia pelo alto, valendo-se da força, do peso econômico ou das manipulações demagógicas.

Ora, ao apostar sobre o potencial mobilizador da sociedade civil, Gramsci desloca o eixo principal da ação política do âmbito das instituições burocrático-administrativas para o terreno criativo das diversas organizações sociais dos setores

---

[32] Q10, 1346, §54.

populares e rompe o horizonte que se quer apresentar como "fim da história".

Passados setenta anos da sua morte, podemos concluir que Gramsci conserva, nos aspectos mais cruciais dos seu pensamento, toda a atualidade e a força da inspiração e nos ajuda, com a originalidade das suas perspectivas, a operar a passagem "de um século para o outro" com a tarefa, ainda a ser realizada, de democratizar os diferentes setores da sociedade e de enfrentar o desafio mais provocante posto à política moderna, que é o de abrir caminho à ação das massas, a personagem principal que há tempo pressiona as portas para entrar na história e, como sujeito livre e autônomo, decidir os rumos do próprio destino.

"ESPECIALIZADOS E POLÍTICOS": OS SUJEITOS DA DEMOCRACIA POPULAR

> *Na trindade terra-renda, capital-lucro (juros), trabalho-salário... esta última forma é a mais irracional e o fundamento das outras duas.*
>
> K. Marx

A FRAGMENTAÇÃO E A DESQUALIFICAÇÃO DOS TRABALHADORES

58,2% da força de trabalho na informalidade revelam, por si só, um retrato inquietante da realidade socioeconômica do Brasil. Ao lado da elevada taxa de analfabetismo e da baixa escolaridade, da irrisória proteção social e da falta de garantias de direitos fundamentais, esse indicador compõe o quadro de uma sociedade que funciona precariamente e sofre de um processo de

---

Texto publicado no livro Picanço, I., - Tiriba (orgs.), L., *Trabalho e Educação: arquitetos, abelhas e outros tecelões da economia popular solidária*, Aparecida-SP, Ideias & Letras, 2004.

esvaziamento como sinalizam os mais de três milhões de brasileiros que já buscam fora do País melhores condições de vida.

Sem levar em consideração as contradições que afetam também os que trabalham com carteira assinada, a maioria dos que são empurrados para o desemprego, o subemprego e a contratação eventual fica a mercê de uma economia de sobrevivência, improvisada, totalmente vulnerável.

A debilidade no trabalho e a renda minguada de grande parte da população, de fato, provocam um efeito devastador não apenas na vida pessoal e familiar, mas na própria estruturação do País, comprometendo a formação do tecido social, a identidade coletiva e um projeto confiável de sociedade. Flutuantes, desenraizados, descartáveis e entregues a si mesmos, os que trabalham de expedientes eventuais acabam perdendo a visão de conjunto, a capacidade de perceber as contradições do sistema que os gera, a importância das instituições sociais e o sentido da política. Sem muitas possibilidades de se organizar, suas reações se limitam a reivindicações focalizadas, a surtos esporádicos de revolta facilmente neutralizados pelas classes dominantes.

A precarização do trabalho é apenas a face cruel do padrão de acumulação flexível e da financeirização de um capitalismo turbinado que ultimamente conseguiu sofisticar a dependência e modernizar a colonização de países como o Brasil que nunca chegou a ter um Estado de Bem-Estar Social nem tampouco se preocupou com as condições básicas de vida da população ou com uma remuneração digna dos trabalhadores. De modo que, em um contexto como este, a economia informal acabou tornando-se uma das formas mais perversas das práticas de superexploração introduzidas ao longo do tempo, principalmente, pelo neoliberalismo dessas últimas décadas.

Os projetos populares de trabalho e renda, as formas alternativas de produção doméstica e as mais diversas tentativas de gerar uma economia própria que se multiplicam por toda parte, em muitos casos de grande valor associativo, não podem ser vistos fora do sistema da produção global e da posição que o Brasil ocupa neste ordenamento. Além do espírito de iniciativa e das redes de cooperação, o trabalho e a produção popular precisam agregar valor dos avanços científicos e estar articulados com as lutas políticas orientadas para um projeto de sociedade que visa socializar bens materiais e simbólicos. Sem isso, mesmo tendo talento e criatividade de sobra, o Brasil continuará desempenhando o papel de sempre: a submissão ao capitalismo e o fornecimento barato de mão-de-obra e de matérias primas. "Nos produtos primários que o Brasil exporta – observa Washington Novaes – 90% do preço final pago pelo consumidor ficam no país importador. O exportador fica com 10% do preço final. Enquanto isso, nos produtos que o Brasil importa, os países industrializados agregam todos os valores: mão-de-obra, tecnologia, conhecimento, seguro etc. Estamos eternamente nessa posição de criar um consumo baratinho para os países industrializados e ficar com os custos todos aqui dentro".[1]

Para superar esta contradição é necessário não apenas vencer o desemprego, o trabalho aleatório e desqualificado, mas se apropriar também do desenvolvimento científico e da inteligência política que requerem a produção. De fato, o modo de produção e a distribuição das riquezas, o grau de organização social e o nível de inteligência coletivamente construída não são componentes externos, mas formam a própria natureza das pessoas e a consistência de um país. Contrariamente às fábulas do "ócio criativo", o trabalho, democraticamente elaborado e repartido, é a alma da própria estruturação ontológica dos indivíduos e das sociedades. Ser inseparavelmente biológico e social, é pelo trabalho que o homem produz e se reproduz, cria riquezas para o seu sustento e desenvolve a sua consciência, transforma o mundo e elabora culturas, constrói a cidade e estabelece relações sociopolíticas.

Quando livre e associado, portanto, o trabalho torna-se "princípio educativo" fundamental, arma poderosa dos sub-

---

[1] NOVAES, W., Ricos consomem e Brasil paga a conta, em: *Brasil de fato*, pp. 8-14 de janeiro de 2004.

jugados para chegar a se apropriar dos bens estratégicos que dão sustentação ao seu projeto de vida. A construção de uma verdadeira hegemonia, na verdade, nunca se fundamenta em esmolas e ações compensatórias, mas além da "direção" política, tudo faz para que os trabalhadores venham a desenvolver suas mais avançadas capacidades intelectuais, a adquirir o controle sobre os patrimônios materiais, científicos, históricos e culturais. Profético, F. de Oliveira alertava: "Eu já ouvi muita gente de esquerda dizer que a primeira coisa a fazer no Brasil seria uma reforma que desse ao menos um prato de comida a cada dia, a cada um dos brasileiros. Pode haver equivoco maior, mas eu não conheço. Nesta sociedade, tão marcadamente desigual, a eliminação do campo de interlocução será fatal para a *polis*, será fatal sobretudo para os dominados, sobretudo para aqueles que carregam em si, em sua existência, todos os estigmas da formação dessa sociedade tão desigual. É a eles que se endereça, na verdade, a privatização da vida. São eles o alvo preferencial dessa privatização e desse encolhimento do espaço público".[2]

Ao corroer as relações no mundo do trabalho, portanto, ao minar o direito à escola pública de qualidade, ao reservar migalhas para a pesquisa e as obras sociais, o Brasil compromete a possibilidade de se tornar um "Estado social de trabalho e solidariedade".[3] Como observa Gramsci, de fato, quando se abre o acesso ao trabalho e ao conhecimento para as classes subalternas não aumenta apenas a produtividade de um país, mas se lançam as bases concretas para "reconstruir o mundo economicamente em modo unitário ...não para dominá-lo hegemonicamente e se apropriar dos frutos do trabalho dos outros".[4] Para uma sociedade ser realmente democrática, de fato, é preciso ao mesmo tempo oferecer condições de

---

[2] OLIVEIRA, F. de, Intelectuais, conhecimento e espaço público, REVISTA BRASILEIRA DE EDUCAÇÃO, n. 18, 2001, p. 131.
[3] Q19, 1988, §5.
[4] *Ibid.*

trabalho qualificado e fazer com que "cada 'cidadão' possa se tornar 'governante'", formando-o "como pessoa capaz de pensar, estudar, dirigir ou de controlar quem dirige".[5] E, nessa tarefa, cabe a um governo realmente democrático a responsabilidade de "assegurar a cada governado a aprendizagem gratuita"[6], de modo a formar um trabalhador-intelectual "de novo tipo", democrático e popular, que "da técnica-trabalho chegue à técnica-ciência e à concepção humanista histórica, sem a qual se reduz a ser 'especializado' sem tornar-se 'dirigente' (especializado + político).[7]

Sendo a esfera econômico-produtiva inseparável da política-cultural, Gramsci observa que um grupo social não consegue exercer a "direção" ético-política, sem "desempenhar uma função essencial no campo produtivo", uma vez que "não pode existir igualdade política completa e perfeita sem igualdade econômica".[8]

Não se pode esquecer que o sentido mais profundo da eleição de um operário à presidência do Brasil reside, acima de tudo, na vontade popular de valorizar o trabalho, de democratizar a produção, de subordinar a economia e o capital à emancipação da população trabalhadora, já que "não é possível uma elevação civil das camadas inferiores, sem uma prévia reforma econômica e uma mudança na organização social".[9]

De modo que, se até hoje as lutas populares no Brasil estiveram orientadas, principalmente, na conquista dos direitos políticos e na consolidação das instituições democráticas, o objetivo maior da democratização, em um mundo dinamizado pelo trabalho mais intelectualizado e interativo,[10] deve ser o acesso aos conhecimentos avançados, à socialização da eco-

---

[5] Q12, 1547, §2.
[6] Q12, 1548, §2.
[7] Q12, 1551, §3.
[8] Q12, 1513, §1.
[9] Q13, 1561, §1.
[10] NEGRI, A., *Cinco lições sobre império*, Rio de Janeiro, DP&A, 2003, p. 94ss.

nomia e das riquezas coletivamente produzidas. Portanto, a rica multiplicidade dos novos sujeitos populares que ao longo das últimas décadas foi surgindo na sociedade civil brasileira não pode se reduzir a iniciativas emergenciais e empreendimentos filantrópicos, mas precisa continuar a agir politicamente para se articular em unidade e "tornar-se 'Estado'"[11] democrático, capaz de socializar o poder e universalizar bens e direitos.

CONSTRUIR O TRABALHO SOCIALIZADO EM TEMPOS DE CAPITALISMO PÓS-MODERNO

A organização de uma produção socializada, a formação de uma inteligência coletiva e a constituição de um Estado democrático e popular, são as conquistas que os trabalhadores não podem perder de vista em uma época em que o capital de acumulação flexível torna o trabalho cada vez mais "imaterial" e dissolve as formas tradicionais de resistência.

O lugar onde, agora, o novo ciclo do capital encontra sua maior produtividade, de fato, não é tanto a linha de montagem e o sistema da grande indústria. Sua maior intensidade concentra-se na superexploração das energias intelectuais exigidas pelos complexos mecanismos do terciário, pela expansão do setor de serviços, pelo investimento maciço na ciência e na tecnologia. Em poucos anos passamos do trabalho-fábrica à sociedade-fábrica, do "operário-massa" ao "operário por conta própria", da sociedade fordista à sociedade informatizada. A base da nova organização produtiva deixa de ser a massa de operários disciplinados e se desloca para o trabalho em equipe, para pequenas e micro empresas disseminadas na sociedade e nas próprias casas. A autoempresa torna-se o maior ícone da economia pós-moderna. Através de células de produção, sempre prontas a construir e desconstruir redes

---

[11] Q, 25, 2288, § 5.

locais e mundiais, o capital se capilariza na sociedade e se dissemina em todos os recantos do planeta, chegando à "subsunção de todas as esferas da vida ao seu domínio".

Ao tornar-se cada vez mais abstrato, potência impessoal que se aloca ao nível de "inconsciente social", o capital, em sintonia com a cultura pós-moderna, acentua o "esvaziamento do concreto" e desestrutura as relações de classe. Não é sem significado o fato de que "a hegemonia de filosofias e teorias da desmaterialização reduzem a realidade a algo constituído apenas por signos linguísticos".[12]

A introdução da microeletrônica e da automação no mundo do trabalho e na organização da sociedade trazem aumento de produtividade e maior eficiência administrativa, mas disseminam o desemprego e aprofundam a desigualdade entre as classes. Embora não desapareça, o trabalho assume configurações mais sofisticadas e complexas tornando-se campo de mais difíceis embates. Assim, enquanto o sistema de trabalho fordista e taylorista era orientado a mecanizar o corpo e a disciplinar a vida familiar e social, o atual modelo concentra sua dominação na mente, no imaginário, atinge o inconsciente do trabalhador-consumidor isolado socialmente. O que hoje está em curso, na verdade, é a taylorização da inteligência, quer dizer, a submissão das energias mais criativas e cooperativas do ser humano à extração da mais-valia.

Ora, é apenas o senso comum que nos leva a crer que saímos de uma sociedade disciplinar e punitiva para ingressarmos em uma sociedade holística, em um mundo anti-heroico, sem contradições, sem política e sem história. Da mesma maneira que um simulacro de democracia, por trás da aparente participação eleitoral e da eficiência jurídico-administrativa, nos vende a imagem da harmonização em um único sistema, enquanto são dissimuladas a nova exploração do trabalho, as

---

[12] FINELLI, R., "O pós-moderno": verdade do moderno, em: COUTINHO, C. N. – TEIXEIRA, A. de Paula (orgs.), *Ler Gramsci, entender a realidade*, Rio de Janeiro, Civilização Brasileira, 2003, pp. 102-104.

desigualdades, a divisão de classe e as novas formas de colonialismo.

Transformada em totalidade onipresente e imperceptível, "a economia-mundo capitalista", permeia todos as formas de produção e adquire verdadeiros traços de divindade. A sua ação não escapa nem "o mundo da vida", como Habermas chegou a idealizar. Presente por toda parte, se naturalizou em um sistema que se apresenta autorregulado, onde as contradições são vistas como irracionais, as alternativas utópicas, os conflitos de classe anomalias a serem superadas na negociação de aparentes sujeitos plurais que se dedicam a aperfeiçoar o sistema e a recompor seu equilíbrio e funcionalidade. Neste novo contexto "A produção assume uma qualidade objetiva, como se o sistema capitalista fosse uma máquina que marcha por conta própria, um autômato capitalista. Trata-se de um sonho longamente acalentado pelo capital: apresentar-se separado do trabalho, representar uma sociedade capitalista que não olha para o trabalho como a seu fundamento dinâmico, portanto, rompe com a dialética social caracterizada pelo contínuo conflito entre capital e trabalho".[13]

Ao aprofundar a separação entre o político (neutralizado em tecnocracia) e o social (deixado à iniciativa privada) e ao manter o Estado como aparelho administrativo e militar impedido de interferir na esfera econômica, o capital alcança a sua perfeição: apresenta-se como força impessoal, sem responsabilidade com a emancipação humana, de modo a figurar que "são as leis 'autônomas' da economia e do capital abstrato que exercem o poder, e não a imposição voluntária do capitalista sobre os trabalhadores".[14] Como Marx havia analisado, o capitalismo revela-se o sistema do trabalho que afasta o homem de si mesmo e busca sua realização nas im-

---

[13] HARDT, M. NEGRI, A., *Il Lavoro di Dioniso. Per la critica dello Stato postmoderno*, Roma, Manifestolibri, 1995, p. 49.
[14] MEIKSINS, E.W., *Democracia contra Capitalismo*, trad. de Paulo C. CASTANHEIRA, São Paulo, Boitempo, 2003, p. 44.

passíveis leis mecânicas. Neste ordenamento, a potência do trabalho vivo que transforma o mundo, que gera bens, realiza a vida humana, constrói relações sociais e visa a fundar a democracia de iguais está profundamente ameaçada de morte. Ao dissolver sujeitos, mediações, responsabilidades, visão de conjunto, parece que não há mais lugar para as lutas de hegemonias contrapostas.

No entanto, contraditoriamente, as novas formas de produção e a nova configuração do capitalismo, ao mesmo tempo em que introduzem mecanismos mais sofisticados de exploração e de dominação, trazem consigo também novas possibilidades de socialização e a formação de novas subjetividades. Longe de desaparecer, o conflito entre acumulação inaudita de capital e trabalho vivo explode em outras formas e por meio de diferentes sujeitos políticos. Os sistemas sofisticados de abstração do capital esbarram diante do aumento das necessidades que o consumo estimula em todos os segmentos da sociedade. Os sistemas de controle e de conformação são subvertidos continuamente por "invasões bárbaras" difíceis de dominar plenamente. Por quanto seja sofisticado e destruidor, a força do capitalismo atual se depara diante de inéditas resistências e surpreendentes expressões de vida. Assim, "Enquanto a era pós-moderna desenvolve em escala global a sociedade capitalista de controle, ela desenvolve também o autogoverno do trabalho vivo e o potencial do comunismo a um nível nunca antes experimentado"[15].

A inserção cada vez mais preponderante de ciência e tecnologia na esfera do trabalho e da produção, se de um lado desencadeia um novo ciclo de acumulação do capital, exige, por outro do trabalhador, o domínio contínuo de novos conhecimentos, a familiaridade com linguagens científicas, a capacidade de raciocínios rápidos e abstratos, o controle do fluxo de informações, o manuseio de novos paradigmas

---

[15] HARDT, M., NEGRI, A., *Il Lavoro di Dioniso*, cit., p. 27.

epistemológicos, a interação permanente com aparelhos e sistemas comunicativos. Longe de dispensar a intervenção humana, a automação e a multiplicação de sofisticados artefatos tecnológicos vêm solicitando uma maior intelectualização do trabalhador, não mais reduzido a apêndice da máquina-ferramenta, mas desafiado a desempenhar uma interação mais ativa com o sistema produtivo e a complexa sociedade em que vivemos.

No lugar, portanto, de se entregar a visões catastróficas diante dos avanços da ciência e da tecnologia, é preciso acima de tudo conhecer e disputar espaços. Sem se deixar dominar por sentimentos de fuga ou por um ressentimento iconoclasta frente às inovações, é mais revolucionário estudar o mundo em seus contraditórios processos de transformação e buscar soluções que atendam às reivindicações populares. Bradar contra o capitalismo, o despotismo da razão e a "civilização" ocidental, além de não levar a lugar nenhum, acaba favorecendo forças reacionárias e ressuscitando formas organicistas pré-modernas.

A questão fundamental, portanto, continua sendo: como os subjugados podem transformar a realidade em instrumento à serviço de seu projeto de sociedade? Como, a ciência e a tecnologia, as transformações no mundo do trabalho e o novo sistema de produção podem ser arrancados das classes dominantes para se tornar forças vivas de emancipação, de liberdade, de socialização, de fundação de uma civilização democrática popular?

Para Gramsci, não é se pondo fora do mundo, à margem da ciência e do trabalho qualificado que se chega à hegemonia. Os cadernos especiais 12 e 22 mostram exaustivamente como é a partir dos conhecimentos socialmente acumulados e da recriação popular do saber que é possível chegar a um novo modelo de educação. A escola do trabalho deve, ao mesmo tempo, estar orgânica e cientificamente vinculada aos interesses populares e ao modo de produção mais avançado, pois: "não é dos grupos sociais 'condenados' pela nova ordem que se pode esperar a reconstrução, mas daqueles que estão criando, por imposição e com o próprio sofrimento, as bases materiais desta nova ordem....".[16]

A DEMOCRATIZAÇÃO DA ECONOMIA E DO SISTEMA PRODUTIVO NA VISÃO DE GRAMSCI

O processo de democratização, que as lutas populares vêm levando adiante conquistando direitos civis e políticos, dinamizando a sociedade civil, ampliando a esfera do Estado, abrindo instituições públicas ao controle da sociedade, precisa agora ser mais aberto aos direitos sociais e à universalização da economia-trabalho. Gramsci, de fato nos alerta que: "A hegemonia é política e cultural, mas também é principalmente econômica, tem sua base material na função decisiva que o grupo hegemônico exerce sobre o núcleo fundamental da economia".[17]

Introduzir a democracia popular também na esfera da economia não significa apenas distribuir melhor o que está concentrado nas mãos da burguesia. É decisivo que os subjugados se apropriem da capacidade de fazer ciência[18] e da liberdade de estabelecer os rumos da produção em vista de seu próprio projeto de sociedade. Em sua luta por uma sociedade voltada para a superação de classe, os subalternos não apenas levam a economia e a produção a assumirem outra função, mas passam também a elaborar a ciência e a tecnologia dentro de um horizonte epistemológico de intelectualidade coletiva como procuramos argumentar no primeiro capítulo. No sistema de classe, ao contrário, "ao indivíduo escapa a complexidade da obra comum e, na sua consciência, o seu trabalho é desprezado até parecer-lhe fa-

---

[16] Q22, 2179, §15.
[17] Q4, 461, §38.
[18] GRAMSCI, A., Universidade popular, em: *Avanti*, 29/12/1916.

cilmente substituível a cada instante".[19] As classes dominantes se mantiveram porque "privaram sistematicamente os subjugados do saber científico", de modo que "o operário é levado a se menosprezar ... a pensar que é ignorante e incapaz ... a se convencer que as suas opiniões valem pouco ... que a sua função na vida não é a de produzir ideias, de dar diretivas, de ter opiniões, mas ao contrário é a de seguir as ideias dos outros, as diretivas dos outros, ouvindo de boca aberta as opiniões dos outros".[20]

Como Marx, o que Gramsci propõe não é a libertação do trabalho e do duro esforço de construir a ciência, mas a liberação da alienação e da manipulação que destroçam os subjugados. Desde a militância no *L'Ordine Nuovo*, a batalha de Gramsci foi no sentido de promover a participação efetiva dos operários na direção intelectual-política e produtiva da fábrica como exercício concreto para chegar ao "autogoverno, e daqui partir para a construção de uma nova sociedade e de um novo Estado".[21] Os conselhos de fábrica, situados no coração da produção, representam células modelares do novo Estado: "O conselho dá aos operários a responsabilidade direta da produção, os leva a melhorar o seu trabalho, instaura uma disciplina consciente e voluntária, cria a psicologia do produtor, do criador de história".[22]

Embora Gramsci escreva em uma época dominada pela grande indústria, pela mecanização fordista e pela eficiência taylorista, muitas das suas reflexões ultrapassam o seu tempo. Em "Americanismo e fordismo",[23] um Caderno "especial" escrito em fevereiro-março de 1934, quando já havia elaborado os conceitos mais originais do seu pensamento e

---

[19] GRAMSCI, A., *La Costruzione del Partito Comunista 1923-1926* (CPC), Torino, Einaudi, 1978, p. 60.
[20] *Idem, Ibid.*
[21] SPRIANO, P., "L'Ordine Nuovo" e i consigli di fabbrica, Torino, Einaudi, 1971, p. 9.
[22] GRAMSCI, A., *L'Ordine Nuovo, op. cit.*, p. 238.
[23] Q22.

as posições críticas ao economicismo que caracterizavam o marxismo da III Internacional,[24] Gramsci esboça uma análise de surpreendente atualidade sobre as metamorfoses do capitalismo contemporâneo.

O fenômeno do "americanismo", para Gramsci, foi a resposta mais avançada do mundo capitalista à crise de 1929 e à ameaça da revolução comunista na União Soviética. Tratava-se de um processo histórico que marcava a passagem "do velho individualismo econômico à economia programática".[25] Como já fazia entender no Q9, 1143, Gramsci reconhece certa "racionalidade generalizável" no fordismo que deveria implodir o arcaísmo, as formas atrasadas de produção e o parasitismo social que imperava na Europa e na Itália. Mas, é no Q22 que sinaliza para a possibilidade de separar "o desenvolvimento técnico" dos "interesses da classe dominante". Sem receio de reconhecer os avanços tecnológico-científicos dos Estados Unidos, os trabalhadores deveriam assimilá-los, orientando-os para os objetivos da própria classe. Deveriam transformar "subjetivamente" o que estava dado "objetivamente".[26]

No Q22, é possível perceber a paradoxal e arriscada concepção dialética de matriz hegelo-marxiana que ao se aproximar do campo adversário analisa, ao mesmo tempo, as contradições e as conexões do processo histórico, olha para a totalidade da realidade sem descuidar do particular, percebe o doloroso processo de formação do novo que nasce do velho, a liberdade da necessidade, o subjetivo do objetivo, tudo entranhado na imanência do mesmo mundo, dentro de uma indissolúvel relação de vida e morte, de forças em movimento que disputam diferentes projetos de sociedade.

---

[24] De Felice, F., *Introduzione ad A. Gramsci, Quaderno 22. Americanismo e Fordismo*, edição de, Torino, Einaudi, 1978, pp. 23-26.
[25] Q22, 2139, §1.
[26] Q9, 1138, §67.

Daqui, a pergunta mais aglutinadora das reflexões dos Cadernos: "Como nasce o movimento histórico sobre a base da estrutura?".[27] Ou seja, para nós, como ter a iniciativa em uma sociedade dominada pelo poder econômico? Como chegar à hegemonia em um mundo essencialmente controlado por "mega-empresas" transnacionais? Como tornar-se dirigentes em condições de subalternidade, de dependência e de colonização? Como construir a democracia em um sistema autoritário? Como desenvolver a autodeterminação dentro de aparelhos coercitivos? Como chegar ao "trabalhador coletivo" em um mundo que idealiza a "auto-empresa?".

Gramsci traça o caminho: a politização dos subjugados e a autoeducação a partir do trabalho. É esse o significado mais profundo da elaboração da sua original "filosofia da práxis": a capacidade dos trabalhadores desenvolverem sua própria concepção de mundo, suas organizações, sua subjetividade, enquanto estão imersos nos processos mais avançados de produção e conhecimento. Portanto, a criação de uma nova sociedade libertada da dominação do capital não acontece à parte, longe dos processos históricos existentes, fora da política, do mundo do trabalho e dos avanços da ciência. Para Gramsci, o segredo para chegar à hegemonia é a capacidade de elaborar, no interior do sistema existente, a própria identidade, as representações próprias que possam levar à superação da discrepância criada pelo capitalismo entre o fazer e o saber, entre a produção e a consciência, entre a economia e a política. A principal arma de um grupo social, como se sabe, é a sua identidade. E esta, mesmo dolorosamente, pode ser construída pelos subjugados, até nas condições mais adversas.[28]

Por isso, Gramsci, além do terreno da fábrica encontra na sociedade civil o campo de desenvolvimento das subjetividades dos trabalhadores. Estes, em suas organizações, podem criar uma outra cultura e experimentar novas formas de

---

[27] Q11, 1422, §22.
[28] Q15, 1777, §19.

produção socializada, pondo-se como alternativa ao projeto mecânico e destrutivo determinado pelo capital.

De fato, embora Gramsci reconheça a racionalidade e os avanços do sistema produtivo americano, recusa a massificação e a concentração de poder nele embutido pela classe burguesa, uma vez "que não se trate de um novo tipo de civilização... se percebe do fato de que nada mudou no caráter e nas relações dos grupos fundamentais".[29]

Ao analisar o "ortopédico" sistema de trabalho imposto pela moderna indústria americana, Gramsci procura entender "o significado e a *força objetiva* do fenômeno americano".[30] Sabe que Taylor expressa com cinismo brutal o objetivo da sociedade americana que é desenvolver até o máximo a parte "mecânica e automática", quebrando o velho nexo psico-físico do trabalhador e operando uma "inevitável seleção que eliminará uma parte da velha classe trabalhadora do mundo da produção e até do mundo".[31]

Mas, Gramsci está também convencido de que "em qualquer trabalho físico, mesmo o mais mecânico e degradado, existe um mínimo de qualificação técnica, ou seja, um mínimo de atividade intelectual criadora".[32] Mesmo "amestrado" o trabalhador conserva as possibilidades de converter os mais rigorosos mecanismos produtivos em meios de liberdade, visando criar "uma nova forma de sociedade, com meios apropriados e originais".[33] Sem exaltar a modernização em si nem defender a neutralidade da ciência e da tecnologia, o que Gramsci não perde de vista é a dimensão socializadora do trabalho e a formação da nova subjetividade dos subalternos.[34] De fato, na nova ordem construída pelos tra-

---

[29] Q22, 2180, §15.
[30] Q22, 2165, §11.
[31] Ibid.
[32] Q12, 1516, §1.
[33] Q22, 2166, §11.
[34] BARATTA, G., *Le rose e i Quaderni. Saggio sul pensiero di Antonio Gramsci*, cit., p. 212.

balhadores associados, estes "devem encontrar o sistema de vida 'original' e não de marca americana, para transformar em 'liberdade' o que hoje é 'necessidade' ".[35] Há, portanto, no interior do mesmo sistema, a possibilidade de organizar diversos e opostos projetos.

As conquistas mais avançadas da ciência e as mais sofisticadas técnicas do processo produtivo, para Gramsci, podem se transformar em instrumentos funcionais a um novo ciclo de acumulação capitalista, mas se forem apropriadas e recriadas pelos trabalhadores podem vir a se constituir em nova base de operosidade e formação de uma nova vontade coletiva. Daqui, o reconhecimento no *L'Ordine Nuovo* do valor da experiência de certo "americanismo" aceito pelas massas operárias de Turim e a simpatia de Gramsci pelos métodos modernos nas fábricas soviéticas promovidos por Lenin e Trotski no início dos anos 1920.

Mas, pergunta M. Martelli,[36] até que ponto o meio não predetermina ou prefigura o fim? Um socialismo fordizado não seria um socialismo desfigurado como foi o socialismo real? Os métodos e a pedagogia não estariam inseparavelmente ligados aos objetivos e ao projeto global? Será que o rigor disciplinar, mesmo consentido e consciente, gera a liberdade? Um sistema tão estruturado, sedutor e sorrateiro como o capitalismo avançado, daria chances para o trabalhador chegar à autodeterminação e a uma nova concepção de produção e sociedade? Não haveria uma boa dose de voluntarismo nas análises de Gramsci?

O projeto de Gramsci, simbolizado por sua condição de encarcerado, não é simples nem romântico. Nele, a formação de "intelectuais orgânicos" e de "trabalhadores associados" não acontece "naturalmente" como a instrução que conforma ao sistema, mas é fruto de um gigantesco esforço de lutas

---

[35] Q22, 2179, §15.
[36] Martelli, M., *Gramsci Filosofo della politica*, cit., p. 128.

e de construção conjunta que exigem ousadia, imaginação, ruptura e a criação de uma práxis político-pedagógica que transforme radicalmente a realidade.

Não surpreende, portanto, se as suas reflexões carcerárias são tão abrangentes e se apresentam com a pretensão *für ewig*, cuja melhor tradução deveria ser "de longa duração", como vem mostrando a vitalidade do seu pensamento.

Em uma carta tocante escrita a sua mulher Iulca, preocupado com a formação dos seus filhos, Gramsci esboça de forma sintética e genial o sonho que prefigura o novo ser humano. O desenho que emerge não é apenas a proposta de uma educação politécnica, mas, acima de tudo, o projeto de um mundo "comunista", realmente capaz de criar a "unidade do gênero humano" ao articular a rica singularidade das suas partes: "O homem moderno deveria ser uma síntese das que são... idealizadas como características nacionais: o engenheiro americano, o filósofo alemão, o político francês, recriando, por assim dizer, o homem italiano do Renascimento, o tipo moderno de Leonardo da Vinci, feito homem-massa ou coletivo, mesmo preservando sua forte personalidade e originalidade individual. Uma coisa de nada, como você pode ver!".[37]

---

[37] GRAMSCI, A., *Lettere dal Carcere*, cit, p. 601 (1º de agosto de1932).

INTELECTUAIS "ORGÂNICOS" EM TEMPOS DE PÓS-MODERNIDADE

Se os colonizados não se erguerem em massa, não haverá na Metrópole nenhuma força organizada que defenda sua causa.

J.P. Sartre

O DESENHO DO NOVO INTELECTUAL EM MARX E GRAMSCI

A unidade de ciência e política em Marx

Em 1845, quando Marx e Engels escreviam *A ideologia alemã*, o mundo das ordens não existia mais. Na Europa, a intensa atividade nas fábricas e a agitação política revolucionavam as relações sociais, provando que a sociedade podia ser recriada pela iniciativa e a audácia de diferentes protagonistas. Então, em contraposição à burguesia instalada nos centros de poder, irrompiam no cenário da história também classes organizadas de trabalhadoras que carregavam aspirações próprias e lutavam por um outro projeto de sociedade.

Neste contexto, os intelectuais não podiam se limitar mais ao mundo das ideias e das palavras. Assim, enquanto lançava suas críticas ao idealismo abstrato, ao positivismo cientificista e ao materialismo vulgar, Marx mostrava com seu envolvimento nas lutas operárias que estava despontando um outro tipo de intelectual: um ser, ao mesmo tempo, cientista, crítico e revolucionário.

Nascia, então, a filosofia da práxis. E com ela, novos intelectuais politicamente compromissados com o próprio grupo social para fazer e escrever a história e, por isso, capazes de refletir sobre o entrelaçamento da produção material com as controvertidas práticas da reprodução simbólica.

Mais do que elucubrações mentais, agora, fazia-se necessário conhecer o funcionamento da sociedade, descobrir os mecanismos de dominação encobertos pela ideologia dominante e os enfrentamentos das classes na disputa pelo poder. Com isso, os intelectuais não podiam se esconder atrás da neutralidade científica e ficar alheios às contradições do seu tempo. Eram impelidos a se definir nos conflitos da história e a tomar partido.

A própria ciência descobria-se envolvida nessas vicissitudes. Para entender em profundidade os problemas humanos e sociais, de fato, os intelectuais precisavam estar sintonizados com as dinâmicas sociopolítico-econômicas do seu tempo. Por isso, ao mesmo tempo em que Marx procura desvendar os mecanismos de acumulação do capital, se defronta com os *Philosophes* que continuavam a acreditar em mudar o mundo só pelo pensamento e as atividades da consciência[1]. Diversamente desses, Marx indicava que a fabricação de conceitos e de teorias não acontece no vazio da mente, mas dentro de determinados processos histórico-econômicos e em sintonia com seus protagonistas políticos. De modo que, a compreen-

---

[1] MARX, K. Teses sobre Feuerbach, in K. MARX e F. ENGELS, *A ideologia alemã*, anexo, São Paulo, Martins Fontes, 1989, p. 103.

são do mundo humano se tornaria tanto maior quanto mais os intelectuais analisassem as contradições dos centros de produção e mais próximos estivessem das revoltas dos injustiçados, os únicos que podiam introduzir um projeto universalizador de sociedade. Portanto, era preciso que os intelectuais-políticos se colocassem no lugar das vítimas do sistema, adquirissem a óptica dos defraudados e se revestissem das suas energias revolucionárias para fazer parte do "movimento real que supere o estado de coisas existentes".[2]

Marx estava convencido, de fato, que as classes desapropriadas e os povos saqueados possuem a inteligência "objetiva", o ponto de vista mais concreto e radical proveniente da violência sofrida, do trabalho alienado, das necessidades elementares desatendidas, das relações sociais e humanas dissolvidas. Assim, se a verdadeira face da sociedade burguesa se encontrava nos trabalhadores explorados e nos territórios colonizados,[3] a partir destes também precisava ser encontrado o caminho da revolução para fazer avançar a história em direção à liberdade e à sociabilidade universal. Só o processo revolucionário romperia o círculo da exploração, inauguraria uma nova epistemologia, criaria um novo "indivíduo social" e traçaria as estratégias políticas para a emancipação dos subjugados, não se limitando a levantes eventuais da "multidão" anárquica que, incomodada, podia reivindicar mudanças ou buscar ansiosamente a modernização, favorecendo, assim, o contínuo reajuste do sistema.

A emergência de um projeto alternativo, originado no proletariado e a conquista da sua hegemonia com o apoio dos intelectuais, para Marx, levaria a uma sociedade verdadeiramente democrática.[4] Assim, enquanto desmascara o caráter

---

[2] MARX, K. e ENGELS, F., *A ideologia alemã*, São Paulo, Martins Fontes, 1989, p. 32.
[3] MARX, K., *Il Capitale*, Roma, Editori Riuniti, 1978, p. 265.
[4] ABENSOUR, M., *A democracia contra o Estado. Marx e o momento maquiaveliano*, Belo Horizonte, Ed. UFMG, 1998, p. 83.

ideológico do capitalismo e a sua funcionalidade à violência e à manutenção do poder centralizado, promove a organização dos trabalhadores local e mundialmente e recria, de forma inaudita e desafiadora, a atividade político-intelectual convencido de que "a filosofia encontra no proletariado as suas armas materiais assim como o proletariado encontra na filosofia as suas armas espirituais".[5]

A originalidade do intelectual orgânico de Gramsci

Desde que havia sido desencadeada, a nova concepção de mundo inaugurada por Marx tinha municiado muitas organizações operárias e inspirado diversos intelectuais e políticos. Em sintonia com essa visão, Gramsci também acredita que a compreensão de si mesmo e das contradições da sociedade acontecem pela inserção ativa nos embates hegemônicos. Por isso, aprofunda a estreita ligação entre intelectuais, política e classe social, mostrando que a filosofia, tal como a educação, deve tornar-se "práxis política" para continuar a ser filosofia e educação.[6]

Consciente da centralidade dos intelectuais no mundo contemporâneo, Gramsci reservou a essa questão um espaço significativo em seus escritos. Ao vivenciar como poucos a nova figura do intelectual militante,[7] capta as complexas dinâmicas de expansão da "sociedade civil" que vinha ampliando de forma inédita as expressões intelectuais na "superestrutura". Mas, em contraposição às teorias que na sua época defendiam a elitização dos intelectuais,[8] que se

---

[5] Marx, K., Per la critica della filosofia del diritto publico di Hegel, em: Id., *Critica della Filosofia Hegeliana del Diritto Pubblico*, Roma, Editori Riuniti, 1983, p. 173.
[6] Q8, 1066, §208.
[7] Frosini, F., Il divenire del pensiero nei "Quaderni del carcere", em: *Critica marxista* (nuova serie), Roma, Editori Riuniti, n. 3-4, 2000, p. 108.
[8] Benda, J., *Il Tradimento dei Chierici*, Torino, Einaudi, 1979.

assustavam com o avanço das massas,[9] que desprezavam a democracia popular (Nietzsche) ou separavam a política da ciência,[10] Gramsci valoriza com singularidade o saber popular, defende a socialização do conhecimento e recria a função dos intelectuais conectando-os com as lutas políticas dos "subalternos".

Em seus escritos, além de uma ampla gama de tipos de intelectuais (urbanos, industriais, rurais, burocráticos, acadêmicos, técnicos, profissionais, pequenos, intermediários, grandes, coletivos, democráticos etc.), encontra-se uma interpretação original das suas funções. Gramsci, de fato, rompe com o lugar comum que entendia os intelectuais como um grupo em si, solto no ar, "autônomo e independente".[11] Contra a mentalidade que definia os intelectuais a partir da sua qualificação interior, Gramsci observa que: "O erro metodológico mais difundido, ao que parece, consiste em ter procurado este critério de distinção no que é intrínseco às atividades intelectuais, ao invés de buscá-lo no conjunto do sistema de relações em que essas atividades (e, portanto, os grupos que as personificam) se encontram, no conjunto das relações sociais".[12]

Deixando de considerá-los de maneira abstrata, avulsa, como casta separada dos outros, Gramsci apresenta os intelectuais intimamente entrelaçados nas relações sociais, pertencentes a uma classe, a um grupo social vinculado a um determinado modo de produção. Toda a aglutinação em torno de um processo econômico precisa, de fato, dos seus intelectuais para se apresentar também com um projeto específico de sociedade: "Todo grupo social, ao nascer do terreno originário de uma função essencial no mundo da

---

[9] ORTEGA Y GASSET, *A rebelião das massas*, Rio de Janeiro, Livro Ibero-Americano, 1980.
[10] WEBER, M., *Ciência e Política: duas vocações*, São Paulo, Ed. Cultrix, 1993.
[11] Q12, 1513, §1.
[12] Q12, 1516, §1.

produção econômica, cria também, organicamente, uma ou mais camadas de intelectuais que conferem homogeneidade e consciência da própria função não apenas no campo econômico, como também no social e político: o empresário capitalista gera junto consigo o técnico da indústria, o cientista da economia política, o organizador de uma nova cultura, de um novo direito etc".[13]

Daqui, a designação de intelectuais "orgânicos" distintos dos intelectuais tradicionais. Estes, para Gramsci, eram basicamente os intelectuais presos ainda a uma formação socioeconômica superada. Eram os intelectuais estagnados no mundo agrário do Sul da Itália. Eram o "clero", "os funcionários", "a casa militar", "os acadêmicos" voltados a manter os camponeses atrelados a um *status quo* que não fazia mais sentido. Distantes das dinâmicas socioeconômicas em fermentação do Norte da Itália, onde os "intelectuais de tipo urbano cresciam junto com a indústria e estavam ligados a suas vicissitudes"[14], os intelectuais tradicionais ficavam empalhados dentro de um mundo antiquado, permaneciam fechados em abstratos exercícios cerebrais, eruditos e enciclopédicos até, mas alheios às questões centrais da própria história. Fora do próprio tempo, os intelectuais tradicionais consideravam-se independentes, acima das classes e das vicissitudes do mundo, cultivavam uma aura de superioridade com seu saber livresco. Sua "neutralidade" e distanciamento, na verdade, os tornavam incapazes de compreender o conjunto do sistema da produção e das lutas hegemônicas onde fervia o jogo decisivo do poder econômico e político. Com isso, acabavam sendo excluídos não apenas dos avanços da ciência, mas também das transformações em curso na própria vida real.

"Orgânicos", ao contrário, são os intelectuais que fazem parte de um organismo vivo e em expansão. Por isso, estão ao mesmo tempo conectados com o mundo do trabalho, com

---

[13] Q12, 1513, §1.
[14] Q12, 1520, §1.

as organizações políticas e culturais mais avançadas que o seu grupo social desenvolve para dirigir a sociedade. Ao fazerem parte ativa dessa trama, os intelectuais "orgânicos" se interligam com um projeto global de sociedade e com um tipo de Estado capaz de operar a "conformação das massas em nível de produção" material e cultural exigido pela classe no poder. Então, são orgânicos os intelectuais que, além de especialistas na sua profissão que os vincula profundamente ao modo de produção do seu tempo, elaboram uma concepção ético-política que os habilita a exercer funções culturais, educativas e organizativas para assegurar a hegemonia social e o domínio estatal da classe que representam.[15] Conscientes de seus vínculos de classe, manifestam sua atividade intelectual de diversas formas: no trabalho como técnicos e especialistas dos conhecimentos mais avançados, no interior da sociedade civil para construir o consenso em torno do projeto da classe que defendem, na sociedade política para garantir as funções jurídico-administrativas e a manutenção do poder do seu grupo social.

Como Gramsci a apresenta, desde os tempos de *L'Ordine Nuovo*, a função do novo intelectual, orgânico à dinâmica da sociedade e à conquista da hegemonia da sua classe, não pode mais consistir "na eloquência" e nos ímpetos da "emoção", mas na interpenetração entre conhecimento científico, filosofia e ação política. Tal intelectual deve ser um "construtor, organizador, educador permanente", de modo que "da técnica-trabalho se chegue à técnica-ciência, à concepção humanista histórica, sem a qual se permanece 'especialista' e não se chega a 'dirigente' (especialista+político)".[16] A interconexão, portanto, do mundo do trabalho com o universo da ciência, com as humanidades e a visão política de conjunto formam, em Gramsci, o novo princípio educativo e a base formativa do intelectual orgânico.

---

[15] Q12, 1518, §1.
[16] Q12, 1551, §3.

Embora distintas, entende-se porque economia, política, cultura e filosofia, para Gramsci, são partes orgânicas e inseparáveis da mesma realidade,[17] a tal ponto que: "Uma reforma intelectual e moral não pode deixar de estar ligada a um programa de reforma econômica. Pelo contrário, o programa de reforma econômica é exatamente a maneira concreta pela qual toda a reforma intelectual e moral se apresenta".[18]

A relação dialética entre intelectual orgânico e "povo-nação"

Mas, para Gramsci, a organicidade dos novos intelectuais está relacionada principalmente a sua profunda vinculação com a cultura, a história e a política das classes subalternas que se organizam para construir uma nova civilização. Entre as páginas mais celebres dos seus escritos estão as que descrevem de maneira original e insuperável a relação entre intelectuais e "povo-nação",[19] Nessas páginas podemos perceber claramente o abismo que separa a concepção dos intelectuais populares que "sentem" com "paixão" a vida dos "subalternos" e os intelectuais convencionais funcionais à elite e especializados na administração e no controle da sociedade. Estes, revelam-se preocupados com a centralização do poder, com um universalismo abstrato,[20] com a coerção direta ou indireta. Os intelectuais orgânicos às classes populares, ao contrário, se caracterizam pela democratização do poder, pela expansão dos direitos, pela eliminação da violência e do embuste. Ao desvendar as contradições na sociedade e ao socializar o poder,

---

[17] Q13, 1591, §18.
[18] Q13, 1561, §1.
[19] Q3, 361-2, §82; Q8, 1042, §169; Q11, 1382-7, §12; Q12, 1505-6, § 67; Q13, 1635, §36.
[20] LOSURDO, D., L'universalismo difficile. Diritti dell'uomo, conflitto sociale e contenzioso geopolitico, em: G. Cotturi, *Guerra / indivíduo*, Milano, 1999, Angeli, pp. 121ss.

os intelectuais populares por um lado subvertem a concepção de dominação, de autoritarismo e de burocratismo, e, por outro, criam uma nova concepção de política fundada sobre o conceito de hegemonia, de democracia, de 'dirigentes' de uma nova civilização.[21]

Gramsci retrata a osmose profunda dos intelectuais com as camadas populares, reconhecidas como sujeitos ativos imbuídos de "espírito criativo", porque promove a universalização da intelectualidade. Quer dizer, está convencido de que todos têm a capacidade de pensar e agir, de elaborar conhecimentos, de acumular experiência, de ter uma sensibilidade, um ponto de vista próprio. Neste sentido, combatendo a noção abstrata, aristocrática e restrita de intelectual, Gramsci afirma que "todos são intelectuais... Porque não existe atividade humana da qual se possa excluir alguma intervenção intelectual".[22] Até no trabalho mais mecânico e alienado há sempre um componente reflexivo, assim como todo ser humano tem uma cultura e forma-se uma concepção de mundo no interior do seu ambiente social e do seu grupo. A capacidade intelectual, portanto, não é monopólio de alguns, mas pertence a toda a coletividade, tanto no sentido diacrônico (quando se considera o acúmulo de conhecimento ao longo da história), como no sentido sincrônico (quando se buscam compreender as interconexões que formam o mundo em que vivemos).

Daqui, a insistência em reconhecer a relação de reciprocidade entre sujeitos que aprendem e ensinam ao mesmo tempo.[23] O exercício da intelectualidade, portanto, função da inteira coletividade, é dialético, o que justifica em Gramsci a formulação de "intelectual coletivo" e de "filósofo democrá-

---

[21] SEMERARO, G., Tornar-se "dirigente": o projeto de Gramsci no mundo globalizado, em: C.N. Coutinho-A. de Paula Teixeira (orgs.). Ler Gramsci, ler a realidade, Rio de Janeiro, Civilização Brasileira, 2003, pp. 270-271.
[22] Q12, 1516, §1.
[23] Q10, 1331, §44.

tico".²⁴ Assim, embora, alguns tenham funções mais acentuadamente intelectuais na sociedade, o grau dessa atividade entre seus componentes é apenas quantitativo nunca qualitativo. Isso quer dizer que o desempenho de diferentes funções "intelectuais" nunca deve justificar hierarquias ou divisão de classes na sociedade. Com essa visão, as reflexões de Gramsci passam longe da concepção de uma "intelligentsia" livremente "flutuante" acima das partes, dotada de uma missão especial e de capacidades "objetivas" que desde Mannheim²⁵ tem ocupado muitas discussões contemporâneas. Guardam distância também das posições de Bobbio que recentemente tem se detido sobre a função dos intelectuais, reeditando, com a sua distinção entre o "ideólogo" e o *expert,*²⁶ entre o filósofo e o técnico,²⁷ o dualismo estabelecido por M. Weber entre a "ética da convicção" e a "ética da responsabilidade" tão caro aos liberais e à maioria dos nossos políticos.

Na III *tese sobre Feuerbach* Marx havia já apontado para a relação recíproca transformadora entre "circunstâncias" e educação.²⁸ Mas, Gramsci explicita e aprofunda essa inseparável relação dialética entre intelectual e mundo circunstante, entre a estrutura e superestrutura, entre o que está dado e a iniciativa de sujeitos organizados, de modo a gerar uma "catarse" pessoal e social, um processo da subjetivação ético-política que caracteriza a construção do conhecimento e a prática de ensino-aprendizagem coletivo: "A personalidade histórica de um filósofo individual resulta também da relação ativa entre ele e o ambiente cultural que ele quer modificar, ambiente que reage sobre o filósofo e, obrigando-o a uma

---

[24] Q10, 1332, §44.
[25] MANNHEIM, K, *Ideologia e utopia*, Rio de Janeiro, Ed. Guanabara, 1986.
[26] BOBBIO, N., *Il Dubbio e la Scelta. Intellettuali e Potere nella Società Contemporanea*, Roma, La Nuova Italia Scientifica, 1993, p. 117.
[27] Ibid. p. 140 e 159.
[28] MARX, K., *op. cit.*, 1998, p. 100.

contínua autocrítica, funciona como 'mestre' ".[29] Isso significa que a escola, embora necessária como mostra seu interesse em recriá-la profundamente (cf. particularmente o Caderno 12), não é o único espaço para a formação de intelectuais. Para essa tarefa contribuem também o partido, a fábrica, a igreja, a atividade política, a participação nas organizações, nos movimentos sociais e culturais etc.

Essa visão totalmente inovadora e revolucionária, rompe com a concepção do intelectual "superior" e separado, com o filósofo "detentor da verdade" e guia da *polis* que se formou a partir da tradição platônica do "filósofo-rei". As ideias de Gramsci passam a fundamentar a formação dos novos intelectuais na práxis hegemônica dos subalternos cujas lutas teórico-práticas buscam criar uma outra filosofia e uma outra política, capazes de promover a superação do poder como dominação e construir efetivos projetos de democracia popular.

Em sintonia com o marxismo e pela influência proveniente, particularmente, de Gramsci, muitos intelectuais no século passado chegaram a se "engajar" em partidos dos trabalhadores, em movimentos populares, mobilizaram lutas pela independência dos povos colonizados, pela libertação das ditaduras e pela democratização dos direitos sociais.[30]

Nas últimas décadas, no entanto, a derrota do comunismo soviético, o triunfo do neoliberalismo e a difusão da cultura pós-moderna foram delineando um outro perfil de intelectual que acabou prevalecendo na nossa sociedade.

A RECONFIGURAÇÃO DO INTELECTUAL PELA PÓS-MODERNIDADE

A partir da segunda metade dos anos 1970, um novo ciclo do capitalismo e a sua contraditória recomposição desencade-

---

[29] Q10, 1331, §44.
[30] SARTRE, J.-P., *Em defesa dos intelectuais*, São Paulo, Ed. Ática, 1994. Ver também LAHUERTA, M., Intelectuais e resistência: vida acadêmica, marxismo e política no Brasil, Caderno AEL, n. 14-15. IFCH, Unicamp, 2001.

aram profundas transformações nos processos produtivos, nas práticas políticas e na função dos intelectuais.

O mundo do trabalho, remodelado pela informática e a microeletrônica, passou a incorporar novos conhecimentos gerando uma complexa analítica simbólica que exige um preparo intelectual mais apurado dos seus operadores. Com a revolução digital e a redução dos grandes conjuntos industriais as categorias dos trabalhadores e as organizações de massa vieram se encolhendo. A velocidade e a diversificação na produção fragmentaram ainda mais os operários e conseguiram camuflar melhor as feições da dominação, desconcertando a compreensão da realidade e as formas tradicionais de lutas políticas.

Sofisticado e flexível, nunca o capital se tornou tão abrangente como nessas últimas décadas. Por meio da "indústria cultural" submeteu o conhecimento aos desígnios da produtividade e do mercado subsumindo, praticamente, toda as esferas da vida social. Difuso por toda parte, parece ter chegado a realizar o seu sonho mais ambicioso: tornar-se poder impessoal, "inconsciente social",[31] máquina que marcha por própria conta, separado do trabalho vivo e do incômodo das revoltas operárias. Sem rosto e sem lugar, o novo soberano hoje se impõe feito oráculo hermético pelos indicadores econômicos anunciados todos os dias e por um dilúvio de informações que anulam a reflexão e a interlocução. Longe dos problemas da emancipação humana e imune às investidas da política, essa forma de poder encontra sua lógica mais acabada na cultura pós-moderna que aprofunda o processo de esvaziamento do concreto pelo abstrato, reduzindo-o à invisibilidade e ao simulacro.[32]

---

[31] FINELLI, R., O "pós-moderno": verdade do moderno, em: C.N. Coutinho-A de Paula Teixeira (orgs.), *op. cit.*, p. 104.
[32] JAMESON, F., *Pós-modernismo. A lógica cultural do capitalismo tardio*, São Paulo, Ed. Ática, 1996, p. 85ss.

Nesse contexto, a figura do intelectual "engajado" entra em declínio e fala-se cada vez menos de intelectuais "orgânicos" das "classes" trabalhadoras, de "militantes" e de educadores populares. Por toda parte, despontam gestores, intelectuais céticos e políticos pragmáticos. As convicções de princípio, a visão de conjunto e a revolução são suplantadas pela incerteza e o pensamento da "errância",[33] pelo gosto do particular e o narcisismo privado. Sob a forte influência do neoliberalismo na economia e da pós-modernidade na cultura, muitos intelectuais foram gradualmente deslocados do chão da fábrica e dos movimentos de massa para o campo do marketing, da estética e do fantasmagórico cenário da "vídeo-esfera".

A crise do intelectual popular acontece não apenas devido à "revolução tecnológica", mas também pela dissolução dos 'sujeitos coletivos', pela relativização dos valores públicos, pela derrota do comunismo, pela indistinção entre esquerda e direita e pelo revisionismo imposto às revoluções.

Assim, ao longo dessas últimas duas décadas, vimos emergir como onda avassaladora uma crescente categoria de intelectuais que se disseminaram na mídia, na publicidade, no entretenimento, em Ongs, em serviços administrativos e no controle do sistema. Ficamos sabendo que havíamos ingressado na era da imagem, da "sociedade do conhecimento", da informação "just in time", na época do "capital cultural" onde o saber deve ser servido como mercadoria nas formas folhetinescas para garantir a atração do "grande público". O emblema político do "Príncipe" de Maquiavel, reconfigurado depois pelo "Moderno Príncipe",[34] passa a ser desempenhado hoje pelo "Príncipe eletrônico" que redesenha um novo, complexo e contraditório palco da política e da atividade intelectual.[35] Em um mundo

---

[33] VATTIMO, G., *O fim da modernidade. Niilismo e hermenêutica na cultura pós-moderna*, São Paulo, Martins Fontes, 1996, p. 182.
[34] Q13, 1558, §1.
[35] IANNI, O., *Enigmas da modernidade-mundo*, Rio de Janeiro, Civilização Brasileira, 2003, p. 141ss.

em que a imagem conta mais do que o produto, alastra-se a convicção de que o que não passa na mídia não existe. Não surpreende, portanto, se as tecnologias informáticas, eletrônicas e cibernéticas dominadas por gigantescos conglomerados internacionais tomam conta de todas as esferas da vida humana atraindo muitos intelectuais a seu serviço.

Assim, hoje, para a sua formação, o intelectual é compelido a tornar-se especialista da imagem, do som, dos jogos de linguagem, das virtualidades eletrônicas. No mundo das sensações, das modas e dos rápidos contágios de massa, é fundamental que se aprenda, acima de tudo, a manejar a arte da aparência. Por isso, chega-se a falar no fim do intelectual político-pedagógico vinculado à escrita, à escola, ao partido, às organizações populares. O que, agora, se celebra é o advento da inteligência na "vídeo-esfera", no simbolismo e nas criações instantâneas, nos *spots* comerciais e nos *insigth*.[36] O intelectual "clássico", cultor da razão e da cosmovisão, da paciência histórica e da pedagogia política popular, é suplantado pela "inteligência emocional" e pelos recursos tecnológicos. O objetivo da "vídeo-esfera" não é a educação – ranço iluminista! – mas o entretenimento e a sedução. A busca da verdade, da justiça, do universal e a visão inspirada na história, na dialética, na totalidade etc.; tornaram-se meta-narrativas e produtos autoritários. Em seu lugar, entram o regozijo da desconstrução, a elucubração sobre o fragmento, o gosto pela indefinição, a preocupação estilística e ornamental. Vangloriando-se da sua impotência, o intelectual é solicitado a abandonar "as certezas" da filosofia e os projetos da política para entregar-se ao fluxo da narrativa e do romance.[37]

---

[36] SIRINELLI, J.-F., A sociedade intelectual francesa no limiar de um novo século, em: E. Bastos-M. Ridenti-O Rolland (orgs.),*Intelectuais: sociedade e política*, São Paulo, Ed. Cortez, 2003, p. 189.
[37] RORTY, R., *Ensaios sobre Heidegger e outros: escritos filosóficos* II, Rio de Janeiro, Relume-Dumará, 1999, p. 263; *La Filosofia dopo la Filosofia: Contingenza, Ironia e Solidarietà* Roma, Laterza, 2001, p. 98.

Depois dos clérigos dogmáticos na era da cristandade e dos cientistas do saber prático no mundo moderno, a maior parte dos intelectuais funcionais à classe dominante da nossa época precisa conformar o conhecimento às necessidades dos novos donos do poder. Assim, temos hoje uma legião de intelectuais midiáticos e evanescentes em conformidade com a natureza do capital financeiro, dos fluxos da mercadoria e da informação. Entende-se porque ao capital especulativo que quer lucrar sem se comprometer com a produção, corresponde o "intelectual ficcional" que discursa sem dizer nada.

Os efeitos desse fenômeno, se refletem no interesse de uma multidão de intelectuais por um profissionalismo acrítico e hiperconcorrencial. Algo parecido acontece na política e na filosofia nas quais se desqualifica o pensamento crítico e proliferam os "cientistas", no qual os humanistas foram se eclipsando diante dos gestores, os estadistas diante dos estatísticos, os midiáticos substituíram os educadores, as sondagens de opinião tomaram o lugar dos debates democráticos, os lobbies dispensaram as organizações sociais. Para a nova ordem imposta pelo capital, de fato, só serve à formação de uma inteligência tecnológico-utilitarista não uma formação ético-política.

Estaríamos assistindo à decadência dos intelectuais político-pedagógicos que de militantes, críticos e pesquisadores estariam passando a interpretes, gerentes, divulgadores? Faz sentido, então, falar ainda em "intelectual orgânico" às classes trabalhadoras em uma sociedade onde as organizações de classe, os próprios partidos e os sindicatos custam a se justificar? Onde qualquer dissenso se desintegra na voragem do sistema e não parecem existir alternativas? Será que o "novo" intelectual desenhado por Marx e Gramsci estaria vencido e superado pela função cada vez mais virtual da produção e do conhecimento?

CONTRAPONTO DE GRAMSCI À VIRTUALIDADE PÓS-MODERNA E À CRISE POLÍTICA

A evasão pós-moderna e o intelectual da práxis

Em Marx como em Gramsci, não há cruzadas iconoclastas contra os avanços científicos e tecnológicos. Pelo contrário, em sintonia com o próprio tempo se utilizam com maestria dos meios mais modernos de investigação e de comunicação. Como vimos, Gramsci não é indulgente com o mundo provinciano e estagnado do Sul da Itália quando comparado com as dinâmicas do Norte e do "americanismo e fordismo". Mas, também, não facilita o surgimento de intelectuais populistas e improvisados. Em muitas ocasiões, de fato, Gramsci defende uma ampla e rigorosa formação do intelectual orgânico, uma vez que a filosofia da práxis, além de representar "o coroamento de todo o movimento de reforma moral e intelectual"[38] deve ser a reinvenção de um novo intelectual que sabe sintetizar o melhor da filosofia, da política, da economia, da ciência e da arte.[39]

Hoje, então, as novas ferramentas à disposição dos intelectuais não devem ser menosprezadas. Gramsci, no entanto, embora esteja aberto ao novo não o aceita acriticamente. Assim como o trabalhador deve se modernizar, tornando-se cientificamente especializado e tecnicamente habilidoso até as fronteiras mais avançadas do conhecimento e da produção sem cair na mecanização e na escravidão do sistema, também o intelectual deve estar atualizado e desenvolver pesquisas inovadoras sem se deixar "taylorizar" e comprar.

Mas, não é suficiente defender-se do risco de revolução passiva inerente a toda modernização. O intelectual orgânico

---

[38] Q11, 1448, §33.
[39] GRAMSCI, A., *Lettere dal Carcere*, cit., 1 de agosto de 1932.

popular, para Gramsci, deve alcançar as fronteiras mais avançadas do conhecimento e da tecnologia sem nunca perder a referência às lutas hegemônicas da sua classe. Por outro lado, também, para não estagnar em um marxismo dogmatizado é necessário promover a sua "traducibilidade"[40] para um tempo como o nosso que se depara com outras feições de sociedade, com o surgimento de novos atores políticos, com novas formas de luta e com diferentes sensibilidades trazidas pela própria pós-modernidade.

Naturalmente, esse processo de tradução deve ser aplicado também à leitura de Gramsci. Mesmo assim, o essencial das suas reflexões sobre os intelectuais guarda sua atualidade até hoje. Nelas, emerge clara a distinção entre os intelectuais "funcionais" à dominação e os intelectuais "orgânicos" aos que lutam para superá-la. Em outras palavras, entre os intelectuais pragmáticos que se colocam à disposição de uma sociedade gerenciada para poucos e os que se envolvem com as organizações populares para construir uma democracia realmente "orgânica" para todo o corpo social, não apenas para uma parte dele.

Na extensa "guerra de posição" que virou o nosso mundo atual, os intelectuais orgânicos ao capital transnacional "lutam constantemente para mudar as mentes e expandir os mercados".[41] Mais do que "orgânicos", na verdade, os intelectuais funcionais às classes dominantes fazem prestação de serviço a seus condomínios de luxo, não à *polis*. "Cães de guarda"[42] de patrões e "agentes imediatos"[43] ao poder de plantão, são incapazes de criarem uma autocrítica do grupo que representam e de apresentarem projetos de alcance ético-político.

---

[40] Baratta, G., *As rosas e os cadernos*, Rio de Janeiro, DP&A, 2004, pp. 225-241.
[41] Said, E., *Representations of the Intellectual*, Vintage, London, 1994, p. 4.
[42] Nizan, P., *I Cani da Guardia*, Firenze, La Nuova Italia, 1970.
[43] Q5, 634, §105.

Os intelectuais orgânicos aos dominados, ao contrário, estão convencidos de que "a verdade é revolucionária". Portanto, não abdicam a formar consciências críticas e a construir um "bloco histórico" (uma articulação dialética) entre estrutura e superestrutura (economia e cultura), entre sociedade civil e sociedade política, de maneira a superar a relação vertical entre governantes e governados e a separação entre intelectuais e massa. Estão convencidos – como Gramsci – de que "A filosofia da práxis não tende a resolver pacificamente as contradições existentes na história e na sociedade, mas é a própria história de tais contradições; não é o governo de grupos dominantes para ter o consenso e exercer a hegemonia sobre as classes subalternas; mas é a expressão destas classes que querem educar a si mesmas para a arte do governo e têm interesse em conhecer todas as verdades, também as desagradáveis, e evitar os enganos (impossíveis) da classe superior e até de si mesma".[44]

Como observamos no início, Marx havia indicado que na história dos vencidos há uma verdade que não se consegue suprimir. "Escovada a contrapelo" – dirá Benjamin mais tarde – essa história revela os horrores da sociedade tecnoburocrática. Ao deixar de considerar a história humana na sua totalidade e evadir das contradições que hoje se acentuam no mundo, os intelectuais dos condomínios pós-modernos perdem a sua liberdade crítica, a consciência histórica e a própria "organicidade" ao seu grupo.

Concentrados nos meios de comunicação e nos serviços mais sofisticados, os intelectuais do sistema só aparentemente asseguram a hegemonia do grupo ao qual pertencem. Na verdade, nenhuma imagem televisiva substitui o envolvimento direto do intelectual com as lutas sociais, nenhuma reengenharia educativa a relação mestre-aluno, nenhuma propaganda eleitoral a ligação do partido com a realidade de suas bases.

---

[44] Q10, 1320, §40.

Técnicos e publicitários de uma sociedade sem projeto como a nossa, seus intelectuais se afastam de uma outra característica fundamental presente em Gramsci: o reconhecimento do saber popular, a construção democrática e coletiva de um projeto público de sociedade. Para Gramsci, de fato, mais do que a centralidade do intelectual e a sofisticação de um grupo de vanguarda irradiador de verdades, é importante "a elevação moral e intelectual das massas" até as fronteiras mais avançadas da ciência de modo a arrancar da classe dominante o monopólio do conhecimento que na era digital pode aprofundar ainda mais o fosso com as classes espoliadas.

As condições materiais para universalizar as ferramentas tecnológicas e para a interatividade estão dadas no mundo de hoje. Trata-se, agora, de fazer com que a circulação das informações e a criação do conhecimento não emanem de centros monopolizados e exclusivos, mas sejam construídas democraticamente por todos, local e mundialmente, no trabalho, nas escolas, nas organizações políticas, nos centros culturais, na diversidade de grupos e de etnias.

Então, tem ainda sentido falar em "intelligentsia" de um corpo especial de pessoas que produzem ideias e teorias para a sociedade e formam consciências? E qual é a função do partido, do "Moderno Príncipe" intelectual idealizado por Gramsci?

O pragmatismo dos partidos e os intelectuais da grande política

O intelectual que emerge dos escritos de Gramsci é "orgânico" (voltado a impulsionar a sociedade inteira, não apenas uma parte), democrático (determinado a superar a relação de poder-dominação) e popular (sintonizado com a cultura e os projetos hegemônicas dos "subalternos").

Ao recriar, portanto, a figura do intelectual Gramsci pode afirmar que "Eu amplio muito a noção de intelectual, não me limitando à noção corrente que se refere aos grandes intelectuais...Justamente na sociedade civil operam os intelectuais".[45] Avanço semelhante opera com a concepção ampliada de Estado,[46] quando articula de forma dialética sociedade política e sociedade civil, superando com isso a concepção de uma entidade separada e superior. Em sintonia com essa linha de pensamento, nele há também uma concepção ampliada de partido, incluindo nesta tarefa a função de um jornal, de uma revista, de um centro cultural, de grupos e movimentos organizados na sociedade civil. Em todos esses casos, as preocupações de Gramsci são as mesmas: os governantes e os governados, o instituído e o instituinte precisam interagir dialeticamente para chegar a construir um organismo social com dimensões ético-políticas. Assim, diversamente de posições que hoje reeditam o naturalismo "organicista" ou o pragmatismo holista, a organicidade de Gramsci se apresenta em termos de uma luta social, histórica e política para construir a hegemonia da democracia popular.[47]

Não importa o lugar onde o intelectual desempenha a sua função, se no partido, no Estado, no sindicato, nos movimentos populares, nas organizações sociais e culturais ou na academia. O que conta para Gramsci é a sua vinculação de classe, a relação democrática que o intelectual estabelece e o horizonte ético-político que descortina, quer dizer a capacidade de promover um projeto socializador que reconheça os subjugados como sujeitos políticos. Neste sentido, em Gramsci há uma relação estreita entre o conceito de "orgânico" e o de "ético-político" se considerarmos que os dois remetem à universalização da democracia popular. E essa só acontece com a construção de uma hegemonia capaz de entrelaçar em unidade subjetividades individuais e "vontade coletiva", de transformar em liberdade a necessidade, quer dizer, de operar

---

[45] GRAMSCI, A., *Lettere dal Carcere* cit., 7 de setembro de 1931.
[46] Q6, 810-11, §155.
[47] SEMERARO, G., A filosofia da práxis e o (neo)pragmatismo de R. Rorty, em: *Revista Brasileira de Educação*, n. 29, Campinas-SP, 2005, pp. 28-39.

o processo de "catarse", de subjetivação, que é "o ponto de partida de toda a filosofia da práxis".[48] Então, em Gramsci, os intelectuais são "orgânicos" a um partido, a um grupo social, ao Estado enquanto trabalham para superar o momento "econômico-corporativo" e o momento jurídico-administrativo e se lançam ao lado dos "subalternos" para criar a fase da universalidade "ético-política".[49]

Em tempos pós-modernos, os intelectuais "orgânicos" não se tornaram obsoletos, mas encontram-se diante de novas tarefas. Como nunca, de fato, precisam aprender com Gramsci a difícil arte de lidar com a diversidade sem cair no relativismo, de lutar contra os dogmas sem deixar de buscar a verdade, de respeitar a particularidade sem se pulverizar, de construir a unidade sem transformá-la em uniformidade, de realizar a democracia popular contra os simulacros pós-modernos. Se essas considerações estiverem certas, torna-se necessário pensar também novos partidos com dimensões ético-políticas capazes de "fundar novos Estados".[50]

No Brasil, ao longo dessas últimas duas décadas, inúmeros intelectuais de posições de resistência à ditadura e cumplicidade com os movimentos populares passaram a "funcionários" de partido e a gerentes técnico-administrativos dos aparelhos do poder governamental. Aos poucos, vimos surgir uma legião de especialistas em estratégias eleitorais, em profissionais da imagem, em artimanhas jurídicas, em hibridismo ideológico e tráfico de influência.

Esse processo tem sido uma das causas da profunda crise política, hoje em curso, que deixa muitos intelectuais calados e dissemina o descrédito na democracia e no sistema representativo em uma sociedade consternada.

Enquanto os partidos e seus intelectuais permanecerem na esfera do econômico, da burocracia e do populismo, não

---

[48] Q10, 1244, §6.
[49] Q13, 1584, §17.
[50] Q9, 1111, §23.

haverá o salto para a esfera ético-política, a única capaz de pensar o país como um todo e de universalizar direitos. Por isso, contrariamente ao que se pensa, nunca como hoje o Brasil precisou tanto de novos intelectuais "orgânicos". Dos que – como Gramsci nos lembra – forem capazes de se lançar em direção a uma das mais urgentes e audaciosas tarefas:

"A partir do momento em que um grupo subalterno se torna realmente autônomo e hegemônico, suscitando um novo tipo de Estado, nasce concretamente a exigência de construir uma nova ordem intelectual e moral, ou seja, um novo tipo de sociedade e, portanto, a exigência de elaborar os conceitos mais universais, as armas ideológicas mais sofisticadas e decisivas".[51]

---

[51] Q11, 1509, §70.

ESTADO E HEGEMONIA POPULAR NA ÉPOCA DO PODER IMPERIAL

Renunciar ao antagonismo político significa reduzir a dialética a um processo de evolução reformista, de revolução-restauração em que só o segundo termo sai ganhando.

Gramsci

O RETORNO AO PRÉ-MODERNO

De tão chocantes e espetaculares, os ataques de 11 de setembro de 2001 aos Estados Unidos deixaram na história marcas muito mais profundas que o ano de 1989. Diferentemente da derrubada popular de um muro que indicava a obsolescência de um regime comunista e apontava para novas relações entre os povos, as explosões que se abateram sobre as Torres Gêmeas e o Pentágono expuseram e acirraram ainda

---

Texto publicado no livro Goulart, C., *et al.* (orgs.), *Dimensões e horizontes da Educação no Brasil*, Niterói, Eduff, 2004.

mais as contradições da violência institucionalizada imposta ao mundo periférico pelo sofisticado poder financeiro e militar do império americano.

Não tardou muito, de fato, e a face mais brutal deste sistema voltou a se manifestar em toda a sua fúria. Primeiro, tornando o Afeganistão terra arrasada e, logo em seguida, invadindo e massacrando o Iraque, um dos países do "eixo do mal". Contra tudo e contra todos, sem justificativa e legitimidade alguma, rasgando os princípios mais elementares de instituições e normas internacionais, dividindo a Comunidade Europeia, humilhando o mundo islâmico, ignorando apelos e menosprezando gigantescas manifestações de protesto no mundo inteiro, a coalizão anglo-americana resolveu unilateralmente se atribuir o direito da "guerra preventiva". Expediente, este, ao qual recorrer sempre que os USA perceberem a segurança nacional e seus interesses ameaçados, como já fizeram todos os grupos no poder que instauraram sistemas totalitários. Manipulando informações dos serviços secretos e exibindo uma esmagadora máquina bélica, a "mais avançada democracia" do mundo não hesitou em lançar mão dos métodos mais truculentos destruindo, matando e desestruturando um país debilitado com o objetivo de se apropriar das riquezas da região.

Nunca, como nestes eventos, ficou tão evidente para o mundo que o "capitalismo democrático" esconde pés de barro por trás dos simulacros da liberdade e dos direitos humanos e não hesita em recorre ao primitivismo da violência camuflada por imagens apolíneas: "Um país que é hegemônico economicamente deve deixar claro para o resto do mundo sua própria hegemonia, armando-se"[1]. Assim, por terra, mar e ar, o mundo se vê enredado por uma miríade de unidades militares americanas dotadas de um orçamento vertiginoso e de equipamentos de última geração, situadas em regiões

---

[1] KAGAN, R., *Of Paradise and Power – America and Europe in the New World Order*, Alfred, A. Knopf Ed., 2003.

estratégicas da Europa, África, Ásia, Oriente Médio, América Latina e Oceania, enquanto as "Escolas das Américas", sombrias universidades de militarização, continuam treinando assassinos e torturadores do mundo inteiro à serviço do império.

Estaria voltando um Leviatã de dimensões planetárias, depois do triunfo das sociedades democráticas sobre os totalitarismos do século XX? Estaríamos assistindo à reintronização do Estado forte e nacionalista, depois da onda neoliberal que anunciava o declínio do Estado-nação? Estaria sendo restaurado o "poder das armas", depois de termos acreditado no poder da "razão discursiva" e na inutilidade dos aparelhos repressivos diante das liberdades individuais e associativas? Ou, a democracia veiculada pelos centros econômico-militares nunca passou de aparência e de estratagema para fortalecer só alguns países?

Na verdade, ao folhar um pouco de história não é difícil dar-se conta de que "democracia capitalista" e violência sempre andaram juntas. Desde seu nascimento, o capital "nasce conspurcado de sangue e lama, da cabeça aos pés".[2] E quem levantar um pouco o véu da mistificação da sua ideologia, perceberá melhor as contradições desta "civilização superior" que recorre à imolação de milhões de vidas humanas para se afirmar, pratica o terror para impor a segurança, dissemina a barbárie para chegar à ordem. Um tipo estranho de democracia, esta, que pratica a expropriação para sacralizar a propriedade particular, sufoca povos e culturas para se difundir, que se serve dos tanques de guerra para distribuir caridade, da destruição para instaurar a paz, da violação para proclamar direitos.

Não surpreende, portanto, se o neoliberalismo e suas manifestações pós-modernas reconduzem ao pré-moderno restaurando de forma mais aprimorada novas formas de im-

---

[2] Marx, K. *Il Capitale*, Roma, Ed. Riuniti, 1970, p. 787.

pério e de absolutismo. Em sintonia com estas concepções de poder, as decisões mais importantes que afetam a vida de inteiras populações e os destinos do planeta são tomadas por poucos, por poderosos grupos econômicos à revelia de processos democráticos, de debates, de tratados e convenções que custaram séculos de lutas à humanidade.

Até analistas de visão liberal, reconhecem as contradições do Estado criado pelo capitalismo moderno, cuja formação ocorreu pela concentração do uso da força no poder público simultaneamente ao processo de expropriação dos meios de produção dos artesãos, das energias vivas do trabalhador e das riquezas dos povos colonizados. H. Arendt denuncia a necessidade de "uma estrutura política de um poder 'ilimitado', tão ilimitado que ele possa proteger a propriedade privada crescente aumentando sem parar a sua potência".[3]

Mas, é Marx quem desvenda sem retoques as modernas raízes do poder do Estado revelando o segredo da acumulação primitiva:[4] "Na história real, como se sabe, o papel principal é representado pela conquista, pela subjugação, pelo assassinato, pela rapina – em suma, pela violência". Para o grande público, no entanto, se passa a ideia de que tudo é fruto do direito, que não se trata da guerra como tal, uma vez que foi implantada, em todo o sistema, um tipo de violência encoberta que passa pela exploração e alienação do trabalhador, pela propriedade privada do trabalho coletivo, pelo sistema colonial, pela ordem imposta e a repressão, pela privação e a interdição do acesso ao poder estabelecido às classes trabalhadoras. Este processo de expropriação e dominação, para Marx, alcança a sua maior visibilidade na formação do Estado militar-policial: "violência concentrada e organizada da sociedade", com o qual a classe dominante assegura a "garantia recíproca da propriedade e dos interesses" da burguesia.[5]

---

[3] ARENDT, H. *L'Imperialisme*, Paris, Seuil, 1982, p. 43.
[4] MARX, K., *Il Capitale*, cit., pp. 171-174.
[5] MARX, K. – ENGELS, F., *A ideologia alemã*, cit., p. 62.

O CARÁTER VIOLENTO DO PODER E DO ESTADO MODERNO

Como se sabe, deixando para trás o mundo orgânico dos antigos e o sistema teocrático medieval, a burguesia reestrutura as relações sociais em torno da sociedade de mercado, fazendo do Estado o instrumento de garantia da ordem e da propriedade particular. Com a centralidade do indivíduo, a valorização da vontade de conquista e dos direitos "naturais" o mundo moderno traz para o centro do debate político a questão do poder, o difícil problema de como chegar a se organizar em sociedade com sujeitos teoricamente "livres e iguais".

Da visão de "governo" destinado a coordenar e adequar os homens a uma "ordem sobrenatural", a política moderna se vê diante do desafio de regular a legitimidade dos desejos pessoais e a irrupção de uma multiplicidade de poderes. Ao longo da ascensão da burguesia e da estruturação do capitalismo, o poder aparece como esforço pessoal, como manifestação de talentos naturais e de méritos individuais. Poucos chegam a suspeitar que a "mão invisível" do mercado e das oportunidades age, na maioria das vezes, depois que grupos econômica e militarmente mais fortes realizaram seus acordos longe da multidão. Conquistar o Estado, então, torna-se a expressão mais elevada de poder dos que conseguem se organizar para fazer prevalecer o próprio modelo de sociedade. Desta operação nasce uma contradição fundamental: o Estado moderno ao defender liberdades particulares e interesses de grupos, precisa legitimar-se universalmente como expressão do "povo", considerado titular do poder[6]. Assim, na sequência das crises que caracterizam o sistema capitalista, o Estado é tido como ponto de equilíbrio destinado a desempenhar a mediação entre acumulação privada e legitimação democrática.

---

[6] Duso, G., *La Logica del Potere*. Storia Concettuale come Filosofia Politica, Roma, Ed. Laterza, 1999.

O Estado moderno, portanto, forma-se como campo de disputa de interesses antagônicos e, até agora, os grupos que mais lançaram mão da violência e da astúcia se apropriaram dele. De fato, é no monopólio e no uso da força, na manutenção da ordem e da propriedade que o Estado moderno encontrou seus traços mais reconhecidos.[7] Daqui, a imagem predominante de aparelho coercitivo, burocrático e ideológico que o caracterizam essencialmente, impregnando, até hoje, o imaginário do senso comum.

Em uma sociedade que deixa de estar estruturada em estamentos preestabelecidos e passa a ser formada por classes sociais móveis e antagônicas, o Estado acaba sendo plasmado principalmente pela classe que se apropria dele com habilidade. De modo que, ao introduzir na produção e nas relações sociais o sistema de concorrência impiedosa, "a guerra de todos contra todos", a voracidade do capital, a exploração do trabalho, a estrutura de mercantilização e a colonização, a burguesia amolda um Estado a sua imagem e semelhança: um aparelho fortemente armado e dotado de elitistas instrumentos jurídico-administrativos.

Em grande parte, explica-se, assim, a cumplicidade existente entre o Estado que garante as condições de produção e reprodução da burguesia e esta que, por sua vez, o representa e o financia. Ao Estado, então, cabe, principalmente, manter o "equilíbrio" das forças na sociedade, julgar, executar, corrigir, instruir e difundir ideologias de massa, deflagrar guerras e exigir até a vida dos cidadãos... pobres! De fato, a tarefa mais importante e o maior dispêndio dos seus recursos estão voltados para a segurança interna e a defesa externa, de modo que a indústria bélica acabou tornado-se o maior símbolo de exibição e uma das maiores fontes de investimento na sociedade capitalista. Não é por acaso que o Estado moderno

---

[7] KELSEN, H. *General Theory of Law and State*, Cambridge, Harvard University Press, 1970, p. 194ss.

dos países centrais se formou simultaneamente à necessidade de guerras, à implantação do colonialismo e à espoliação dos países periféricos. Marx, já assinalava que não seria pensável o desenvolvimento da Inglaterra sem o comércio dos negros e as riquezas das colônias,[8] sem as guerras expansionistas e a divisão internacional do trabalho, premissas fundamentais que deram origem às diversas formas do totalitarismo.

Há, de fato, uma estreita correlação entre o Estado-forte-militarizado e o patrão-autoritário-armado, assim como existe um elo profundo de ligação que associou a sisuda hierarquia estatal e a organização da empresa, a figura do cidadão-soldado e do trabalhador-disciplinado.

E mesmo nas últimas décadas, quando os aspectos mais coercitivos e punitivos tornaram-se mais camuflados e o Estado se apresentou com posturas mais benfeitoras, a sua essência não chegou a mudar. Em um sistema de aparente negociação de sujeitos plurais e de formais rituais democráticos, a função coercitiva dos Estados capitalistas e sua natureza bélica continuaram a se fortalecer e modernizar. A sua capacidade de monitorar, controlar e enquadrar os cidadãos se tornou ainda mais sofisticada e dispendiosa. Assim, juntamente com o monopólio da violência física legitima veio se aprimorando o desenvolvimento da "violência simbólica" dedicada, principalmente, a reproduzir instrumentos que criam e sustentam a "identidade" nacional. Desnecessário observar que a função do Estado-polícia vem se acentuando, particularmente, em relação aos imigrantes, aos extracomunitários, aos clandestinos e aos países "atrasados" que ameaçam a "paz mundial". Não surpreende, portanto, se a guerra entre os "civilizados" e os "bárbaros", entre os protegidos na estufa racional do Norte e os selvagens do Sul[9] voltou a frequentar os meios de comunicação e a ter consequências práticas na legislação e na repressão.

---

[8] MARX, K., *Il Capitale*, cit., p. 730.
[9] SLOTERDIJK, P., *Caderno "Mais"*, Folha de São Paulo, 14/05/2003, p. 13.

A DISPUTA DA HEGEMONIA NA NOVA CONCEPÇÃO DE ESTADO

Mas, por refletir as contradições de uma sociedade dividida em classes, o Estado moderno não é exclusivamente a expressão dos grupos dominantes que dele se apropriam. É também campo estratégico onde se articulam e se entrechocam núcleos e redes de poder que manifestam, ao mesmo tempo, diferentes e contrapostas posições econômicas, políticas, ideológicas, culturais. Em sua história, portanto, é possível reconhecer as marcas das lutas operárias e populares que nele se inscreveram.[10] As pressões populares, as persistentes reivindicações operárias, os levantes e as revoluções impuseram não apenas a incorporação de direitos e certa configuração social ao Estado moderno, mas desenharam outras concepções de poder e de Estado ao longo da modernidade.

Se Maquiavel mostrou que há uma estreita relação entre o príncipe e o povo,[11] Spinoza observa que, por ser atributo de todos, o poder tem uma natureza eminentemente democrática e visa o bem comum. O poder não é, apenas, um desejo e um impulso restrito à esfera individual, mas opera também na formação de uma "vontade geral", na constituição de um "corpo social", como assinalou Rousseau, para o qual seria um contrassenso falar em direito tendo armas em punho.[12] Partindo dessas ideias, o Estado deixa de ser pensado apenas como um artifício exterior, criado por um contrato meramente administrativo de indivíduos isolados e selvagens e passa a ser entendido também como uma comunidade histórico-social construída por sujeitos que se tornam livres ao tomar cada vez mais consciência de suas relações e aceitam viver na forma de existência ético-política, no reconhecimento

---

[10] POULANTZAS, N., *O Estado, o poder, o socialismo*, Rio de Janeiro, Ed. Graal, 2000, pp. 119-120.
[11] MAQUIAVEL, N., *O Príncipe*, cit., p. 85ss.
[12] ROUSSEAU, J.J., *Il Contratto Sociale*, Torino, Ed. Einaudi, 1994, p. 13ss.

de outras subjetividades, na objetivação do direito, na criação de valores comuns e de instituições públicas.[13]

Ao analisar esta visão, no entanto, Marx contrapõe à divinização do Estado de Hegel o protagonismo do "ser real", dos sujeitos concretos que trabalham divididos em classes e se formam na socialização da práxis político-revolucionária, no permanente movimento de transformação do real. O poder, para Marx, não é uma entidade misteriosa e o Estado não é um fetiche separado das condições de vida dos seres humanos reais, mas se manifesta no processo de apropriação das riquezas e no valor que determinados grupos estabelecem para a produção e a ideologia na sociedade. Destituído de qualquer essência sobrenatural, o Estado não passa de condensação de uma relação de força existente entre as classes.[14] É a relação de dominação/subordinação que se estabelece entre reais forças sociais. O controle do Estado, então, torna-se o lugar de organização estratégica dos grupos que querem fazer prevalecer seus interesses concretos na sociedade: "Os poderes se inscrevem em um sistema de relações de classe. Porque é precisamente considerando o processo econômico e as relações de produção como redes de poderes, que se pode compreender que essas relações de produção, como poderes, estão ligadas constitutivamente às relações políticas e ideológicas que as consagram e legitimam e que estão presentes nas relações econômicas".[15]

Não se trata, portanto, de ir em busca de uma natureza íntima, da origem e da estrutura ontológica do poder e do Estado, ressuscitando visões naturalistas e vitalistas. E também, a questão fundamental não é tanto o embate infindável que se trava entre o "poder constituinte" – potência indomável da "multidão" que desencadeia espontaneamente rupturas e criações permanentes – e o "poder constituído",

---

[13] HEGEL, G.W.F., *Lineamenti di Filosofia del Diritto*, cit., §§260-329.
[14] POULANTZAS, N., *O Estado, o poder, o socialismo*, cit., p. 149.
[15] *Ibid.*, pp. 33-34.

cuja função é a manutenção da ordem e a garantia de funcionamento do sistema.[16] O poder constituinte não está em radical exterioridade ao poder constituído, da mesma forma que é uma ilusão de pureza antiinstitucional querer situar os movimentos populares e as redes de autogestão fora do Estado e alheios ao poder. A tentativa, também, de apresentar o poder sem outro fundamento senão ele mesmo e inevitavelmente disseminado como uma potência ineutável nos microssistemas sociais,[17] acaba desvalorizando resistências e possíveis saídas. As próprias subdivisões em diversas esferas da vida humana que autores, como Habermas,[18] disseminaram nestas últimas décadas, embora tenham ampliado a discussão sobre as múltiplas formas em que o poder se manifesta, tiveram o efeito de deslocar o foco das atenções do campo da economia (mercado) e do Estado (política). Com o passar do tempo, podemos ver como estas teorias trazem consigo um insidioso expediente que leva a uma diminuição das responsabilidades públicas e acabam ocultando devastadoras injustiças e desigualdades nas relações de dominação e de exploração disseminadas pela globalização por meio de um novo e mais cruel sistema de divisão de trabalho e de neocolonização do mundo.

Apresentar o poder, corruptor por natureza e igualmente presente nos mais diversos âmbitos das relações humanas, sem conectá-lo com o modelo global que os grupos dominantes impõem ao mundo, além de oferecer uma visão segmentada, afasta os nossos olhos dos que concentram as riquezas e o monopólio da força. As teorias da existência de múltiplos centros de poder,[19] assim como o acento posto

---

[16] NEGRI, A., *O poder constituinte. Ensaio sobre as alternativas da modernidade*, Rio de Janeiro, DP&A, 2002.
[17] FOUCAULT, M., *Microfísica do poder*, Rio de Janeiro, Ed. Graal, 1986.
[18] HABERMAS, J., *Teoria dell'Agire Comunicativo*, Bologna, Ed. Il Mulino, 1986, 2 vols.
[19] HELD, D., *Democrazia e Ordine Globale*, Trieste, Ed.Asterios, 1999.

sobre a desnacionalização e a internacionalização do Estado desencadeado pela globalização,[20] longe de invalidar a luta de classe, confirmam a sua complexidade e a extensão no planeta inteiro.

Atenuados no interior dos Estados mais desenvolvidos, pela difusão de certo bem-estar, os conflitos e as contradições mais explosivas foram sendo transferidos para regiões periféricas cada vez mais excluídas do banquete da metrópole. De modo que, no quadro do colonialismo que veio se implantando ao longo da história moderna, uma luta de proporções gigantescas vem se avolumando entre nações desenvolvidas e subdesenvolvidas, entre cidadãos de primeira e produtores de segunda classe, entre G7 e o resto do mundo, entre poderosas corporações transnacionais alocadas nos principais países do centro e as províncias do "globalismo".[21] Partes de um mesmo sistema, estas relações desiguais vêm gerando insustentáveis tensões mundiais e tendem a se configurar como ponto crucial da história do século XXI, fazendo com que o teste da democracia passe agora necessariamente pelo tratamento dispensado à periferia.

Tal como acontece com a disputa de classes na arena do Estado, as relações entre países centrais e periféricos tornam-se, cada vez mais, um permanente jogo de forças, de múltiplas combinações, uma luta incessante de êxitos imprevisíveis. E, se é verdade que os maiores, mais evidentes recursos de poder encontram-se na apropriação dos meios de produção, na acumulação econômica, no domínio dos avanços científico-tecnológicos e no mais poderoso aparelho militar concentrados nos países centrais, não é menos verdade que há também um poder que se expressa na resistência dos países dominados, nas suas expressões culturais,

---

[20] SANTOS dos B., Os processos da globalização, em: Id. (org.)*Globalização: Fatalidade ou Utopia?*, Porto, Ed. Afrontamento, 2001.
[21] IANNI, O., O declínio do Brasil-nação, em: *Estudos Avançados*, USP, n. 40, set/dez., 2000.

nas mais diversas organizações políticas populares, articuladas local e mundialmente.

Ora, é principalmente no âmbito das lutas populares que nestas últimas décadas vieram se delineando diferentes concepções de poder que se contrapõem às teorias fundamentadas na violência e na guerra. Em muitas organizações populares o poder está sendo visto não necessariamente como uma relação desigual de dominação/subordinação entre quem comanda e obedece, entre superior e inferior, entre civilizado e bárbaro. Pois, há um poder que se afirma na capacidade de criar relações emancipatórias de reciprocidade que não levam necessariamente à dominação, que desenvolve as potencialidades intersubjetivas sem subordinar e anular o outro. Trata-se de um poder que valoriza o reconhecimento do outro, os direitos fundamentais do ser humano e, com isso, combate a acumulação privada e o entesouramento solitário. Na visão da democracia popular, o poder passa a ser entendido como capacidade de desenvolver relações intersubjetivas, responsabilidades sociais e compromissos coletivos. Ao tornar-se condição do desenvolvimento de todos, o poder não desaparece nem é negado, pelo contrário, é educado a tornar-se expansivo e socializador.

Naturalmente, a difusão desses valores depende de uma concepção de mundo centrada não na exaltação do indivíduo solitário, rapinador e autossuficiente que defende a manutenção das desigualdades naturais[22], mas no sujeito que se entende interligado com os outros, formado no conjunto de relações sociais, na práxis de uma política que se autocria continuamente, na valorização do público e das instituições sociais.

Para não pensar que se trata de utopias e visão idílicas, é bom lembrar que simultaneamente, e em contraposição, a uma concepção de poder-violência baseada na inexorabilida-

---

[22] NIETZSCHE, F., *Além do bem e do mal*, tr. Paulo César de Souza, São Paulo, Companhia das Letras, 1989. *Genealogia da moral*, tr. Paulo César de Souza, São Paulo, Companhia das Letras, 1995.

de do jugo estabelecido pelos mais fortes, na modernidade veio se construindo um poder-hegemonia que visa projetos sociopolíticos com base em relações democráticas populares. Como já mostrava Hegel, na "parábola do senhor e do servo",[23] a partir do mundo moderno "os de cima" não podem mais ser considerados absolutamente poderosos, uma vez que também os subjugados podem encontrar meios de se libertar e desestabilizar a relação existente. Os levantes populares e as revoluções, embora continuamente desqualificados e reprimidos, se multiplicaram e desempenharam papel decisivo na história moderna. "Os oprimidos",[24] e "os de baixo" vêm mostrando, por toda parte, que dispõem não apenas de potencialidades, de consciência, de organização e de pressão que podem influenciar o poder dos grupos dominantes e a forma de Estado por eles impressa, mas sinalizam a possibilidade de outras concepções de poder e de Estado que desqualificam o uso da força bruta, o recurso à violência, a prerrogativa da decisão final que cabe ao poder central.[25]

Sem evadir para visões sonhadoras de "sociedade-comunidade" ou para teorias que propõem uma romântica reforma solidária do Estado,[26] em várias partes do mundo, principalmente nos países periféricos e semiperiféricos, podem ser observadas experiências associativas que desassociam a concepção de poder e de Estado da visão darwinista que o capitalismo lhes conferiu, transformando-lhes o sentido em força expansiva, pública, popular, e imprimindo-lhes uma dinâmica diferente da que deriva da absolutização do indivíduo isolado e privado. Não se trata de sonhar com a possibilidade de um inocente "não-poder", ou de "mudar o mundo sem tomar

---

[23] HEGEL, G.W.F., *Fenomenologia do espírito*, Petrópolis, Ed. Vozes, 1988, pp. 126ss.
[24] FREIRE, P., *A pedagogia do oprimido*, Rio de Janeiro, Paz e Terra, 1978.
[25] SCHMITT, C., *Le Categorie del Político*, Bologna, Ed. Il Mulino, 1977, p. 43ss.
[26] SANTOS, dos B., A reinvenção solidária e participativa do Estado, Coimbra, Oficina do CES, 1999 n. 134.

o poder",[27] mas de fundar e recriar continuamente um novo modo de ser poder e de ser Estado entendidos como forças tanto mais democráticas e propulsoras quanto mais forem socializadas e organizadas coletivamente.

Para os países periféricos, portanto, um dos maiores desafios políticos é evitar de reproduzir o modelo do Estado burguês que essencialmente é "organizador da dominação dos capitalistas e, simultaneamente, desorganizador das classes subordinadas",[28] e não deixar se integrar de forma subalterna, "dependente e associada", a um sistema imperial armado e brutal cuja manutenção compromete o futuro da humanidade e do planeta. Em continuidade com as inúmeras lutas populares que vêm constelando a história de libertação dos povos latino-americanos, a maior revolução do século XXI deverá ser a construção de uma democracia de caráter nacional-popular, mundialmente articulada com forças internacionais que lutam contra a colonização.[29] Uma democracia desarmada, mas que nem por isso deixa de ser ainda mais forte, resistente e universalizadora porque fundada sobre a concepção de Estados ético-políticos, autônomos e interdependentes, como Gramsci havia já vislumbrado.

ESTADO, PODER E HEGEMONIA NO PENSAMENTO DE GRAMSCI

Como se sabe, em seus escritos, Gramsci tece uma densa trama de reflexões a respeito do poder e do Estado. Embora tenha estabelecido uma interlocução e um confronto com diversos autores e teorias, as raízes do seu pensamento em

---

[27] HOLLOWAY, J., *Cambiar el Mundo sin Tomar el poder*, Puebla, Rev. Herramienta/Univ., 2002.
[28] BORON, A., *Filosofia política marxista*, tr. VALENZUELA, S. T., São Paulo, Cortez - Buenos Aires, CLACSO, 2003, pp. 216.
[29] CASANOVA, P.G., *Exploração, colonialismo e luta pela democracia na América Latina*, Petrópolis, Ed. Vozes, 2002, p. 176ss.

relação a estas questões estão profundamente vinculadas aos horizontes delineados por Hegel e Marx.

No primeiro, Gramsci reconhece a intuição da configuração que o Estado moderno vinha assumindo para além da esfera meramente contratual-governativa, uma vez que busca a organização do consenso dos governados interagindo com "partidos e associações" e subsumindo-os em unidade superior.[30] Embora não aceite a idealização do Estado e sua dialética fechada no sistema do Espírito absoluto, de Hegel Gramsci assimila, a seu modo, a "eticidade" das relações sociais, a concepção de "Estado ético" e "educador". Hegel, de fato, havia reconhecido o dinamismo e a novidade política da sociedade burguesa que, a diferença do anterior sistema de castas fechadas, "considera a si mesma como um organismo em continuo movimento, capaz de absorver toda a sociedade, elevando-a em seu nível cultural e econômico: toda a função do Estado é transformada: o Estado torna-se 'educador' etc.".[31]

Da mesma forma que em Hegel, para Gramsci, o Estado não é uma realidade separada da sociedade civil como querem as teorias liberais que apresentam o Estado como "veilleur de nuit", um árbitro isento "cujas funções são limitadas à segurança pública e ao respeito das leis, enquanto o desenvolvimento civil é deixado às forças privadas, da sociedade civil".[32] Todo Estado, na verdade, mesmo quando se apresenta aparentemente neutro, está comprometido com a classe que dele se apropria para fortalecer a sua hegemonia na sociedade civil tornando-a "conteúdo ético" do Estado.[33] E o Estado se torna "ético" quando "eleva a grande massa da população a um determinado nível cultural e moral que

---

[30] Q1, 56, §47.
[31] Q8, 937, §2.
[32] Q5, 603, §69.
[33] Q6, 703, §24.

corresponde às necessidades de desenvolvimento das forças produtivas".[34]

Mas, se Gramsci valoriza a "eticidade" do Estado, resgatando Hegel e distanciando-se das posições de Croce que separava política – atribuição do Estado reduzido a "governo" – e ética que é própria da sociedade civil, também não adere às concepções, igualmente deturpadas que Gentile fazia de Hegel por absorver tudo no Estado, inclusive a sociedade civil, eliminando a pluralidade e as mediações políticas, anulando a unidade-distinção entre sociedade política e sociedade civil que deve ser preservada em uma relação dialética feita de interdependência, tensão e relativa autonomia.

Para Gramsci não é possível nem separar nem identificar Estado e sociedade civil. Profundamente imbricados, os dois representam um a face do outro, da mesma forma que sociedade política e sociedade civil são componentes constitutivos e inseparáveis do Estado.[35] Mas, se Gramsci consegue escapar de leituras liberais e fascistas feitas em relação a Hegel, é porque não afasta seus olhos dos horizontes traçados por Marx. Este, de fato, invertendo a metáfora de Hegel, sustenta que o Estado deve ser considerado predicado do verdadeiro sujeito concreto, social, histórico, revolucionário que é a classe produtora.

Portanto, sem destituir de valor as instituições públicas nem o protagonismo das organizações sociais, Gramsci reelabora a nova concepção de Estado ampliado vinculando-o dialeticamente às dinâmicas político-culturais-hegemônicas da sociedade civil.

Se Marx havia desmascarado a mistificação do Estado burguês, Gramsci indo além percebe que este, recriado em suas bases populares e democráticas, pode tornar-se um fator

---

[34] Q8, 1049, §179.
[35] Q6, 763, §87.

de unidade e de propulsão nas mãos da classe trabalhadora. Não é suficiente, portanto, destruir o Estado burguês ou se apropriar dele. A tarefa mais difícil e desafiadora é criar uma nova concepção de Estado que, ao mesmo tempo, seja expressão da nova concepção de poder proveniente das relações democráticas tecidas na sociedade civil popular, e seja garantia das suas conquistas, elemento dinamizador e educador que amplia seus direitos.

No emaranhado contraditório, pluriforme e dinâmico da sociedade civil, os grupos "subalternos", para Gramsci, podem se libertar desenvolvendo novas estratégias políticas, sem recorrer necessariamente à violência e aos métodos da "guerra de movimento". No entanto, sem cair em ilusões antiestatistas, Gramsci percebe que é possível construir uma nova concepção de poder e de Estado fundados sobre a hegemonia da democracia popular. A realização deste projeto passa por um trabalho intenso, difícil e conflituoso de formação e atuação na sociedade civil, uma esfera cada vez mais complexa, entendida por Gramsci como o espaço onde a classe trabalhadora pode construir a "hegemonia política e cultural" capaz de configurar uma nova sociedade e um novo Estado.[36]

A sociedade civil, de fato, para Gramsci, não é só o âmbito das liberdades individuais e das atividades econômicas de grupos particulares, mas é, principalmente, o lugar das diversas organizações voluntárias, da elaboração de ideologias e culturas, da formação de subjetividades, dos embates políticos, das mobilizações populares. É o surpreendente, irreprimível, indômito terreno da insurgência do "poder constituinte". Mas, diversamente de Negri que exalta as formas espontâneas e anárquicas de um poder que "no momento em que a sua potência se institucionaliza ela deixa de ser potência",[37] Gramsci, entende que as forças populares dispersas

---

[36] Q6, 703, §24.
[37] NEGRI, A., *O poder constituinte*, cit., p. 37.

e focalizadas podem constituir-se como instância organizada em contínuo movimento que "não reina nem governa, (mas que) possui o 'poder de fato', exerce a função hegemônica... na sociedade civil... profundamente entrelaçada com a sociedade política".[38]

A acentuação da ação política e da auto-organização das massas, para Gramsci, rompe com as barreiras estabelecidas pela sociedade liberal-capitalista, carregando consigo o questionamento da divisão social do trabalho e da dominação de classe. Embora insuficiente, Gramsci está convencido de que a "espontaneidade" dos movimentos populares é um componente que confere às massas "uma consciência 'teórica', criadora de valores históricos e institucionais, de fundadora de Estados". No entanto, ao se expandir e democratizar, o processo de conquista do poder popular deve se dedicar a eliminar progressivamente a coerção, necessária só em uma sociedade dividida em classes. Se for realmente democrático, argumenta Gramsci, o poder popular leva a instaurar "relações pedagógicas"[39] que favoreçam a "absorção da sociedade política na sociedade civil"[40] e que acabam dissolvendo o "Estado-coerção" à medida que "se afirmam elementos cada vez mais consistentes de 'sociedade regulada' (ou Estado ético ou sociedade civil)".[41] Portanto, a democracia popular não é garantida pela mera tomada do poder político nem se pode esperar que as transformações democráticas, econômico-sociais, aconteçam com métodos exclusivamente administrativos. É imprescindível o protagonismo permanente e a educação ético-política que habilitam ao exercício democrático das classes populares.

No interior deste processo, difícil e paradoxal, onde muitas experiências históricas naufragaram (Gramsci acompanha

---

[38] Q5, 661, §127.
[39] Q10, 1330, §4.
[40] Q5, 1272, §66.
[41] Q6, 764, §88.

criticamente os desdobramentos da revolução na URSS) ou foram facilmente sufocadas, não desaparecem idilicamente o poder e o Estado, mas surge uma concepção de poder ainda mais forte porque assumido conscientemente nas práticas democráticas populares, e nasce uma nova concepção de Estado ético e educador[42] ainda mais consistente porque capaz de expandir direitos e desenvolver as potencialidades da sociedade civil. O Estado, nesta visão, não desaparece mas deixa de ser aparelho repressor, centralizador e totalitário para tornar-se projeto ético-político construído continuamente pelas dinâmicas da democracia popular e suas capacidades político-pedagógicas.

Gramsci, assim, sinaliza a passagem de uma concepção de Estado-nação fundado sobre a força e a mistificação, para a concepção de Estado-nacional-popular,[43] capaz de reapropriar-se do poder separado, imposto e esvaziado pelos grupos supra e subnacionais. Um poder em condições de dar substância democrática, de levar as classes trabalhadoras a tomar posse do seu território, das suas riquezas, dos meios de produção e do conhecimento, de modo a elaborar seus próprios desenhos políticos. Neste sentido, considerando o sentido que Gramsci atribui à hegemonia, toda verdadeira organização política popular não deve visar a sua perpetuação no poder porque "não se confunde com o governo, mas é instrumento para a passagem da sociedade civil-política à 'sociedade regulada', pelo fato de absorver em si as duas, para superá-las, não para perpetuar a contradição".[44]

Assim, consciente de que "a anarquia continua o liberalismo, não o socialismo",[45] Gramsci combate, de um lado

---

[42] Q6, 763, §88.
[43] BARATTA, G., *Le Rose e i Quaderni* Saggio sul pensiero di Gramsci, cit., p. 53ss.
[44] Q6, 734, §65.
[45] GRAMSCI, A., *L'Ordine Nuovo (1919-1920)*, (Orgs.), GERRATANA, V. – SANTUCCI, A., Torino, Ed. Einaudi, 1987, p. 116.

a estatolatria,[46] cristalização e centralização do poder, e por outro lado não defende a eliminação do Estado, cuja ausência, afinal, favoreceria a selvageria e uma autarquia ainda mais feroz.[47] A questão fundamental é aprender a criar uma outra concepção de poder e fundar "novos Estados" enquanto se destrói o Estado burguês: "Que se lute para destruir um conformismo autoritário, elemento de atraso e de estorvo, e por meio de uma fase de desenvolvimento da individualidade e da personalidade crítica se chegue ao homem-coletivo, é uma concepção dialética difícil de compreender para mentalidades esquemáticas e abstratas. Assim como é difícil compreender que possamos defender a ideia de que por meio da destruição de uma maquina estatal se possa chegar a criar uma outra mais forte e complexa".[48]

Por isso, Gramsci considera sociedade civil e Estado distintos mas inseparavelmente entrelaçados, um "conteúdo ético"[49] do outro: a sociedade civil que permeia o Estado e se unifica nele e este que promove, potencializa e se irradia na sociedade civil. Esta contínua, tensa e aberta relação dialética entre Estado e sociedade civil, entendida como permeável atividade educadora, leva Gramsci a afirmar que a própria sociedade civil "também é 'Estado' " (Estado entre aspas!), é o próprio Estado,[50] no mesmo sentido em que mostra a hegemonia como uma dialética "relação pedagógica" não apenas entre "o aluno que é mestre e o mestre que é aluno", mas também entre o filósofo e o seu contexto, entre governantes e governados, entre civilizações nacionais e continentais.[51]

---

[46] Q8, 1020, §130.
[47] Losurdo, D., *Antonio Gramsci: dal Liberalismo al "Comunismo Critico"*, Roma, Ed. Gamberetti, 1997, p. 198ss.
[48] Q9, 1111, §23.
[49] Q6, 703, §24.
[50] Q26, 2302, §6.
[51] Q10, 1331-2, §4.

Naturalmente, não se trata de uma identificação ou anulação da sociedade civil no Estado como ocorre com os Estados fascista e totalitários nem da eliminação ou diminuição do Estado como no anarquismo e no liberalismo, mas da assimilação, da absorção (portanto da permanência e elevação em outro nível) do Estado-coerção na sociedade civil que se organiza na pluralidade das suas formas e se educa para tornar-se "regulada", fazendo com que o poder seja voltado a socializar riquezas, universalizar direitos, inaugurar a sociedade comunista, "realização histórica e cósmica do pertencimento de todos à unidade do gênero humano".[52]

Podemos concluir que uma das maiores novidades que Gramsci traz para a ciência política é o fato de ter vislumbrado a criação de um Estado, nunca imaginado até então, que pudesse existir sem tornar-se um aparelho separado, sem ser imposto, sem recorrer à violência e ao sortilégio. É esta a chave para entender o verdadeiro sentido da hegemonia. E, assim, em uma visão que beira a utopia e o paradoxo em relação à concepção usual de poder, Gramsci chega a prenunciar que "só o grupo social que coloca o desaparecimento do Estado e de si mesmo como objetivo a ser alcançado, pode criar um Estado ético, capaz de pôr fim às divisões internas de dominantes etc. e criar um organismo social unitário técnico-moral".[53]

Para quem sempre teve um Estado de fora e do alto, como nos países colonizados, a visão de Gramsci subverte o modo de entender a política dominante e incita forças sociais populares a passar da sujeição à subjetivação. Lutando sem trégua por seus direitos, criando um "novo tipo de regime representativo",[54] inventando uma nova maneira de governar que não acabe se transformando em gestão mais eficiente do capitalismo, os subalternos podem se desvencilhar do siste-

---

[52] BARATTA, G., *Le Rose e i Quaderni*, cit., p. 310.
[53] Q8, 1049 ss, §179; Q5, 661 ss, §127.
[54] Q14,1708, § 49.

ma de desigualdade estrutural e combinada, revolucionando a concepção de poder fundado sobre a acumulação e a violência, potencializando não apenas a cultura e a participação política mas criando também condições reais para se apropriar das riquezas do seu território, do sistema produtivo e social, e chegar a reconfigurar o Estado e o poder em sentido efetivamente popular e democrático.

TORNAR-SE "DIRIGENTES" NO MUNDO GLOBALIZADO

O traço essencial da mais moderna filosofia da práxis consiste certamente no conceito histórico-político de "hegemonia".

Gramsci

AS POSSIBILIDADES DE UM PROJETO POPULAR DE DEMOCRACIA

O que leva intelectuais, educadores, políticos, integrantes de movimentos sociais brasileiros e latino-americanos a procurar inspiração em Gramsci no mundo pós-industrial, em tempos que declaram o fim do sujeito e da história? O que Gramsci tem a dizer para os que, na periferia, enfrentam hoje o "totalitarismo neoliberal"[1] e a dissolução pós-moderna?

Texto publicado no livro Coutinho, C., N. - Teixeira, A., *Ler Gramsci, entender a realidade,* Rio de Janeiro, Civilização Brasileira, 2003.

[1] OLIVEIRA, F. de, Memórias do despotismo, em: *Estudos Avançados,* USP, n. 40, set/dez, 2000, p. 63.

Para aqueles, entre nós, que se perguntam se vale a pena lutar por democracia em "províncias do capitalismo global",[2] a mercê de "novos Leviatãs" supranacionais,[3] e que chegam a pensar se não passa de ilusão a construção de uma hegemonia popular em países colonizados pelos centros econômico-científico-militares? Qual é a atualidade de Gramsci para quem é submetido à "crise contínua", ao terrorismo financeiro reservado aos "mercados emergentes", postos a reboque de um processo de globalização que provoca a erosão de garantias sociais, desintegra culturas, identidades políticas e sociais?

Entre Gramsci e os "condenados da terra" há, sem dúvida, uma empatia que deriva da proveniência de regiões periféricas; há afinidades com uma história de vida marcada por privações, discriminações e violências sofridas pelos aparelhos de repressão. Mas, o autor dos *Cadernos do cárcere* se eleva a símbolo mais profundo no imaginário e nas práticas sociopolíticas dos que buscam sair da "jaula de ferro" da democracia liberal e dos grilhões do "Império", pela concepção revolucionária da sua filosofia política, pela força que emana da sua proposta de democracia, pela atualidade e a originalidade das suas estratégias político-pedagógicas.

O migrante sardo, de fato, mesmo na condição de "subalterno", consegue afirmar sua liberdade e chega a ensaiar um novo projeto de sociedade que desafia e coloca em questão um sistema de poder aparentemente inexorável e imbatível. Tanto a necessidade e o destino severo, como a doença e a prisão, não fazem de Gramsci um "cachorro morto" levado pela correnteza, mas o incitam a intensificar mais a luta política e a reverter muitas adversidades a seu favor.[4]

---

[2] IANNI, O., O declínio do Brasil-nação, em: *Estudos Avançados*, USP, n. 40, set/dez, 2000, p. 52.
[3] BORON, A., Os novos "Leviatãs" e a *polis* democrática: neoliberalismo, decomposição estatal e decadência da democracia na América Latina, em: SADER, E.-GENTILI, P., *Pós-neoliberalismo II. Que Estado para que democracia?*, 2ª Ed., Petrópolis, Vozes, 2000, pp. 7-67.
[4] SANTUCCI, A., *Senza Comunismo: Labriola Gramsci Marx,* Roma, Ed. Riuniti, 2001, p. 83.

Sem recorrer ao messianismo e ao vitimismo nem adotar o "subversivismo esporádico" ou o folclore impolítico, o fundador do PCdI (Partido Comunista d'Italia) enfrenta as potências ideológicas do seu tempo considerando-se "simplesmente um homem médio", "nem mártir nem herói", apenas possuidor de "convicções profundas que não negocia com ninguém"[5]. Subvertendo a concepção usual de política-potência fundada sobre a violência, mostra que os subalternos podem chegar à hegemonia lançando mãos de outro tipo de armas: o distanciamento crítico da realidade, a formação da sua autonomia pela ação política, a representação de si pela criação de uma cultura própria, a participação ativa na construção de um projeto popular de democracia articulado com forças nacionais e internacionais.

Com a singularidade que o caracteriza, Gramsci mostra que essas possibilidades encontram um terreno particularmente fértil na moderna expansão da sociedade civil, uma esfera cada vez mais complexa e contraditória de lutas ideológicas, de guerra de posição e de intensa disputa pela hegemonia entre diferentes grupos sociopolíticos. Hoje, de fato, a velocidade vertiginosa da globalização, vem demonstrando que nessa esfera não apenas se multiplicam as iniciativas, são traçados os rumos da economia, da política e a da cultura, mas que, com uma facilidade nunca vista antes, se amalgamam discursos, se entrecruzam conceitos, se embaralham signos, se ocultam desigualdades e se despolitizam as relações socioeconômicas. De modo que, nem sempre é fácil identificar os processos históricos reais e os pontos de aglutinação dos interesses populares. Daqui, a insistência de Gramsci na formação de intelectuais e organizações populares capazes de perceber, por trás da retórica, do jogo de imagens e simulacros, as forças que sustentam o sistema corporativo dominante e os movimentos de ruptura que operam, local e mundialmente, para a criação da "sociedade regulada".

---

[5] GRAMSCI, A., *Lettere dal Carcere*, cit., p. 117 (12 de setembro de 1927).

O estudo minucioso das insídias contidas no fascinante sistema teórico de B. Croce, que ocupa parte significativa dos *Cadernos*, é um exemplo claro da gigantesca tarefa que Gramsci se propõe para "combater as ideologias modernas nas suas formas mais sofisticadas".[6] Por estar convicto de que "não pode existir elaboração de dirigentes se falta atividade teórica",[7] se dedica ao mesmo tempo a renovar o marxismo, a resgatar a sua originalidade e a sua visão mais compreensiva de mundo.

Mas, a "filologia" da realidade e a inteligibilidade das suas contradições, ainda que necessárias, são insuficientes para Gramsci. Dar-se conta da complexidade da sociedade e desconstruir as estruturas de poder desse "mundo grande e terrível, e complicado", pode levar a sentimentos de impotência se não houver uma ação política de conjunto voltada a superar as relações de dominação.

O "pessimismo da inteligência", portanto, deve estar conectado com o "otimismo da vontade",[8] com a capacidade de partir da "realtà effettuale", das tantas possibilidades nela existentes, para desencadear a ação revolucionária da filosofia da práxis,[9] "consciência plena das contradições"[10] e "caminho totalmente novo",[11] para potencializar "novos grupos sociais progressivos"[12] e aglutiná-los em torno de um projeto nacional e internacional de democracia popular.

Por isso, Gramsci, mesmo quando os trabalhadores se encontram em um contexto de derrota e debilidade, não pára de agir e se pergunta "como nasce o movimento histórico sobre a base da estrutura?",[13] "o que se pode contrapor, da

---

[6] Q16, 1858, §9.
[7] Q3, 387, §119.
[8] Q1, 75, §63; Q6, 762, §86.
[9] GARIN, E., *Com Gramsci*, Roma, Ed. Riuniti, 1997, pp. 107-124.
[10] Q11, 1487, §62.
[11] Q11, 1436, §27.
[12] Q6, 750, §79.
[13] Q11, 1422, §22.

parte de uma classe inovadora, a este conjunto formidável de trincheiras e fortificações da classe dominante? O espírito de ruptura, ou seja, a progressiva conquista da consciência da própria personalidade histórica".[14] Entende-se, portanto, a sua recusa de qualquer determinismo que estabeleça relações lineares entre economia e política, entre estrutura e superestrutura, forças objetivas e subjetivas. Em sua visão dialética, ao contrário, a história é um processo animado por muitas manifestações criativas, onde causas e efeitos se entrecruzam e se afetam reciprocamente, gerando novas forças, de modo que "é difícil separar a crise econômica das crises políticas, ideológicas etc.",[15] e, portanto, "toda pretensão (apresentada como postulado essencial do materialismo histórico) de entender qualquer flutuação da política e da ideologia como expressão imediata da estrutura, deve ser combatida teoricamente como infantilismo primitivo".[16]

Mas, as iniciativas devem partir de uma "vontade operosa de necessidades históricas",[17] de grupos concretos que se articulam em conjunto, local e mundialmente, não de uma abstrata "vontade de potência", de um super-homem titânico e solitário que de tanto dissolver "fundamentos", acaba caindo no ceticismo e na debilitação de um pensamento que se desfibra em exercícios estéreis de linguagem. Continua-se na subalternidade – nos lembra Gramsci – quando se é incapaz de aliar à ação demolidora da "desconstrução" a dura obra da recriação.[18] A concentração do poder e a violência, de fato, não se combatem formando "almas cândidas" ou dedicando-se às interpretações do efêmero que evitam o terreno das contradições e dos embates políticos, mas pela construção de uma hegemonia fundada, ao mesmo tempo, na disputa de projetos

---
[14] Q3, 333, §49.
[15] Q15, 1756, §5.
[16] Q7, 871, §24.
[17] Q11, 1485, §59.
[18] Q13, 1612, §23.

ético-políticos e na vivência de uma "relação pedagógica"[19] capaz de gerar a "catarse", a transformação substancial, tanto das estruturas econômicas e do aparelho do Estado como das relações sociais e intersubjetivas.

Neste sentido, na construção da hegemonia popular, dar transparência ao discurso e "dizer a verdade"[20] é pressuposto inquestionável para "as classes subalternas (que) querem educar a si mesmas para a arte do governo".[21] Mas, Gramsci não se limita ao uso público da razão, a conferir a validade argumentativa dos "falantes" e a referendar uma esfera pública constituída pelas normas de uma razão comunicativa que fica à distância das divisões de classe.[22] A democracia, para ser verdadeira e "hegemônica", deve promover a apropriação realmente popular do poder suscitando o maior grau de subjetividade em toda a população, deve combater ao mesmo tempo o autoritarismo e a passividade e educar os cidadãos a se tornarem dirigentes de uma "sociedade regulada (ou Estado ético ou sociedade civil)"[23] que leve a "reconstruir o mundo economicamente de forma unitária... não para dominá-lo hegemonicamente e se apropriar dos frutos do trabalho dos outros".[24]

Gramsci não chega a essas conclusões de maneira sonhadora, mas analisando o processo de democratização levado adiante pelo protagonismo popular que se expande ao longo da história política moderna. O surgimento de organizações sociais, de sindicatos e de partidos, a criação de associações e o fervilhar de atividades culturais e políticas de caráter popular traziam com eles o sinal inequívoco de que o poder dei-

---

[19] Q10, 1331, §44.
[20] GRAMSCI, A., *L'Ordine Nuovo 1919-1920*, GERRATANA, V.- SANTUCCI, A. (orgs.), Torino, Ed. Einaudi, 1987, p. 90.
[21] Q10, 1320, §41.
[22] HABERMAS, J., *Fatti e Norme. Contributi a una Teoria del Diritto e della Democrazia*, Milano, Ed. Guerini e Associati, 1996.
[23] Q6, 764, §88.
[24] Q19, 1988, §5.

xava de ser privilégio de alguns, a política não se concentrava só no Estado e o mercado não podia mais ser visto como o "deus oculto", cuja mão invisível regulava as relações sociais. Em cada levante dos movimentos sociais modernos, particularmente dos que se estendem de 1789 a 1917,[25] Gramsci mostra como crescentes segmentos das classes trabalhadoras conquistam uma "autoconsciência" mais elevada de si e a capacidade de "direção" da sua própria história.[26]

A vinculação às dinâmicas emancipatórias das lutas populares é uma constante na vida política e intelectual de Gramsci. Como se sabe, poucos meses depois de ser preso, na carta de 19 de março de 1927, Gramsci anota quatro interesses de estudo: os intelectuais e a formação do "espírito público" na Itália, linguagem, teatro e literatura popular e conclui: "no fundo, observando bem, entre estes quatro argumentos existe 'homogeneidade': o espírito popular criativo nas suas diversas fases e graus de desenvolvimento está na base deles na mesma medida".

Em um trabalho sugestivo de reconstrução de "Il divenire del pensiero nei 'Quaderni del carcere' ", Frosini[27] mostra como há uma linha de continuidade entre o plano de trabalho traçado na carta de 19/03/27, o que é anunciado na página de abertura do primeiro Caderno (08/02/29) e o desenho que aparece consolidado no sumário posto na abertura do Caderno 8 (final de 1930). Na tessitura desse programa de estudo, a ótica unificadora que transparece nos *Cadernos* é a criação de um novo projeto de hegemonia com raízes nacionais e articulações internacionais por meio da interação dialética entre o "saber" dos novos intelectuais e o "sentir" do povo.[28]

---

[25] TEXIER, J., Rivoluzione e democrazia nel pensiero político do Marx e Engels, em: BURGIO, A. – LOSURDO, D. (orgs.), *Autore Attore Autorità*, Napoli, Istituto Italiano per gli Studi Filosofici, 1996.
[26] Q11, 1376, §12.
[27] FROSINI, F., Il divenire del pensiero nei "Quaderni del Carcere", in: *Critica Marxista* (nuova serie), Roma, Ed. Riuniti, n. 3-4, 2000, pp. 108-120.
[28] Q11, 1505, §67.

Percorrer os escritos de Gramsci, portanto, é acima de tudo ter um encontro com a realidade viva das lutas populares que se contrapõem ao cínico e atordoante falatório neoliberal que inunda sem limites o mundo de hoje e pensa de convencer as massas transformando a vida em circo, o público em publicidade, a realidade em simulacro. Enquanto continuar a ocultar as contradições, a recorrer à fraude ideológica e a separar o político do econômico, o público do privado, o representado do representante, a pseudo-hegemonia que o neoliberalismo tenta inculcar nunca fundará a democracia. Reduzindo a política a rituais de eleições midiáticas, a jogos parlamentares e subterfúgios administrativos, a democracia liberal, na verdade, despolitiza o espaço público e afasta as atividades econômicas das discussões sobre seus mecanismos de acumulação.

Com Gramsci, ao contrário, aprendemos que os componentes da realidade não se podem dissociar e que agir politicamente é uma indeclinável atividade instituidora do sujeito, é um movimento de autofundação de diversos grupos sociais, é um ato de transformação do mundo. Como mostrou exaustivamente Paulo Freire, que frequentou também as páginas de Gramsci,[29] é pela mediação política que o povo se alfabetiza, se educa, adquire condições para definir novos projetos de sociedade. A partir dessa luz, no primeiro capítulo tentei mostrar que, para Gramsci, a intervenção ativa de grupos e de organizações populares não apenas recria continuamente o valor do público e submete o Estado e a economia ao controle democrático, mas revoluciona também os paradigmas epistemológico-científicos e impulsiona a capacidade produtiva de um inteiro país.

Neste sentido, não se podem perder de vista as posições esboçadas pelo jovem Marx[30] que fazia notar como "na de-

---

[29] FREIRE, P., *Pedagogia da esperança. Um reencontro com a pedagogia do oprimido*, Rio de Janeiro, Ed. Paz e Terra, 1998, p. 20.
[30] ABENSOUR, M., *A democracia contra o Estado. Marx e o momento maquiaveliano*, Belo Horizonte, Ed. UFMG, 1998.

mocracia... a constituição é continuamente reconduzida ao seu fundamento real, ao homem real, ao povo real e que é definida como sua própria obra".[31] Para Marx, de fato, a unidade "romântica" do Estado pensado por Hegel, ainda que em termos de "eticidade", implantava uma ordem e uma totalidade provenientes mais do alto do "Espírito" do que da construção aberta e conflituosa da pluralidade das forças sociais concretas. A racionalidade jurídica e as formas de representação, de fato, não passam de ilusão de unidade e acabam por reeditar a dominação quando não há um compromisso efetivo para superar a exploração do trabalho, a divisão de classes e a dominação ideológica. A democracia, só se torna "o enigma decifrado de todas as constituições"[32] quando atinge o tecido das necessidades reais da vida em comum e, forma plenamente o homem socializado.

Mas Gramsci, como "filósofo da política"[33] que vai além das pegadas de Marx, analisa particularmente as metamorfoses do liberalismo nas sociedades industriais avançadas[34] e indica os caminhos de uma nova hegemonia na complexa trama da sociedade civil moderna. Assim, os "novos dirigentes" que Gramsci desenha não apenas recusam o economicismo e a "estatolatria" que anulam as subjetividades, mas também vão além de uma atividade individual que é livre "quando adentra o solo da polis", como sugere o "republicanismo" de H. Arendt.[35] Sem socializar o poder e criar uma nova cultura na qual os excluídos tenham lugar na produção e na distribuição das riquezas planetárias, hoje, não é mais possível falar plenamente em democracia. É a ênfase que falta também nas interessantes reflexões de autores como Z.

---

[31] MARX, K., *Critique du Droit Politique Hégélien*, Paris, Ed. Sociales, 1975, p. 68.
[32] *Ibid.*, p.70.
[33] MARTELLI, M., *Gramsci Filosofo della Política*, Milano, Ed. Unicopli, 1996.
[34] LOSURDO, D., *Antonio Gramsci: dal Liberalismo al "Comunismo Critico"*, Roma, Ed. Gamberetti, 1997.
[35] ARENDT, A., *Da Revolução*, São Paulo/Brasília, Ed. Ática/UnB, 1990.

Bauman,[36] quando alerta sobre a necessidade de resgatar a política em um mundo dominado pelo individualismo e a insegurança, pela solidão e o vazio que tomam conta da vida ocidental e levanta objeções sobre a presumida sociabilidade "cultural" e "biológica", uma vez que o pertencimento a um território, a um grupo étnico e a tradições comuns não garantem por si só a formação de um ser socializado. Idealizar, de fato, a democracia grega e recuperar a pureza originária dos ideais liberais, de pouco adianta, quando o que está em jogo é o efetivo reconhecimento do outro, principalmente daquele contra o qual o liberalismo afirmou a sua identidade, sobre cuja espoliação criou o mito da nação, frente ao qual ergueu barreiras geográficas e alfandegárias, em cima do qual proclamou leis "universais" e disseminou sentimentos de xenofobia e superioridade.

METAMORFOSES E IMPASSES DA DEMOCRACIA BRASILEIRA

As contradições do projeto (neo)liberal aparecem mais evidentes quando se analisam as lutas dos movimentos sociais brasileiros, particularmente, dos anos 1960 até hoje. Ao longo destes anos, nas suas mais diversas manifestações, veio se aprofundando uma concepção de democracia popular que funciona como força aglutinadora das inúmeras e persistentes experiências político-pedagógicas disseminadas pelo país. Embora atuando em regimes autoritários, abertos ou disfarçados, os movimentos sociais, além da demonstração de resistência, conseguiram decisivas conquistas democráticas, a tal ponto que: "todo esforço de democratização, de criação de uma esfera pública, de fazer política no Brasil decorre, qua-

---

[36] BAUMAN, Z., *Em busca da política*, Rio de Janeiro, Zahar, 2000, p. 82ss.

se por inteiro, da ação das classes dominadas".[37] A dinâmica e a criatividade das suas ações promoveram a expansão de uma consistente sociedade civil, diria Gramsci, cada vez mais "complexa e resistente às 'irrupções' catastróficas do elemento econômico imediato (crises, depressões etc.)".[38]

Olhando para o conjunto das suas lutas, não é difícil perceber os traços que remetem a uma história interconectada, a uma narrativa unitária construída por uma pluralidade de sujeitos que, mesmo na precariedade e nas ambiguidades, revelam as linhas de um projeto de democracia fundada não apenas nos direitos civis e políticos, mas principalmente nas reivindicações sociais e na vontade de instituir o autogoverno popular, em parte, já vivenciado em práticas associativas que nada têm a ver com os fantasmas de um "macrosujeito" ou de entidades metafísicas combatidas obsessivamente pelos pós-modernos.

Naturalmente, há diferenças entre os movimentos sociais dos anos 1960-1970 e os que surgiram em 1980-1990. O povo e a classe trabalhadora, antes considerados como sujeitos mais unitários, passam a ser vistos, depois, como agrupamentos complexos de múltiplos atores que se entrecruzam e se renovam continuamente. O voluntarismo, a visão lírica e sonhadora que nos anos 1960-1970 tomava conta dos movimentos estudantis, um certo messianismo presente no sindicalismo rural, a utopia da educação popular e a mística da Teologia da Libertação e da Comunidades Eclesiais de Base deram lugar gradativamente às organizações mais pragmáticas e especializadas dos anos 1980. Os grandes sindicatos urbanos, os partidos de massa, os novos movimentos sociais representam não só a versão mais moderna e complexa das forças populares,

---

[37] OLIVEIRA, F., Privatização do público, destituição da fala e anulação da política: o totalitarismo neo-liberal, in OLIVEIRA, F.-PAOLI, M.C. (orgs.), *Os sentidos da democracia. Políticas do dissenso e hegemonia global*, Petrópolis, Editora Vozes,1999, p. 60.
[38] Q7, 860, §10.

mas manifestam claramente que muitas posições defensivas e reivindicatórias começaram a ser substituídas por atitudes mais ousadas e propositivas, por uma vontade mais explícita de disputar a direção do país.

Mais recentemente, com o enfraquecimento do Estado, o esvaziamento da política e a desqualificação dos partidos, despontaram na sociedade civil brasileira as ONGs (Organizações Não Governamentais). Seus incontáveis atores e suas identidades muitas vezes indefinidas buscam superar os movimentos sociopolíticos tradicionais e criar uma autonomia diante das instituições públicas e do mercado.

Caracterizadas por milhares de formas e de siglas, não é fácil classificar a nebulosa das ONGs distinguindo-as dos movimentos populares, das mais variadas e controvertidas entidades e associações. Disseminadas em muitos segmentos da sociedade, ágeis, flexíveis, especializadas, as ONGs se apresentam como uma forma qualificada de pluralidade e de cidadania, como uma reconfiguração da política em redes de entidades e de atores atuando não por relações de classe, por vínculos comunitários ou pelo sistema de representação, mas pela prestação de serviços, pela informação, pela articulação e o monitoramento de políticas públicas.

Em busca de intervenções mais específicas e atentas aos problemas da atualidade, à diferença de outras formas associativas, as ONGs se dedicam, particularmente, à defesa dos direitos humanos, à expansão da cidadania, à preservação da natureza, ao desenvolvimento sustentável.[39] Como entidades autônomas dotadas de personalidade jurídica, estabelecem parcerias com o governo, com organizações internacionais e empresas e se habilitam na interlocução com o Banco Mundial e as instituições multilaterais na busca de financiamento. Seus quadros, profissionalizados e contratados, desenvolvem pesquisas, divulgam informações, oferecem cursos e assesso-

---

[39] LANDIM, L., *Para além do mercado e do estado? Filantropia e cidadania no Brasil*, Rio de Janeiro, ISER, 1993.

ria a comunidades, movimentos, sindicatos, Igrejas, empresas, partidos etc. Paradoxalmente, "Públicas porém privadas",[40] declaram-se à parte do governo (não-governamentais), distantes da lógica do mercado (*no-profit*) e independentes dos partidos (suprapartidárias). Não visam imediatamente a política, o lucro e o poder, ainda que mantenham profundas vinculações com eles, mas enfatizam as dimensões educativas, culturais, intersubjetivas, éticas e pluralistas.

Mas, se por um lado as ONGs se afirmam pela inovação e a eficiência nas intervenções concretas tornando-se mais atrativas que os próprios partidos, por outro, se ressentem de fragilidades e ambiguidades próprias de organizações experimentais e intermediárias. Economicamente dependentes de recursos externos, vivem a precariedade e a incerteza em relação a trabalhos de longo prazo. Sujeitas à aprovação de projetos para obter fundos, suas intervenções se restringem, muitas vezes, a iniciativas sintonizadas com os grupos no poder e com bandeiras inofensivas ao sistema, perdendo de vista os objetivos que as originaram e a sua vinculação com as causas populares.

A ação circunstancial, a vinculação a agências internacionais, a "neutralidade" política tornam muitas ONGs sem força para questionar o sistema e propensas a estratégias interativas, colaborativas, humanitaristas e filantrópicas. Seguindo a linha do cooperativismo e da "sinergia", muitas ONGs acabam contribuindo à legitimação dos grupos dominantes, sustentando e representando o "diálogo" com instituições multilaterais, na prática, unilateralmente estruturadas com os centros financeiros. Não é por acaso que muitas ONGs passam a ser usadas pelos poderes públicos para tarefas de pronto socorro, para políticas de inserção dos mais desfavorecidos, para ações paliativas e indigestas aos governantes que as terceirizam para

---

[40] FERNANDES, R., *Privado porém público. O Terceiro Setor na América Latina*, Rio de Janeiro, Ed. Relume-Dumará, 1994.

prestações assistencialistas. Instrumentalizadas para executar políticas sociais sem Estado e dissociando o público do Estado como quer o liberalismo, voltadas ao supletivo, às solicitações *ad hoc*, secundárias ao sistema, correm o risco de perder a visão de totalidade e de se transformarem em empresas governadas pelo pragmatismo e a cultura gerencial.

O espírito corporativo e "familiar", que se instala com o tempo, acaba anulando a capacidade para a "grande política" e empurra muitas ONGs para o âmbito de um inofensivo "terceiro setor", subordinado ao mercado e ao Estado, em um espaço imaginado neutro, limpo, altruísta, imune à corrupção da sociedade política e às tramas pantanosas do poder. Tal posição tende não apenas a esvaziar dos conteúdos políticos e públicos a noção de sociedade civil, mas adere à atual visão neoliberal e neoanárquica contra a qual Gramsci se levantou recriando o conceito de sociedade civil e vinculando-o ao "peculiaríssimo (tanto antiliberal quanto antitotalitário) conceito de 'Estado ampliado', no qual era recompreendida a própria 'sociedade civil' como momento articulado fundamental".[41]

A sociedade civil, de fato, além de ser um campo aberto à livre iniciativa e ao associativismo, tem uma função decisiva na gestação de novos projetos ideológico-culturais e uma relação dialética com a sociedade política. Não pode ser imaginada como agindo no vácuo, uma vez que suas atuações acabam alimentando as lutas populares para recriar um Estado democrático ou se revelam aliadas a projetos neoliberais que anulam sua emancipação. "O Estado se torna 'democrático' – nos lembra Gramsci – nas sociedades nas quais a unidade de sociedade civil e sociedade política é entendida dialeticamente (na dialética real, e não só conceitual) e o Estado é concebido como superável pela 'sociedade regulada' ".[42]

---

[41] BARATTA, G., *Le Rose e i Quaderni,* Roma, Ed. Gamberetti, 2000, p. 20.
[42] Q6, 734, §65.

A DEMOCRATIZAÇÃO DO MUNDO PELOS NOVOS "DIRIGENTES"

Mas, os riscos e as ambiguidades presentes no complexo quadro da sociedade civil contemporânea, não podem conduzir a considerá-la âmbito exclusivo das estratégias neoliberais. Analisar a sociedade civil e sua relação inseparável do Estado, particularmente no Brasil, implica empreender com espírito dialético operações cuidadosas para discernir que "nem tudo o que faz parte da sociedade civil é 'bom' (ela pode, por exemplo, ser hegemonizada pela direita) e nem tudo o que vem do Estado é 'ruim' (ele pode expressar instâncias universais que se originam na luta das classes subalternas)".[43] As reflexões de Gramsci, de fato, nos ajudam a desvelar a falsidade do dilema simplista que faz do Estado uma opção das esquerdas e da sociedade civil uma opção da direita. Porque a primeira posição pode ser um sinal de impotência para conquistar a hegemonia na sociedade civil e uma expressão de debilidade de quem quer ser dominante mas não dirigente; enquanto a segunda posição pode ser a invocação de um Estado mínimo reduzido a "vigia" que assegura a manutenção e a reprodução das relações de dominação e desigualdades entre os grupos fortes e fracos existentes na sociedade.[44]

Inseparável do Estado, a sociedade civil não é o campo exclusivo da classe dominante, mas é também o espaço de luta para a construção da hegemonia pelos trabalhadores e os excluídos. Opondo-se às teorias da "revolução permanente" e do choque frontal, Gramsci defende a conquista da hegemonia no terreno 'normal' de luta do Estado e nas complexas ramificações da sociedade civil. Os movimentos sociais, inclusive as ONGs, com suas iniciativas e inovações, com suas

---

[43] COUTINHO, C.N., *La societá civile in Gramsci e il Brasile di oggi*, em: *Critica Marxista* (nuova serie), Roma, Ed. Riuniti, n. 3-4, 2000, p. 80.
[44] DÍAZ-SALAZAR, R., *El Proyecto de Gramsci*, Barcelona, Ed. Hoac/Anthropos, 1991, p. 407.

pressões políticas, com sua interlocução com o Estado e os partidos, com suas críticas ao mercado e a contestação do poder financeiro, podem se tornar instrumentos fundamentais de resistência e de questionamento político "formando pessoas capazes de pensar, estudar, dirigir e controlar quem dirige".[45]

Profundo marxista como é, Gramsci está convencido de que não pode existir uma "elevação civil das camadas mais baixas da sociedade sem uma prévia reforma econômica e uma mudança na organização social"[46] e de que "as classes subalternas... não são unificadas e não podem se unificar enquanto não puderem se tornar 'Estado'...".[47] Por isso mesmo, dedicou seus maiores esforços à formação de "novos sujeitos políticos", à constituição de organizações populares como "novos dirigentes", em condição de passar do econômico-corporativo ao ético-político, ou seja, de uma visão do imediato e da busca do interesse particular a uma concepção global da realidade, a um projeto capaz de articular os interesses locais, as culturas e as diferenças com uma democrática que supera a contradição entre o "cosmopolitismo da economia e o nacionalismo da política".[48] E nos lembra que, embora os grupos subalternos sejam mantidos à margem das estruturas econômicas e políticas dominantes, podem, por meio de um complexo processo de criação, "encontrar o sistema de vida 'original', e não de marca americana, a fim de transformarem em 'liberdade' o que hoje é 'necessidade'".[49] Podem, por meio de organizações políticas próprias, da filosofia da práxis, da produção da cultura popular, gerar uma coesão e uma consciência coletiva que se constituem em pressupostos de um novo poder hegemônico: "...Toda civilização, ainda

---
[45] Q12, 1547, §2.
[46] Q13, 1561, §1.
[47] Q25, 2288, §5.
[48] Q13, 1584 §17.
[49] Q22, 2179, §15.

que reprimida, combatida, obstaculizada de todos os modos, expressou-se precisamente antes na literatura que na vida estatal, ou melhor, sua expressão literária foi o modo de criar as condições intelectuais e morais para a expressão legislativa e estatal"[50].

As mudanças e a concepção de mundo que se desenham nas tantas experiências dos movimentos populares não apenas se distanciam dos horizontes restritos da democracia liberal, mas põem em questão todo o modelo dominante indicando que a construção da democracia no Brasil não se resolve mitigando a barbárie neoliberal com propostas mais harmônicas e humanitárias. A tentativa de superação das contradições existentes com alguns princípios mínimos de justiça e o "consenso justaposto" de J. Rawls,[51] com o resgate da "cooperação comunal" de Dewey em uma sociedade pré-politicamente integrada,[52] são reedições de um liberalismo neutralista ou de um neo-humanismo ético[53] que tentam reajustar um sistema que não dá conta das aspirações mundiais e que passa ao largo das iníquas estruturas responsáveis pelas catástrofes socioeconômicas que se abatem principalmente sobre o Terceiro Mundo. E, se é verdade, como afirma Bobbio[54] que a democracia avança à medida que se livra o campo das conotações negativas que definem o povo como "massa", "vulgo", "plebe", "incapaz", então, a atual "globalização" que afasta das decisões a maioria da população deve ser profundamente repensada.

Nesse contexto, aparece fundamental a concepção de "dirigente" presente nos escritos de Gramsci. À semelhança da

---

[50] Q15, 1777, §19.
[51] Rawls, J., *Uma teoria da justiça*, São Paulo, Martins Fontes, 1997.
[52] Honneth, A., Democracia como cooperação reflexiva. J. Dewey e a teoria democrática hoje, em: Souza, J. (org.), *Democracia hoje. Novos desafios para a teoria democrática contemporânea*, Brasília, UnB, 2000, pp. 63-91.
[53] Bellamy, R., *Liberalismo e sociedade moderna*, São Paulo, Unesp, 1994.
[54] Bobbio, N., *Teoria Generale della Politica*, (org.) Bovero, M., Torino, Ed. Einaudi, 1999, p. 329.

operação que resignifica diversos conceitos utilizados pela cultura burguesa, Gramsci recria também a noção de "dirigente". Intimamente associado à concepção de hegemonia, "dirigente" em Gramsci não tem o significado de chefe, vanguarda, liderança que se sobrepõe e conduz os outros. Nem de "diretor", "gerente", "executivo" e de toda uma terminologia que hoje, com palavras diferentes, preserva a relação fundamental de poder entre superior e inferior, comandante e comandado, dirigente e dirigido, com a conseqüente divisão da sociedade em classes. Uma sociedade que quer ser realmente democrática, afirma Gramsci, não visa apenas a que o operário manual se torne qualificado, mas que cada "cidadão" se torne "governante", obtendo da sociedade a aprendizagem gratuita da capacidade e da preparação técnica geral necessárias para tal fim, "sem a qual permanece "especialista" e não se torna 'dirigente' (espacialista+político)".[55] Por isso, *"na formação de dirigentes* (grifo meu), é fundamental a premissa: pretende-se que sempre existam governantes e governados ou pretende-se criar as condições pelas quais a necessidade desta divisão desapareça? Quer dizer, parte-se da premissa da divisão perpétua do gênero humano ou crê-se que esta seja apenas um fato histórico, correspondente a certas condições?".[56]

Mesmo entre autores considerados radicais, como Nietzsche e Foucault, dificilmente encontra-se uma posição tão questionadora do poder como essa. De fato, a demolição e a desconstrução operadas por eles, muitas vezes admirável e corajosa, acaba abrindo caminho à implantação de um poder e de uma dominação ainda mais devastadora em torno de um indivíduo solitário e pulverizado. Em Gramsci, ao contrário, o poder não é atribuição de um super-homem abstrato nem se encontra difuso em redes invisíveis e impessoais, mas é uma relação sociopolitica-econômica, concreta, histórica, dinâmica, continuamente recriada no embate que os grupos sociais travam pela conquista da

---

[55] Q12, 1551, §2.
[56] Q15, 1752, §4.

hegemonia em todos os campos. Assim, o poder não se concentra em nenhum pólo particular, de cima ou de baixo, de dentro ou de fora, mas é um confronto aberto no campo da ética, da economia e da política entre diversos sujeitos e organizações que disputam diferentes projetos de sociedade. É, portanto, uma relação dialética permanente que se estabelece entre as pessoas, no interior da sociedade civil e entre esta e a sociedade política local e mundial. Ao se afirmar a ideia de que não há mais alguém ou algo com prerrogativas sobrenaturais, definitivas e invencíveis, a disputa que também os grupos populares travam pelo poder pode esvaziar o seu conteúdo da violência e da dominação que sempre o caracterizou e torná-lo uma "relação pedagógica" que, embora difícil e tensa, pode lançar as bases de uma nova civilização, uma vez que o que agora se visa é o reconhecimento do outro, é a contínua construção da hegemonia da democracia, ou seja, a socialização do saber e do poder.

Esta concepção de poder é coerente com a visão de hegemonia, de democracia, de política, de Estado, de partido, de intelectual que se encontra em Gramsci. De fato, "no sistema hegemônico, existe democracia entre o grupo dirigente e os grupos dirigidos à medida que o desenvolvimento da economia e, portanto, a legislação que expressa tal desenvolvimento favorece a passagem molecular dos grupos dirigidos para o grupo dirigente".[57] Como vimos, para Gramsci, a política não é um instrumento de dominação ou uma organização puramente técnico-administrativa, mas é a práxis constitutiva de sujeitos que se educam para socializar e dirigir o mundo. O Estado, em Gramsci, não é um Leviatã que centraliza o poder e paira sobre a sociedade, mas é organizado em função do surgimento da "sociedade regulada". Assim, também, "é evidente que para o partido que se propõe a anular a divisão em classes, a sua perfeição e plenitude consistem em deixar de existir com o fim das classes e suas expressões".[58] E, os novos

---
[57] Q8, 1056, §181.
[58] Q14, 1732, §70.

intelectuais, como se sabe, para Gramsci, são os que subvertem a figura tradicional e burguesa do personagem erudito e separado da massa e fazem do seu saber uma "expressão orgânica" das classes fundamentais,[59] favorecendo o surgimento de uma "inteligência social".

A ideia de "dirigentes" que Gramsci tem em mente, então, é mais ampla que a noção de cidadania, hoje em voga, que pode ser entendida como uma forma de registrar e englobar os indivíduos no sistema de democracia liberal. "Dirigentes", para o autor dos *Cadernos*, significa que é dada a todos a possibilidade concreta de se tornarem autodirigentes, de serem sujeitos políticos capazes de conduzir em conjunto a democracia, de serem "organizadores de todas as atividades e funções inerentes ao desenvolvimento orgânico de uma sociedade integral, civil e política".[60] Esta concepção – alerta Gramsci – nada tem a ver com "um novo 'liberalismo". De fato, diferentemente da significação que o termo recebe na cultura liberal, os novos "dirigentes", como se pode deduzir da visão de Gramsci, são considerados na sua singularidade, mas não fechados no seu individualismo; são livres, não anárquicos e pulverizados; são organizados em torno de um projeto de democracia popular, não "socialmente entrosados" para auferir interesses corporativos; formados, não apenas informados; transformadores, não apenas eficientes; anseiam pela arte, não por modismos; são populares não populistas, solidários não assistencialistas.

Para além, portanto, dos horizontes da democracia liberal, da liberal-democracia ou da social-democracia, os novos dirigentes, não apenas denunciam as contradições do sistema e não se deixam passivizar, mas, embora em desvantagem social e material, exercem um "poder de atração"[61] e se põem, com suas lutas políticas e seus valores, como um projeto novo, realmente democrático e socializador de mundo.

---

[59] Q19, 2041, §26.
[60] Q12, 1522, §1.
[61] Q19, 2013, §24.

A NOVA CONCEPÇÃO DE HEGEMONIA COMO "RELAÇÃO PEDAGÓGICA"

Uma imagem bastante difusa no senso comum apresenta Gramsci como sendo essencialmente um político, um homem de partido voltado para as estratégias de lutas e a conquista do poder, ainda que das classes subalternas. Ao reduzir Gramsci a tais aspectos, essa visão considera as questões educativas nele presentes como componentes secundárias, pensadas em função da esfera mais elevada da política. Entre outros argumentos, tal estereótipo chega a se valer do fato que Gramsci não seria propriamente um pedagogo "profissional" e que a sua filosofia não passaria de um pensamento "ocasional". No entanto, as inúmeras reflexões e o retrato incontroverso que emerge da sua biografia revelam um ser poliédrico e unitário, onde a política, a filosofia, a educação, a cultura, a vida pessoal e social, embora distintas, andam entrelaçadas inseparavelmente, de modo que não seria possível compreender nenhum desses aspectos fora da relação dialética que os fecunda reciprocamente e da personalidade peculiar que os unifica sem formalismos. E, como veremos, a própria concepção de hegemonia, cerne do seu pensamento, acabaria sendo mutilada e distorcida se fosse analisada apenas no âmbito de uma ação política desligada da original concepção de educação delineada por Gramsci. Aqui, portanto, procuraremos ver como o seu pensamento se traduz em termos pedagógicos e, por sua vez, de que forma a sua proposta de educação e de escola muda profundamente o sentido convencional de política.

Como sugere o título desse texto, a componente educativa em Gramsci expressa uma condição contínua, abrangente, não redutível apenas a alguns episódios ou às anotações concentradas no notório Caderno 12, onde encontram-se reunidas diversas reflexões sobre educação, intelectuais e escola unitária. Tanto é assim, que é do Caderno 10, §44, dedicado à filosofia, que vamos partir para analisar a sua visão de educação estritamente vinculada a um novo conceito de hegemonia que Gramsci elabora: "esse problema pode e deve ser aproximado da configuração moderna da doutrina e da prática pedagógica, de acordo com as quais a relação entre mestre e aluno é uma relação ativa, de reciprocidade, onde, portanto, todo mestre é sempre aluno e todo aluno mestre. Mas a relação pedagógica não pode ser limitada às relações especificamente 'escolares'... Essa relação existe em toda sociedade no seu conjunto e em todo indivíduo com relação aos outros indivíduos, entre camadas intelectuais e não intelectuais, entre governantes e governados, entre elites e seguidores, entre vanguardas e corpos de exército. Toda relação de 'hegemonia' é necessariamente uma relação pedagógica que se verifica não apenas no interior de uma nação, entre as diversas forças que a compõem, mas em todo campo internacional e mundial, entre conjuntos de civilizações nacionais e continentais.

Portanto, é possível dizer que a personalidade histórica de um filósofo individual é também dada pela relação ativa entre ele e o ambiente cultural que ele quer modificar, ambiente que reage sobre o filósofo e, obrigando-o a uma permanente autocrítica, funciona como 'mestre'... e na realidade só assim se realiza 'historicamente' um novo tipo de filósofo que se pode chamar de 'filósofo democrático', isto é, do filosofo consciente de que a sua personalidade não se limita à sua personalidade física, mas é uma relação social ativa de modificação do ambiente cultural... a unidade entre ciência e vida é precisamente uma unidade ativa, somente nela se realizando a liberdade de pensamento; é uma relação entre mestre-aluno, filósofo-ambiente cultural no qual agir, de onde extrair os problemas necessários a serem enfrentados e resolvidos; quer dizer, é a relação filosofia-história".

Embora extensa, a citação torna-se necessária porque mostra de perto como educação-política-filosofia, hifenizadas pelo próprio Gramsci, encontram-se inseparavelmente entrelaçadas, cada uma tornando-se o terreno onde dialeticamente a outra se confronta, se explicita e enriquece. Além disso, nessas poucas linhas, somos colocados diante de uma visão unitária e global de educação que vai desde a escola e as relações intersubjetivas até a complexidade das relações políticas "hegemônicas" que se travam no âmbito nacional e internacional. Mas, aqui, é possível observar também o posicionamento de Gramsci frente às propostas então recorrentes da educação elitista e da escola ativa.

CONTRA A EDUCAÇÃO ELITISTA, DUALISTA E AUTORITÁRIA

Como se sabe, em 1923, era introduzida na Itália a Reforma Gentile que reservava a "escola humanista" para a formação de segmentos restritos da classe dominante, enquanto a "escola profissional" era destinada a qualificar a mão-de-obra dos trabalhadores para impulsionar a produção e modernizar o país. Tratava-se de um projeto abertamente elitista, dualista e autoritário em função do regime fascista que se instalava no poder. Em diversos escritos,[1] o filósofo Giovanni Gentile, Ministro da Educação do fascismo, dedicava-se a questionar a dialética do processo histórico com uma interpretação distorcida da "filosofia da práxis", de modo a dissolver a consistência da realidade objetiva e enaltecer a iniciativa do sujeito e de seu "ato puro". Ao afirmar que o "objeto da filosofia é ela mesma", reduzia as contradições da realidade para a "pura dialética conceitual"[2] e desqualificava as lutas sociais voltadas para a superação de classe delineada pelo materialismo histórico de Marx.

Entende-se, portanto, porque no texto acima citado, ao conferir a ênfase na relação inseparável entre mestre-aluno, filósofo-ambiente, ciência-vida, Gramsci se coloca frontalmente contra a proposta educativa imposta pelo fascismo. Em linha de continuidade com o pensamento inaugurado por Marx, Gramsci contrapõe à filosofia do "ato puro" e à pedagogia dualista de Gentile o "ato impuro", o "ato histórico", a unidade entre "o homem e a realidade, o instrumento de trabalho e

---

1 GENTILE, G., *La Filosofia de Marx*. Firenze, Sansoni, 1974, p. 164ss e do mesmo autor *La Riforma della Dialettica Hegeliana*. Firenze, Sansoni, 1975, p. 39ss.
2 Q7, §35, p. 886.

a vontade". Sustenta que "o racional e o real" são inseparáveis e que "sem ter compreendido essa relação não se pode compreender a filosofia da práxis, a sua posição diante do idealismo e do materialismo mecânico, a importância e o significado das superestruturas".[3] Dessas premissas Gramsci deriva a concepção de escola única (ou unitária), dialética, concreta, onde sujeito e objeto, pensar e agir, intelectual e trabalhador, escola e sociedade não podem ser separados, porque se determinam mutuamente. Como Marx, Gramsci está convencido de que "as circunstâncias" e o educador estão entrelaçados dialeticamente e que há uma relação de permanente reciprocidade entre eles. Portanto, se "não se pode dividir a sociedade em duas partes, uma das quais está acima", e se "a essência do homem não é uma abstração inerente ao individuo isolado, mas, na realidade, ela é o conjunto das relações sociais",[4] também a educação se constitui no âmbito de um processo histórico, dentro de dinâmicas relações sociais e de uma visão unitária de mundo.

A escola imposta na Itália pelo fascismo — argumenta Gramsci — servia para confirmar a divisão do trabalho e reproduzir a separação das classes na sociedade. Em detrimento da escola formativa e desinteressada, o fenômeno da multiplicação das escolas profissionais de caráter imediatista e instrumental, tido "como democrático, na realidade, é apenas destinado a perpetuar as diferenças sociais". Para Gramsci, ao contrário, "a tendência democrática, intrinsecamente, não pode significar apenas que um operário manual se torne qualificado, mas que cada 'cidadão' possa tornar-se 'governante' e que a sociedade o ponha, ainda que 'abstratamente', nas

---
3 Q11, §20, p. 1420.
4 MARX, K., *cit.*, 1998, pp. 101-102.

condições gerais de poder fazê-lo", assegurando o aprendizado gratuito e a preparação necessária para essa finalidade.[5] Por isso — continua Gramsci — a escola unitária deveria se preocupar não apenas em preparar gente habilidosa e disciplinada, mas principalmente em formar pessoas autônomas, criativas e socializadas, "especializados + políticos", em condição de "pensar, de estudar, de dirigir ou de controlar quem dirige".[6] Isso quer dizer que a escola unitária proposta por Gramsci não se limita apenas a produzir profissionais e a modernizar o país, mas deve estar organizada para uma formação ampla e integral que prepare os jovens a serem autônomos e "dirigentes" da própria sociedade.

Na verdade, já em 1916 (aos 25 anos de idade), em sintonia com a revista *Clarté* de Henri Barbusse e o movimento internacional por uma cultura proletária promovido por Lunaciarskij, Gramsci havia escrito diversos artigos denunciando a separação entre "escola clássica" (humanista) e "escola do trabalho", onde essa última acabava sofrendo um ulterior processo de "mecanização" impedindo o proletariado de melhorar e de "elevar-se".[7] No mesmo ano, Gramsci observava que a escola "desinteressada" era "um privilégio de quem pode pagar" enquanto ao operário absorvido pelo trabalho extenuante eram negadas as condições de estudar seriamente.[8] Sobre o assunto Gramsci voltava a escrever em 24 de dezembro de 1916 com um artigo intitulado *Homens ou máquinas?*[9] Nesse celebre artigo, associando-se às posições do professor de filosofia Zino Zini, vereador da prefeitura de

---
5 Q12, §2, p. 1547.
6 Q12, §3, p. 1552.
7 GRAMSCI, A., *Cronache Torinesi*, 1913-1917. Torino, Einaudi, 1980, p. 440.
8 *Ibid.*, pp. 536-537.
9 GRAMSCI, A., *Scritti Giovanili*. Torino, Einaudi, 1972, pp. 57-59.

Turim, que combatia a separação entre ensino humanista e profissional, Gramsci reitera a necessidade de uma perspectiva "unitária" nos métodos de ensino capaz de relacionar teoria e prática: "Antes do operário – escrevia – existe o homem, ao qual não se deve fechar a possibilidade de se abrir aos amplos horizontes do espírito, no lugar de escravizá-lo logo à máquina". Para a classe trabalhadora – observava – "é necessária uma escola desinteressada. Uma escola na qual seja dada à criança a possibilidade de se formar, de tornar-se homem, de adquirir critérios gerais que servem para o desenvolvimento do caráter [...] uma escola que não hipoteque o futuro da criança obrigando a sua vontade, a sua inteligência, a sua consciência em formação a andar dentro de uma bitola com estação já marcada". Nesse sentido, Gramsci combate a escola exclusivamente técnico-especialista entendida como "laboratório" para treinar funções, uma "incubadora de pequenos monstros... sem ideias gerais, sem cultura, sem alma", voltada a preparar apenas instrumentos com "olho infalível e mão firme", "operários-máquinas" no lugar de "operários-homens" (p. 59).

Ainda no âmbito dos escritos juvenis, poderiam ser analisados outros artigos como, por exemplo, *Socialismo e cultura*[10] e *A universidade popular*.[11] Nestes, além de denunciar o baixo nível das escolas reservadas aos trabalhadores, é possível ver como Gramsci traça as linhas para uma diferente concepção de escola. Mas, sua intervenção, como se sabe, não se restringe à atividade jornalística. No seu envolvimento com as lutas operárias, Gramsci organiza diversas iniciativas educativas dedicadas às classes populares: a "Associação de Cultura Socialista"

---

10   *Ibid.*, pp. 22-25.
11   *Ibid.*, pp. 61-63.

(1917), o "Clube de vida moral" (1917), a "Escola de cultura e propaganda socialista" (1919), a fundação do "Instituto de Cultura Proletária" (1921) e principalmente o grande espaço de debate democrático que foi a redação da revista semanal *L'Ordine Nuovo*. Nem sequer na condição de preso político, nos diferentes cárceres pelos quais passou, Gramsci vai deixar de organizar cursos de formação para os prisioneiros.[12]

Tais iniciativas e o estilo peculiar de educador que o caracteriza permanentemente mostram uma nítida contraposição à visão " 'pedagógico-religiosa' de Gentile, que não é mais do que uma derivação do conceito de que a 'religião é boa para o povo' (povo=criança=fase primitiva do pensamento ao qual corresponde a religião etc.), quer dizer, a renúncia (tendenciosa) a educar o povo".[13] Essa mentalidade que leva a "manter os homens sempre crianças" não difere da velha pedagogia paternalista do intelectual italiano inflado de superioridade em relação aos "humildes".[14] Criticando até posições expressas pelo pensador marxista A. Labriola,[15] Gramsci mostra que a filosofia da práxis não deve manter os "simples" no atraso e no recinto dos lugares comuns, mas desenvolver sua capacidade de autodeterminação e "tornar possível um progresso intelectual de massa e não apenas de reduzidos grupos intelectuais".[16]

Distante de uma educação elitista e da concepção positivista que fomenta um saber tecnicista e funcional ao sistema e à divisão de classe, Gramsci resume nesses termos a sua proposta educativa: "o homem moderno deveria ser uma

---

12 GRAMSCI, A., *Lettere dal Carcere*, 2 vols, Palermo, Sellerio, 1996, p. 21, 21/12/1926 e p. 28, (02/01/1927).
13 Q11, §1, p. 1367.
14 Q9, §135, p. 1197.
15 Q11, §1, p. 1366.
16 Q11, §1, p. 1366.

síntese daquelas que se tornaram as características nacionais: o engenheiro americano, o filosofo alemão, o político francês, recriando por assim dizer, o homem italiano do Renascimento, o tipo moderno de Leonardo da Vinci tornado homem-massa ou homem coletivo mesmo mantendo a sua forte personalidade e originalidade individual. Uma bagatela, como se pode ver".[17]

Uma "bagatela", no entanto, que chegou a tomar corpo na sua vida que foi capaz de entrelaçar dialética e fecundamente política-filosofia-cultura-educação.

A CRÍTICA DA ESCOLA ATIVA

Mas, além de se opor à concepção elitista, dualista e autoritária de escola, Gramsci se defronta também com as propostas provenientes das teorias da escola ativa e progressista que se apresentavam com o propósito de modernizar a educação superando o dualismo e a visão tradicional de mundo. A estas teorias, reconhece as novidades introduzidas pelos princípios da "pedagogia moderna: a escola ativa, ou seja, a colaboração amigável entre mestre e aluno; a escola ao ar livre; a necessidade de deixar livre, sob o vigilante e não opressivo controle do mestre, o desenvolvimento das faculdades espontâneas do aluno".[18] Frente à escola e aos métodos dos jesuítas – observa – a tradição genebrina de Rousseau foi uma reação e representou algum progresso, nada mais do que isso. Limitada no âmbito das ideologias libertárias e idealistas, a sua "forma confusa de filosofia" deu lugar a "curiosas involuções (nas doutrinas de Gentile e de Lombardo-Radice).

---

17 GRAMSCI, A., *Lettere dal Carcere*, (01/08/1932), cit., 1996, p. 601.
18 Q1, §123, p. 114

A espontaneidade é uma dessas involuções: imagina-se quase que na criança o cérebro seja como um novelo que o mestre ajuda a desdobrar".[19]

Embora importante – argumenta Gramsci – o desenvolvimento da espontaneidade e da criatividade não são suficientes. Centrada na criança e na promoção dos talentos individuais, a escola ativa inverte o polo das atenções que gravitavam em torno do professor. Dessa forma, ao privilegiar os "interesses" do aluno acabam sendo secundarizadas as relações com os outros, os problemas sociais e a formação política. Paradoxalmente, ao exaltar a liberdade individual e a relegar o papel do professor, a educação não diretiva engendra o relativismo e um subjetivismo autorreferente. No lugar de abrir os horizontes para as complexas dinâmicas da história e desenvolver a responsabilidade em relação ao mundo, as "novas" teorias pedagógicas conduzem o educando a se dobrar sobre si e a se fechar na esfera particular. Para Gramsci, além de valorizar as diferenças e as habilidades individuais, a escola deveria criar as condições para fazer amadurecer em cada estudante a visão global da realidade, sua complexidade e contradições, de modo a formar personalidades capazes de se autodeterminar e, ao mesmo tempo, de se articular com os outros para resolver os problemas comuns e aprender a "dirigir" coletivamente a sociedade.

Indo além de Rousseau, que havia já delineado a necessidade de constituir uma "vontade geral" e alertado os cidadãos a não abdicar da própria soberania,[20] Gramsci se dedica com todos os meios a apontar as causas das desigualdades existentes entre as classes e a organizar politicamente os

---

19 Gramsci, A., *Lettere dal Carcere*, (30/12/1929), cit., 1996, p. 301.
20 Rousseau, J.J., cit., 1994, pp. 38ss.

subalternos de modo a promover a passagem da condição de dirigidos à de "dirigentes".[21] Esse processo de subjetivação e de conquista da hegemonia pelas classes populares exige uma profunda transformação político-pedagógica nas relações individuais e sociais até o ponto de colocar em questão o próprio conceito tradicional de poder. Nesse sentido, a proposta de escola unitária feita por Gramsci visa não apenas integrar os diversas componentes do processo educativo, mas, principalmente, "significa o início de novas relações entre trabalho intelectual e trabalho industrial na escola e em toda a vida social".[22] Por isso, não fica alheia às contradições do mundo da produção, à estrutura econômica, às "relações de forças" em jogo na sociedade e às múltiplas formas da cultura. Ao combater a reprodução de uma sociedade desigual, a proposta revolucionária de "escola unitária" mina não apenas a antiga concepção vertical e dualista, mas também a visão individualista e liberal da escola nova. Ao recompor em unidade o ser humano diminuído na sua dignidade ou voltado para os interesses individuais, a escola unitária recria a ideia de educação e de soberania popular com o conceito de hegemonia conquistada pelas classes subalternas que buscam a efetiva universalização dos direitos e a socialização do poder. Tudo isso comporta não apenas uma educação integral oferecida a todos, mas também a elaboração de uma visão crítica de mundo, habilidades políticas e uma refinada sensibilidade pedagógica em condição de reconhecer as diferenças e, ao mesmo tempo, de ser capaz de agir coletivamente. Para Gramsci, de fato, só quando se desenvolvem a liberdade e a autodeterminação juntamente com uma "hegemonia" popular que democratiza

---

21 Q8, §191, p. 1056.
22 Q12, §1, p. 1538.

a sociedade haverá "cidadãos" em condições de estabelecer relações criativas, livres e igualitárias entre si. Nesse caso, "hegemonia" deixa de ter o significado de domínio, de uma relação estruturada sobre comando-obediência, de divisão superior-inferior, de poder separado e concentrado nas mãos de alguns dedicados ao *otium*, enquanto à grande massa se destina o trabalho bruto.

Embora se apresente com os termos de uma proposta moderna e "democrática", o objetivo da escola ativa não é formar cidadãos de uma sociedade que supere as estruturas de poder. A educação inspirada no pensamento de Dewey, por exemplo, visa preparar indivíduos autônomos, alunos cientifica e tecnicamente competentes, cidadãos cooperativos, mas dentro de um sistema já posto, não questionado, antes, a ser preservado e reajustado. Ainda que aberta a todos, tal proposta não chega a revolucionar a sociedade porque não investiga a origem das desigualdades, a divisão do trabalho e a concentração do poder na sociedade.

Como mostramos em artigo recente,[23] ainda que aparentem alguma proximidade, as propostas educativas de Dewey e de Gramsci apresentam profundas diferenças. Para Dewey, a educação é "a reconstrução ou a reorganização da experiência",[24] voltada a favorecer a interação ativa com o ambiente e a assegurar o seu constante reequilíbrio. Para Gramsci, ao contrário, educar significa superar a subordinação das classes subalternas e transformar "toda relação de hegemonia em uma relação pedagógica". Assim, a filosofia prática e "instrumental" de Dewey não pode ser confundida com filosofia

---

23 SEMERARO, G., A práxis de Gramsci e o pragmatismo de Dewey, em: *Revista de Educação Pública*, n. 33, Cuiabá, janeiro-abril, 2008, pp. 119-130.
24 DEWEY, J., *Experiência e educação*, São Paulo, Ed. Nacional, 1971, p. 87.

da "práxis" de Gramsci. Nesse, a concepção de "práxis" e de "hegemonia" tem pouco a ver com os conceitos de "experiência" e de "interação" de Dewey. Da mesma forma, a "inteligência científica" do educador americano difere enormemente da "inteligência política" do marxista italiano. Se a primeira está pensada para promover a harmonização entre as classes de modo a obter um melhor funcionamento do sistema, a segunda visa superar a ordem existente, socializar o poder e construir a hegemonia das classes populares. Há, portanto, um abismo entre escola progressista (ativa) e escola unitária, entre uma escola voltada para desenvolver a autonomia e as capacidades práticas dos indivíduos em vista da integração no sistema e uma educação que constrói o conhecimento e a subjetivação pela socialização do trabalho e o protagonismo político de modo a superar as divisões sociais e estabelecer uma hegemonia de relações efetivamente democráticas.

No Caderno 9, §19, Gramsci observa que na difusão de escolas progressistas na Europa, por trás da tentativa aparente de democratizar os métodos educativos, se divulgava um projeto de sociedade apresentado como novo, mas que na verdade não passava de um modismo e de um "esnobismo" pelo fato de "juntar só mecanicamente" matérias teóricas com cursos manuais e práticos sem nenhuma relação entre eles, sem nenhuma visão crítica do mundo da produção, diversamente da "concepção de escola unitária em que o trabalho e a teoria estão estritamente entrelaçados" (p. 1183). Portanto, para Gramsci, a escola ativa e progressista, ainda que apresente alguns aspectos interessantes, não é garantia de formação integral, assim como a modernização não significa necessariamente efetiva transformação da sociedade. Nesse sentido, há uma diferença considerável entre educação que se gesta em "escolas-laboratório" e a que se inspira na experiência dos "conselhos de fábrica".

Como sinaliza o longo texto citado no início, para Gramsci a educação não acontece só na sala de aula, no âmbito "das relações escolares". Por mais que sejam modernos e dinâmicos, os experimentos que se realizam na "escola-laboratório" não chegam a substituir os problemas reais que ocorrem na sociedade e na "fábrica" (o mundo do trabalho). Nesse sentido, os conselhos de fábrica figuram em Gramsci como o lugar fundamental e permanente onde os trabalhadores podem educar a si mesmos, um espaço concreto de autoconsciência coletiva e de "autogoverno cultural das massas". Na verdade, é na "escola de trabalho" que se aprendem não apenas técnicas para produzir objetos e movimentar as máquinas, mas, principalmente, a complexidade que estrutura o sistema social e as contradições existentes entre grupos de poder e a massa popular. Os conselhos de fábrica, de fato, não eram apenas "o órgão mais idôneo de educação recíproca e de desenvolvimento do novo espírito social", mas tornavam-se o lugar onde o proletariado podia recompor "os elementos caóticos" do ambiente que incumbia sobre ele e onde podia aprender a se organizar para conduzir o mundo da produção e, com ele, assumir a direção da sociedade e do próprio Estado.[25] Como mostra continuamente Gramsci, o universo do trabalho está intimamente vinculado ao grande mundo que é a sociedade com suas diversas esferas de instituições públicas e organizações privadas (partidos, sindicatos, escolas, universidades, movimentos, jornais,

---

25 GRAMSCI, A., *L'Ordine Nuovo*, cit., 1987, 5 de junho de 1920.

bibliotecas, teatro, cinema etc.), com suas interligações nacionais e internacionais, com as disputas entre diversos projetos sociais e a distribuição da riqueza. Por isso, para Gramsci, a unidade entre teoria e prática não é um fato puramente escolar, mas histórico, social e político, uma proposta altamente transformadora, uma vez que: "a compreensão crítica de si mesmos ocorre no âmbito da uma luta de 'hegemonias' políticas, de direções contrapostas, primeiro no campo da ética, depois da política, para chegar a uma elaboração superior da própria concepção do real".[26]

Ao desvelar as ciladas das teorias da escola nova, Gramsci aponta que é necessário superar a "fase romântica" dessa e criar condições de "participação realmente ativa do aluno na escola, que só pode ocorrer se a escola está vinculada à vida",[27] se o educando é considerado não apenas como indivíduo, mas também como conjunto de relações sociais e de transformação efetiva do mundo pelo trabalho e a política organizada.

Hoje, há uma luta hegemônica sutil entre uma concepção instrumental e disfarçadamente autoritária de escola, "mecânico momento da reprodução de uma relação de poder, *expressão* passiva de uma política definida fora dela e que a determina" e a concepção de uma educação *política ela mesma*,[28] que se organiza para delinear "um plano bem pensado e conscientemente elaborado" diante do impetuoso "processo de segmentação e setorialização" que "acontece caoticamente, sem princípios claros e precisos".[29]

---
26   Q 11, §12, p. 1385.
27   Q12, §1, pp. 1537-1543.
28   FROSINI, F., *Gramsci e la Filosofia. Saggio sui Quaderni del Carcere*. Roma, Ed. Carocci, 2003, pp. 188-192.
29   Q12, §1, p. 1531.

A UNIDADE NA DIVERSIDADE: DIALÉTICA DA LIBERDADE E DA NECESSIDADE

Partindo do que foi analisado até aqui, podemos agora compreender melhor a existência em Gramsci de duas tendências aparentemente em contraste: "permaneço dividido entre as duas concepções de mundo e de educação: ser roussoiano e deixar agir a natureza que nunca se engana e é fundamentalmente boa ou tornar-me voluntarista e forçar a natureza inserindo na evolução a mão hábil do homem e o princípio de autoridade. Até agora a hesitação não se resolveu e na mente as duas ideologias se digladiam".[30]

Um dilema aparente. Porque, na realidade, tais contraposições acabam sendo resolvidas da mesma forma como Gramsci trata das relações entre "espontaneidade" e "direção consciente",[31] liberdade e necessidade, indivíduo e sociedade, intelectual e massa.[32] Gramsci, de fato, está convencido de que a formação da própria personalidade ocorre de forma dialética no processo histórico: "toda a nossa vida é uma luta para nos adaptar ao ambiente, mas também e especialmente para dominá-lo e não nos deixar esmagar".[33] Assim, a formação de homens livres e criativos, capazes de se autogovernar e de dirigir o mundo, não é tarefa reservada só a alguns privilegiados nem depende de um surto de espontaneidade, mas é o resultado de uma disputa hegemônica que exige preparação, organização e sintonia com os que sofrem os mesmos problemas. Contrariamente ao enaltecimento da espontaneidade que pode favorecer os mais fortes, a disciplina

---

30 GRAMSCI, A., *Lettere dal Carcere*, (22/04/29), cit., p. 252.
31 Q3, §48, p. 330.
32 Q11, §67, p. 1505.
33 GRAMSCI, A., *Lettere dal Carcere*, (25/08/1930), cit., p. 351.

do estudo e o rigor nos métodos pedagógicos defendidos por Gramsci, paradoxalmente, combatem a arbitrariedade e o autoritarismo. Entende-se porque defende que o acesso de amplas massas à escola não deve levar a "diminuir a disciplina do estudo" e a "tornar fácil o que não pode sê-lo sem que seja desvirtuado".[34] Pelas desvantagens que carrega, continua Gramsci, o jovem das classes subalternas deverá "enfrentar dificuldades para aprender nas privações e suportar um tirocínio psicofísico" (*ibid.*, 1549). Sabemos que essas palavras não são vazias, porque retratam a dura experiência de estudante vivenciada pelo próprio Gramsci e descrita em grandes linhas em uma das cartas mais tocantes.[35]

A coerência e a continuidade das ideias pedagógicas de Gramsci podem ser também verificadas quando se analisa o surpreendente conjunto de escritos a respeito da educação das crianças. Nesses escritos nos deparamos com um educador capaz de estabelecer uma relação familiar e franca com um mundo extraordinário, diante do qual não foge de suas responsabilidades. Quando não se pratica uma leitura mutilada, é possível observar a sábia dosagem que Gramsci consegue estabelecer entre disciplina e espontaneidade, entre rigor e afeto. Ao se opor em deixar a criança ao acaso do ambiente, Gramsci apresenta-se muito crítico diante de toda pedagogia permissiva e frívola adotada pelos seus familiares em relação à sua sobrinha Edmea, cuja educação como a dos seus dois filhos acompanha incansavelmente da cela da prisão: "se vocês renunciarem a intervir e guiá-la, usando da autoridade que deriva do afeto e da convivência familiar fazendo pressão sobre ela, de forma afetuosa e amorosa, e todavia

---

34   Q12, §2, p. 1550.
35   GRAMSCI, A., *Lettere dal Carcere*, (12/09/27), pp. 15-18.

exigente e inflexivelmente firme, vai acontecer que sem dúvida a formação espiritual de Mea será o resultado mecânico da influência causal de todos os estímulos desse ambiente".[36]

Nunca separada do afeto e da forma amorosa, a verdadeira autoridade para Gramsci torna-se instrumento pedagógico necessário para construir um caráter sólido dos jovens que precisam adquirir "determinados hábitos de ordem, de disciplina, de trabalho" (*ibid.*).

Tal como a disciplina, "um certo dogmatismo é praticamente imprescindível" nos primeiros anos da escola unitária[37], que "deveria ser organizada como um colégio, com vida coletiva integral, livre das atuais formas de disciplina hipócrita e mecânica, e o estudo deveria ser feito coletivamente, com a assistência dos professores e dos melhores alunos".[38] Quando "a origem do poder" é democrática, — argumenta Gramsci — a disciplina é "um elemento necessário de ordem democrática, de liberdade". Se, portanto, entende-se "com essa palavra uma relação contínua e permanente entre governantes e governados que realiza uma vontade coletiva" e não um "passivo e submisso recebimento de ordens", a disciplina não anula a personalidade, mas "apenas limita o arbítrio e a impulsividade irresponsável, para não falar da fátua vaidade de emergir".[39] Assim, na escola unitária a disciplina não tem valor em si, mas é um meio para alcançar "a autodisciplina intelectual e a autonomia moral", quer dizer, um método autônomo de estudar e de agir, aspectos que vão se consolidar particularmente nos anos dos estudos universitários e do desenvolvimento das capacidades administrativo-produtivas.

---

36 GRAMSCI, A., *Lettere dal Carcere*, (25/08/30), p. 351.
37 Q12, §2, p. 1548.
38 Q12, §1, p. 1536.
39 Q14, §48, pp. 1706-1707.

Resta, portanto, claro que a disciplina em Gramsci não é um instrumento para forjar indivíduos titânicos e solitários, mas um processo do qual venham a surgir personalidades livres e socialmente responsáveis, capazes de dar conta dos próprios compromissos individuais e sociais sem imposição exterior.[40]

A vinculação existente entre disciplina e liberdade pode ser posta em relação à existente entre quantidade e qualidade: "porque não pode existir quantidade sem qualidade e qualidade sem quantidade (economia sem cultura, atividade prática sem inteligência e vice-versa) toda contraposição dos dois termos é um contrassenso... Sustentar a 'qualidade' contra a quantidade significa exatamente isso: manter imutáveis determinadas condições de vida social na qual alguns são pura quantidade, outros qualidade".[41]

Trata-se da mesma lógica que encontramos quando Gramsci trata da "passagem do reino da necessidade para o reino da liberdade"[42] ou que está subjacente ao tema do desaparecimento progressivo dos elementos coercitivos do Estado que deve ser absorvido na "sociedade regulada".[43] Assim, para Gramsci, o rigor pedagógico não tem fim em si mesmo, uma vez que deve ser "absorvido e dissolvido no ciclo inteiro do curso escolar"[44] orientado a fazer emergir a autodeterminação, a capacidade de criação e de socialização dos estudantes. É nesse processo que é possível formar novos seres hegemônicos capazes de conquistar a própria personalidade e em condição de dirigir o mundo com base em novas "relações pedagógicas".

---

40 Q 12, §1, p. 1537.
41 Q 10, §50, pp. 1340-1341.
42 Q 4, §40, pp. 465-566.
43 Q 6, §88, p. 764.
44 Q 12, §2, p. 1548.

Hoje, em plena crise do sistema global, quando ainda se confunde educação com "laissez-faire", criatividade com espontaneismo, liberdade com permissivismo e falta de responsabilidade, conhecimento com informações salpicadas e estudo com interesse pessoal, a proposta educativa de Gramsci apresenta-se com uma originalidade e um potencial revolucionário extraordinário. Voltando, assim, ao nosso ponto de partida, podemos concluir que a educação pensada e vivenciada por Gramsci desmente o lugar comum que a apresenta como uma função secundária em relação à centralidade da política e do "moderno príncipe". Em Gramsci, não apenas a política é chamada a assumir um caráter pedagógico, mas também a educação deixa de ser entendida como adestramento para o trabalho, como um processo individual, limitado aos muros da escola e passa a ser entendida como um espaço de construção de uma personalidade social e de conquista de um novo conceito de hegemonia pelas classes subalternas. As revolucionárias relações pedagógicas construídas sobre a reciprocidade dialética mestre-aluno, intelectual-povo, filosofia-história e a "relação pedagógica" que se aprende a estabelecer entre as diversas instâncias que constituem a vida humana e social colocam em questão a concepção atávica de sociedade, de política e de poder (fundados sobre a dominação e as divisões hierárquicas naturalmente aceitas, sobre a estrutura de uma sociedade que se organiza em base aos princípios do comando-obediência, superior-inferior, chefe-subalterno, patrão-operário, dirigente-dirigido) e abrem a história ao reconhecimento do outro, à superação das classes subjugadas, à autodeterminação dos indivíduos, a surpreendentes transformações sociais e a criações inéditas da humanidade.

UMA LEITURA DOS MOVIMENTOS POPULARES A PARTIR DO CADERNO 25

PREMISSAS PARA UMA INTERLOCUÇÃO CRÍTICA E FECUNDA

Recorrente e original, a conotação que Gramsci confere ao "popular" em seus escritos é tão marcante que chega a tornar-se critério decisivo para determinar o valor de uma práxis política. Na verdade, antes de ser elaborada nas formas teóricas, essa componente deriva em Gramsci do seu pertencimento ao mundo popular e, principalmente, das opções políticas que o levaram desde cedo a posicionar-se decidida e abertamente em sintonia com as lutas das classes subalternas. Forjada na Sardenha, sua terra natal empobrecida e marginalizada, essa sensibilidade se aprofunda na medida em que Gramsci se envolve intensamente com as reivindicações populares no "mundo grande e terrível".[45]

---

45 GRAMSCI, A., *Lettere dal Carcere*. Palermo, Sellerio, 1996, 2 vols. p. 158,

É a partir do "Sul", portanto, da óptica "meridional", das rebeliões camponesas, da condição dos operários, dos conselhos de fábrica, da cultura, da educação, da literatura, do teatro "populares", e do partido comunista que vocalizava parte desse universo, que Gramsci plasma sua militância política e elabora a leitura da realidade. De modo que, seu grande interesse pelo senso comum, a religião, as linguagens, o bom senso, o folclore, não figuram como curiosidades e aspectos marginais, mas são o terreno fértil para descobrir fermentos de uma visão de mundo própria dos subalternos: "Gramsci talvez seja o primeiro marxista ocidental que manifesta um autentico interesse eminentemente político pela cultura popular, porque nela se manifestava uma produção de significados e interpretações do mundo provenientes das classes subalternas".[46] O pensador sardo, de fato, está convencido de que não há política, transformação social, democracia, revolução e unidade nacional sem o protagonismo do "espírito popular criativo".[47] Nesse sentido, a partir de Gramsci, "o popular deixa de ser definido por uma série de características internas e por um repertorio de conteúdos tradicionais... e passa a ser caracterizado por sua posição frente às classes hegemônicas".[48]

Compreende-se, portanto, porque em Gramsci o conceito de intelectual é recriado a partir da sua estreita "organicidade" com a realidade popular.[49] Porque a educação e

---

20/02/1928.
46 CAPUZZO, P., I Subalterni da Gramsci a Guha, em: SCHIRRU, G., *Gramsci, le Culture e il Mondo*. Roma, Viella, 2009, p. 49.
47 *Lettere dal Carcere*, (19/03/1927), p. 57.
48 CANCLINI, N.G., Gramsci e as culturas populares na América Latina. em: COUTINHO, C.N.; NOGUEIRA, M.A. (orgs), *Gramsci e a América Latina*. Rio de Janeiro, Paz e Terra, 1985, p. 64.
49 Q11, §67, pp. 1505-1506.

a "escola unitária" são interpretadas pela capacidade de se conectar profundamente com o mundo do trabalho e a formação das classes subalternas para tornarem-se "dirigentes".[50] Porque a nova concepção de filosofia se constrói no campo das lutas populares[51] e visa realizar "um progresso intelectual de massa".[52] Mas, também, a hegemonia, o partido, a sociedade civil, o Estado, para Gramsci, só podem obter êxito se tiverem conotação popular, se orientados a organizar uma "vontade coletiva nacional popular",[53] não a implementar o domínio de um grupo elitista e corporativo. Por isso, os *Cadernos do cárcere* se apresentam como um original projeto de "teoria política popular", um laboratório onde as classes subalternas encontram instrumentos para desenvolver sua visão crítica, para construir a própria hegemonia e assumir a direção de uma nova concepção de Estado e de sociedade, uma vez que "para construir história duradoura não bastam os 'melhores', são necessárias as mais amplas e numerosas energias nacionais-populares".[54]

O reconhecimento dessas forças leva Gramsci a não confundir "popular" com "populismo", entendido esse como uma concepção demagógica e paternalista no trato com o povo.[55] Longe, também, de qualquer idealização, critica toda visão que mitifica e sacraliza o Povo, visto como depositário

---
50   Q12, §2 e §3, pp. 1540-1551.
51   Q10, II, §16, p. 1255; Q10, II, §41, p. 1293.
52   Q11, §12, p. 1385.
53   Q6, §77, p. 745. A propósito, ver Durante, L., Nazionale-popolare, em: F. Frosini, F.; Liguori, G. (orgs) *Le Parole di Gramsci. Per un Lessico dei "Quaderni del Carcere"*. Roma, Carocci, 2004, pp. 150-169. Luporini, M. B., Alle Origini del "Nazionale-popolare", em: Baratta, G.; Catone, A. (orgs), *Antonio Gramsci e il "Progresso Intellettuale di Massa"*. Milano, Unicopli, 1995, pp. 43-51. Frosini, F., *La Religione dell Uomo Moderno*. Roma, Carocci, 2010, pp. 284-296
54   Q9, §96, p. 1160.
55   Q11, §1, pp. 1367-1385; Q9, §135, p. 1197.

de valores genuínos e de verdades infalíveis, e se opõe a teorias que o consideram como uma identidade unitária, como massa amorfa e indistinta ou como uma genérica "multidão". Ao contrário, nas páginas de Gramsci encontramos sujeitos populares concretos, classes e "grupos sociais subalternos" historicamente "existentes e operantes" que, mesmo com suas ambiguidades e fragilidades, agem como "políticos em ato" e expressam "uma realidade em movimento, uma relação de forças em contínua mudança",[56] dentro de um preciso contexto social e econômico, em "assedio recíproco" com a hegemonia dos grupos dominantes. Sem alimentar, portanto, dicotomias simplistas que contraponham autenticidade popular e artificialismo institucional, movimentos populares e partidos, espontaneidade e organização, Gramsci combate tanto o "subversivismo esporádico e desorgânico"[57] como o centralismo e o vanguardismo,[58] seja o particularismo como o cosmopolitismo, tornando-se, com isso, um interlocutor crítico e fecundo da realidade vivida pelos movimentos populares brasileiros e latino-americanos.

O CADERNO 25: ATUALIDADE E CONEXÕES COM OS MOVIMENTOS POPULARES

Sem a pretensão de abarcar a extensão e complexidade do "popular" em Gramsci, aqui, nos limitaremos a tecer apenas algumas considerações a partir do Caderno 25. Escrito em 1934, no momento mais alto da sua produção intelectual, esse caderno "especial", intitulado *Às margens da*

---
56 Q8, §84, p. 990.
57 Q8, §25, p. 957.
58 Ver, por exemplo, Q3, §56, p. 337; Q13, §36, p. 1634; Q14, §34, p. 1691-1692.

história (História dos grupos sociais subalternos), é organizado em oito parágrafos e condensado em 15 páginas. Embora as questões anotadas nele não apareçam nos planos de estudo delineados no período inicial do cárcere, o conteúdo não é totalmente novo porque Gramsci retoma e reelabora 13 notas do Caderno 1 e do Caderno 3 (escritos em 1930) e a nota 81 do Caderno 9 (1932).

Em um recente artigo, em sintonia com algumas análises já sinalizadas por J. Buttigieg[59], e M. Green[60], estabelece uma sugestiva relação entre o conceito "grupos sociais subalternos" utilizado nos Cadernos e o ensaio *Alguns temas da questão meridional*[61], escrito por Gramsci em 1926, pouco antes de ser encarcerado pelo fascismo. Embora fundamentada e contextualizada, a vinculação dos "subalternos" às questões da Itália Meridional focalizada por Green não esgota o conjunto articulado das perspectivas abertas pelo Caderno 25, onde se encontram uma inovadora análise crítica dos "grupos sociais subalternos", critérios para o resgate da sua história e, acima de tudo, indicações para a unificação das suas lutas em vista da construção da hegemonia popular em torno de uma nova concepção de Estado e de sociedade.

Observando a disposição das notas e a riqueza de dados registrados em um reduzido número de páginas, percebe-se claramente que Gramsci traça um extenso projeto de pesquisa

---

59 BUTTIGIEG, J., Sulla Categoria Gramsciana di "Subalterno", em: BARATTA, G.; LIGUORI, G., *Gramsci da un Secolo all'Altro*. Roma, Riuniti, 1999, pp. 27-38. Ver tambem: Subalterno-Subalterni, em: LIGUORI, G.; VOZA, P., *Dizionario Gramsciano*. Roma, Carocci, 2009, p. 827.
60 GREEN, M., Subalternità, Questione Meridionale e Funzione degli Intellettuali, em: SCHIRRU, G. *Gramsci, le Culture e il Mondo*. Roma, Viella, 2009, p. 53.
61 GRAMSCI, A., Alguns temas da questão meridional, em: Id., *A questão meridional*. Rio de Janeiro, Paz e Terra, 1987, pp. 135-165.

que pretendia desenvolver e chega a abrir um novo horizonte de compreensão sobre um campo pouco considerado pelas questões clássicas da política e colocado "Às margens da história". Nesse Caderno, além de uma incursão no universo das insurgências populares na Itália (§1), de um "pró-memória" de duas linhas sobre *Homo Faber. História do conceito de trabalho na civilização ocidental* (§3), de referências ao protagonismo do poder popular na formação das Comunas italianas (§4) e da escravidão na Roma antiga (§6), dedica um intenso parágrafo ao levantamento de *Fontes indiretas. As "Utopias" e os assim chamados "romances filosóficos"* (§7), um território imenso de pesquisa onde seria possível descobrir "as aspirações mais elementares e profundas dos grupos sociais subalternos... as condições de instabilidade e de rebelião latente das grandes massas populares de cada época... precursores históricos dos Jacobinos e da Revolução francesa".[62] O caráter de projeto preliminar de estudo do Caderno 25 é confirmando também pelo fato de que Gramsci reúne uma notável bibliografia e ensaia algumas análises sobre fatos concretos, em contraposição às interpretações cientificistas predominantes (§8) e explicita claramente "critérios metodológicos" (§2) e "critérios metódicos" (§5), na verdade, horizontes epistemológicos onde condensa as orientações fundamentais para balizar suas argumentações e se adentrar nesse complexo e contraditório terreno de investigação. A visão geral desse quadro, como a que deriva do conjunto dos próprios Cadernos, revela que, se é verdade que esses escritos são um canteiro aberto onde "Gramsci deixa aos seus leitores uma grande liberdade de pensar, absorver e se apropriar das suas

---

62 Q25, §7, p. 2292.

ideias" de modo a desdobrar novas determinações de acordo com a época e os diversos contextos,[63] é verdade também que o autor dos Cadernos enfatiza muito o rigor metodológico e deixa claras suas posições teóricas e políticas.

Em consonância com o seu típico método "filológico", que parte do concreto e "dos particulares" para ascender ao universal e vice-versa,[64] Gramsci começa o Caderno 25 abordando a notória vicissitude de Davide Lazzaretti, um carreteiro da Toscana, que conseguiu galvanizar o descontentamento e a rebelião popular da sua região durante os anos de 1868-1878, período em que os camponeses sofriam as imposições dos liberais para "unificar" a Itália depois do *Risorgimento*. Conduzidas "pelo alto", as reformas dos novos grupos dominantes marginalizavam as massas populares do Sul da Itália, reprimiam rebeliões e não hesitavam em matar líderes "perigosos" como Lazzaretti.

À breve distância dos eventos, a literatura a respeito de Lazzaretti era considerável e Gramsci menciona várias publicações. Logo no início, ao citar um artigo de D. Bulferetti, de 1928, acrescenta: "Bibliografia: Andrea Verga, *Davide Lazzaretti e a loucura sensória* (Milano, Rechiedei, 1880); Cesare Lombroso, *Loucos e anormais*", referências imediatamente acompanhadas de um eloquente e fulminante comentário, estrategicamente posto na primeira página: "esse era o costume cultural da época: no lugar de estudar as origens de um acontecimento coletivo, e as razoes da sua difusão, do seu ser coletivo, se isolava o protagonista e limitava-se a fazer a bibliografia patológica, muitas vezes partindo de motivos

---

63 GUHA, R., Omaggio a un Maestro, em: SCHIRRU G., *Gramsci, le Culture e il Mondo*, cit, p. 40.
64 BARATTA, G., *As rosas e os cadernos. O pensamento dialógico de A. Gramsci*. DP&A. Rio de Janeiro, 2004, pp. 57 e 110.

não verificados ou interpretando-os a seu modo: para uma elite social, os elementos dos grupos subalternos apresentam sempre algo de bárbaro e patológico".

Trata-se de uma fustigante crítica às elites e aos seus intelectuais que criminalizavam as sublevações populares e as desqualificavam. Uma consideração que retorna no último parágrafo (§8) – como a fechar o Caderno 25 com o mesmo motivo – deixando clara a sua contraposição a uma tendência dominante na cultura do seu tempo que procurava explicar ("cientificamente" — ou seja, naturalisticamente — esse fenômeno de "barbárie"). Para Gramsci, ao contrário: "é necessário examinar a tendência da sociologia de esquerda na Itália de ocupar-se intensamente do problema da criminalidade. Seria pelo fato de que à tendência de esquerda havia aderido Lombroso e muitos dos mais 'brilhantes' seguidores que aparentavam então a expressão suprema da ciência, influenciando-a com todas as suas deformações profissionais e os seus problemas específicos?".

A resposta a essa pergunta pode ser encontrada em *Alguns temas da questão meridional*, onde aparecem os nomes desses "brilhantes" seguidores de C. Lombroso, pai da criminologia positivista italiana.[65] Nesse ensaio de 1926, entre outras considerações, Gramsci ataca a conexão perniciosa entre a ciência positivista e o Partido Socialista, ao qual esses intelectuais pertenciam, o que legitimava ainda mais a política de desqualificação e de repressão aplicada às massas populares do Sul da Itália.[66]

---

65 GRAMSCI, A., Alguns temas da questão meridional, cit., p. 140.
66 A mesma análise aparece também em Q3, §47, onde menciona "as relações que existiram na década de 1890-1900 entre os intelectuais socialistas e os positivistas da escola lombrosiana, obcecados pelo problema da criminalidade, até o ponto de fazer dela uma concepção de mundo ou quase".

Na reconstrução do episódio, Gramsci traz o registro de diversos escritos, mas concentra-se na análise da obra fundamental de G. Barzellotti, ampliada em sucessivas edições, com o título *Monte Amiata e o seu Profeta*, de 1910, onde se apresenta a progressiva evolução de Lazzaretti, desde a "conversão" que o levou a crer de ser descendente de *Manfredo Pallavicino*, filho ilegítimo de um rei de França, uma fantasia derivada de um homônimo romance histórico de Giuseppe Rovani, até suas viagens na França e a influência de elementos religiosos e do padre Onorio Taramelli, perseguido por suas ideias republicanas. Diversamente das avaliações superficiais que Bulferetti faz do livro de Barzellotti, Gramsci observa que esse "serviu para formar a opinião pública italiana sobre Lazzaretti", encobrindo o mal-estar que existia na Itália depois de 1870 com "explicações reducionistas, individuais, folclóricas, patológicas etc. A mesma coisa tem acontecido mais amplamente com o 'banditismo' meridional e das ilhas". E, de fato, no final desse §1, Gramsci amarra o drama de Lazzaretti a um universo mais amplo, "às 'incursões' dos chamados bandos de Benevento, que são quase simultâneas".[67]

O "lazarettismo", geralmente interpretado na linha do "impressionismo literário" e associado ao folclore popular e a uma patologia perigosa, para Gramsci, ao contrário, é um "drama" típico que "mereceria uma análise político-histórica", pois, revela a revolta popular diante das políticas das classes dominantes. A indiferença e a injustiça dessas chegam a tal ponto de ignorar que o "assassinato de Lazzaretti tenha

---

67 Em relação a essas questões, Gramsci remete ao importante livro publicado por Nitti, F.S., *Il Socialismo Cattolico*. Roux e C., Torino-Roma, 1891, onde D. Lazzaretti é mencionado nas pp. 342-344.

sido de uma crueldade feroz e friamente premeditada" para eliminar um perigoso fenômeno em que a "tendência republicana era bizarramente mesclada com o elemento religioso e profético", revelada pela bandeira vermelha de Lazzaretti: "A república e o reino de Deus".

Embora o "lazarettismo" apresentasse características ambíguas, as análises de Gramsci evidenciam agudamente que a mistura de religião e política, para além da "sua popularidade e espontaneidade", manifestam que a "tendência subversiva--popular-elementar podia nascer entre os camponeses", cujas "esperanças e expectativas (haviam sido) decepcionadas pelas esquerdas no governo", e, portanto, "na ausência de partidos regulares, se buscavam dirigentes locais que emergiam da própria massa".

Na interpretação original, concisa e realista que Gramsci oferece desse "drama" saltam aos olhos muitos pontos de contato com os movimentos populares brasileiros que aqui mencionamos de forma resumida: a mescla explosiva de política e religião; o reconhecimento do potencial de resistência dos levantes populares; a criminalização e os estigmas de "patologia" aplicados às suas ações políticas; a modernização imposta pelo alto contra o "atraso" popular; a ilusão de uma "unidade nacional" sem a participação ativa dos camponeses e das massas populares; a decepção dessas com as políticas das esquerdas instaladas no poder e a busca de lideranças próprias na falta de partidos; a violência disfarçada e impune das classes dominantes contra os movimentos populares; a ampliação dos horizontes da política e do conceito de "classe" com o resgate da história e da cultura dos "grupos sociais subalternos"; a necessidade de reconstrução da história popular em contraposição às leituras distorcidas difundidas pelos dominantes.

O estudo do "potencial revolucionário dos camponeses" não é novidade do Caderno 25. Era um tema já evidenciado no IV Congresso do Comintern, assim como a questão agrária, a relação do campo com a cidade, a realidade "oriental", quando Gramsci era delegado do PCd'I na URSS, entre 1922-1923. É preciso, também, considerar que os interesses sobre a "questão meridional" são recorrentes nos escritos pré-carcerários[68] e que Gramsci conhecia os numerosos escritos de Salvemini, Nitti, Fortunato, Anzilotti etc., sobre o assunto. Além disso, levando em conta suas posições assumidas no Congresso de Lyon (janeiro de 1926),[69] pouco antes de escrever *Alguns temas da questão meridional*, é possível dizer que "O Sul havia se tornado para Gramsci o ponto de vista a partir do qual repensar a história da Itália".[70]

A análise do "drama" popular representado por Lazzaretti oferece a Gramsci um terreno concreto para formular no §2 os "critérios metodológicos". Na verdade, nesse parágrafo de meia página, Gramsci apresenta o pano de fundo da sua leitura: pela condição "desagregada e episódica" em que versam, "os grupos subalternos sofrem sempre a iniciativa dos grupos dominantes, mesmo quando se rebelam e insurgem". Marcada pela precariedade, toda unificação que eles procuram construir "é continuamente quebrada pela iniciativa dos grupos dominantes". De modo que, para Gramsci, "só a

---

68   Il Mezzogiorno e la Guerra, em: *Il Grido del Popolo*. 1 aprile 1916; Clericali e Agrari, em: *Avanti*. 7 luglio 1916; I Contadini e lo Stato, em: *Avanti*. 6 giugno 1918; Operai e Contadini, em: *L'Ordine Nuovo*, 2 agosto 1919. Il Mezzogiorno e il Fascismo, em: *L'Ordine Nuovo*. 1-15 aprile 1924.
69   AA.VV., Le Tesi di Lione. Riflessioni su A. Gramsci e la Storia d'Italia, em: *Quaderni della Fondazione Feltrinelli*, 39. 1990, p.150
70   MASELLA, L., Modernizzazione, Mezzogiorno e Storia d'Italia, em: GRAMSCI, em: GIASI, F., a cura di, *Gramsci nel suo Tempo*. Roma, Carocci, 2008, p. 312.

vitória 'permanente' quebra, e não imediatamente, a subordinação". As aspas em "permanente" destacam a necessidade de uma vitória consistente e contínua, mas também o fato de que ela é sempre histórica e ameaçada. E mais, o inciso "não imediatamente", lembra que a "ruptura" nunca é instantânea, mas uma atividade política difícil, demorada e processual. Além disso, embora sua crítica realista o leve a considerar os perigos da fragmentação dos grupos populares subalternos, Gramsci não cai no fatalismo e no determinismo, mas valoriza o potencial desses: "Todo sinal de iniciativa autônoma da parte dos grupos subalternos deveria, portanto, ser de valor inestimável para o historiador integral". Assim, em oposição ao reducionismo da ideologia dominante e à manipulação das suas fontes, Gramsci propõe a realização de uma historia "integral", de modo a resgatar a riqueza das inúmeras insurgências populares, a gênese, a complexidade, o jogo das forças em ação, suas conexões com o contexto, o "assédio recíproco" que se estabelece entre os grupos dominantes e os subalternos, o reconhecimento da capacidade de iniciativas desses e as potencialidades que emergem dos fatos históricos.

É o que tenta mostrar no §4. *Algumas anotações gerais sobre o desenvolvimento histórico dos grupos sociais subalternos na Idade Média e em Roma.* Também nesse caso, Gramsci parte de um ensaio, de Ettore Ciccotti, onde "há algumas referências ao desenvolvimento histórico das classes populares nas nascentes Comunas italianas". De fato, no decorrer das guerras que ocorriam entre essas, a necessidade de defender a própria cidade leva a desenvolver uma consciência política na população. Os combatentes, que permaneciam unidos também em tempo de paz, chegam progressivamente a se constituir em "Sociedades de armas" e a formular seus "estatutos".

Com o passar do tempo, além da defesa externa da cidade, essas sociedades se dedicam a "garantir para cada sujeito popular a tutela necessária contra as agressões dos nobres e dos poderosos", fortalecendo sua união com práticas religiosas comuns e ações de mútuo socorro. Todos esses elementos "deságuam na constituição da Comuna". Assim, progressivamente, "O povo se constitui sempre mais em verdadeiro partido político e para dar maior eficiência e centralização à sua ação elege um chefe, 'o Capitão do povo' ", que coloca em questão a autoridade estabelecida pelos nobres. De modo que, "Quando o povo não consegue obter das autoridades municipais as reformas reclamadas, faz a secessão... se constitui em assembleia independente, começa a criar magistraturas próprias... a atribuir uma jurisdição ao Capitão do povo, e a deliberar de sua autoridade, dando início (desde 1255) a uma inteira obra legislativa... O povo chega, portanto, a dominar a Comuna, destronando a anterior classe dominante, como ocorreu em Siena... Bologna... Firenze".

Em seguida, enquanto menciona também a importância de questões relativas às raças, à mulher, ao machismo e alerta sobre os perigos inerentes ao método da analogia histórica, com uma rápida síntese, Gramsci traça a evolução do Estado antigo e medieval para o Moderno que "substitui ao bloco mecânico dos grupos sociais uma subordinação à hegemonia ativa do grupo dirigente e dominante, portanto abole algumas autonomias que no entanto renascem em outra forma, como partidos, sindicatos, associações de cultura".

Nesse §4, a Gramsci importa focalizar particularmente a formação do poder popular no final da Idade Média e seu papel fundamental na constituição das sociedades modernas. Destaca como a progressiva organização da vontade coletiva se torna decisiva na configuração das cidades italianas, na composição das suas leis e das suas constituições. Em sintonia com as teorias de Maquiavel, por ele tantas vezes evocado nos Cadernos, mostra como a defesa externa e interna da cidade, a função do "Capitão do povo", a religião e os laços de solidariedade são fundamentais para a constituição do poder político popular e da sua identidade social. No resgate, portanto, da história dos "grupos sociais subalternos" Gramsci estabelece uma conexão com a longa tradição de protagonismo popular que está na base das associações, dos partidos, dos sindicatos, das organizações políticas, da formação do Estado moderno e da democracia. Como veremos mais adiante, é espantosa a proximidade dessa história com as práticas políticas de muitos movimentos populares atuais no Brasil e na América Latina.[71]

Novamente, a análise de fatos concretos oferece a Gramsci elementos históricos para continuar a desenvolver suas reflexões teóricas. Assim, no §5, *Critérios metódicos,* Gramsci retoma as considerações do §2 sobre a desagregação dos "grupos sociais subalternos" e a necessidade da sua unificação. Dessa vez, porém, explicita sua proposta. Considerando que "a unidade histórica das classes dirigentes acontece no Estado", em relação orgânica com a sociedade civil, "as classes subalternas, por definição, não são unificadas e não podem se unificar enquanto não chegam a se tornar 'Estado' ". Contrariamente aos que, inclusive dentro do marxismo, desqualificavam o Estado como sendo um aparato meramente "jurídico e formal", Gramsci defende sua construção pelas "classes subalternas" que lutam para sair da sua condição e buscam a

---

[71] Parte do protagonismo político e teórico dos movimentos populares brasileiros e latino-americanos pode ser vista no meu livro *Libertação e hegemonia. Realizar a América Latina pelos movimentos populares*. Aparecida-SP, Editora Ideias & Letras, 2009.

unificação e a hegemonia. No entanto, diversamente das posições liberais que consideram o Estado como um aparelho exterior de caráter "policial" e um "vigia noturno",[72] voltado a garantir a ordem e a propriedade privada com a violência, Gramsci aponta que os subalternos devem criar uma nova concepção de "Estado". Colocado entre aspas, deixa entender que a sua configuração deve ser profundamente diferente da concepção convencional, burocrática, elitista e autoritária. Ao contrário, desenvolvendo uma linha de pensamento que deriva de Rousseau-Hegel-Marx, para Gramsci, "tornar-se Estado" não significa estabelecer algo "estático", um modelo pré-definido e imposto, mas quer dizer organizar-se ativamente em uma instituição criada incessantemente pelo agir político de "forças populares" que têm consciência histórica e coletiva. Para sair da condição de "súditos" e de cidadãos formais, os subalternos precisam se unificar e afirmar sua hegemonia ao "fundar novos Estados", assumindo livre e criativamente suas responsabilidades sociopolíticas em um "Estado ético-político" efetivamente democrático e universalizador.[73]

Partindo dessas premissas, Gramsci enumera um conjunto de critérios para construir a história dos subalternos, alertando que tal lista "pode ser ulteriormente especificada". O importante é que nessa construção, o historiador seja capaz de "observar e justificar a linha de desenvolvimento em direção à autonomia integral, desde as fases mais primitivas, deve perceber toda manifestação do soreliano 'espírito de ruptura' ", mostrando como no enfrentamento dos "inimigos a serem abatidos e na adesão de grupos aliados" as forças inovadoras

---
72 Q5, §69, p. 604.
73 Uma análise dessas questões encontra-se no meu artigo: Lo "Stato etico" di Gramsci nella costruzione política dei movimenti popolari, em: *Critica Marxista*, n. 1, gennaio-febbraio, 2008, pp. 50-58.

dos grupos subalternos tornam-se "dirigentes e dominantes" e se unificam em Estado. Dessa forma, porquanto "a história dos partidos dos grupos subalternos seja complexa", Gramsci não adere às teorias de um pluralismo amorfo e relativista, que pensa que é possível "transformar o mundo sem tomar o poder",[74] mas está convencido de que "entre os grupos subalternos um vai exercer ou tenderá a exercer uma certa hegemonia por meio de um partido" para liderar o processo histórico-político de ruptura e de criação. A vitória "permanente" dos subalternos, sinalizada no §2, adquire aqui uma estratégia clara: necessidade de ruptura com o sistema implantado pelas classes dominantes, afirmação da "autonomia integral", construção da identidade pelo resgate da própria história, aglutinação em torno de uma organização dotada de hegemonia para unificar as diversas forças populares e criar um novo Estado.

CONVERGÊNCIAS E DIFERENÇAS ENTRE OS "GRUPOS SOCIAIS SUBALTERNOS" E OS "MOVIMENTOS POPULARES"

A arquitetura geral do Caderno 25, os temas e os critérios metodológicos nele enunciados estabelecem consideráveis pontos de contato e uma análise crítica em relação aos movimentos populares brasileiros. Em um dos livros pioneiros sobre *Formas primitivas de revolta social*, E. Hobsbawm associa Lazzaretti ao movimento "milenarista" dos camponeses da Andaluzia e da Sicília e também ao movimento de Canudos

---

[74] HALLOWAY, J., *Cambiar el Mundo sin Tomar el Poder*. Buenos Aires: Ed. Herramienta-Univ. de Puebla, 2002.

de Antonio Conselheiro (1896-1897),[75] drama imortalizado pela arte literária de Euclides da Cunha na obra *Os Sertões*. Mas, além desse movimento, embora esmagados e relegados ao esquecimento pela historiografia oficial, só para restar no período entre o final do século XIX e a primeira metade do século XX, poderiam ser mencionadas numerosas insurgências, revoltas e "guerras" de grupos populares que se ergueram em defesa da própria terra e dos seus direitos.[76] Trata-se, em geral, de expressões explosivas, episódicas, muitas vezes, alimentados por elementos religiosos e visionários, de grupos "à margem do sistema", diria Gramsci, "... em permanente fermento, mas incapazes, como massa, de dar uma expressão unitária às próprias aspirações e necessidades".[77]

Um conjunto de manifestações populares, politicamente mais configuradas, veio se formando em torno da Independência e de instauração da República no Brasil. Embora hegemonizados pelas elites burguesas, muitos desses movimentos evoluíram e se intensificaram durante o processo de industrialização e de urbanização desencadeado a partir dos anos 1930.[78] Mas, foi particularmente no período da ditadura

---

[75] HOBSBAWM, E., *I Ribelli. Forme Primitive di Rivolta Sociale*. Roma, Einaudi, 1966, p. 82.
[76] Além dos conflitos mais conhecidos na historiografia brasileira, há numerosas "guerras" com características semelhantes às de *Canudos*. Ex.: *Guerra do Pinheirinho* (1902), em Encantado (RS); *Guerra do Contestado* (1912-1916), em Paraná e Santa Catarina; de *Vargem Bonita* (1917), em Januária (MG); da *República dos anjos* (1925), em Pirenópolis (GO); do *Caldeirão* (1936-1937), em Crato (CE); dos *Barbudos* (1937), em Soledade e Sobradinho (RS); de *Pau de colher* (1938), em Casa Nova (BA); de *Quebra-milho* (1946-1951), em Centenário do Sul e Jaguapitã (PR); de *Trombas e Formoso* (1948) em Goiás etc. Na segunda metade do século XX, os levantes populares pela terra se intensificaram, se politizaram mais e se organizaram de forma considerável.
[77] GRAMSCI, A., Alguns temas da questão meridional, cit., p. 154.
[78] A esse respeito, um extenso mapeamento de ações e movimentos populares pode ser encontrado, de forma essencial, no livro de Maria da Glória Gohn, *História dos movimentos e lutas sociais*, São Paulo, Loyola, 2001, p. 19ss.

(1964-1985), com a repressão dos partidos e das organizações políticas dos trabalhadores, que foram aparecendo na cena política nacional "novos personagens".[79] É nesses anos que, do mundo acadêmico e de restritos circuitos políticos e culturais, diversos conceitos provenientes do vocabulário de Gramsci passaram a ser utilizados e reinterpretados também nas organizações político-pedagógicas populares. Ainda que de forma alusiva e inicial, as primeiras aproximações ao pensamento de Gramsci começaram a fecundar escritos de pedagogia, de filosofia, de sociologia, de teologia da libertação, veiculados por muitos intelectuais nos movimentos reivindicatórios de periferia, nas associações de bairro, nas Cebs, nas pastorais sociais, nas inovadoras práticas educacionais populares. Paulo Freire – só para citar a figura mais emblemática de um fenômeno que envolve numerosos intelectuais – refere-se a Gramsci em várias ocasiões e elabora, não poucos, conceitos a partir do seu pensamento.[80]

Uma leitura mais ampla e aprofundada dos escritos de Gramsci ocorre nos anos 1980, quando os movimentos populares se reorganizam em torno das lutas pelo processo da democratização do país. À semelhança do que Gramsci mostra no Caderno 25, as iniciativas populares desempenham papel fundamental não apenas na elaboração da nova Constituição, mas também na formação de novos partidos, sin-

---

79   SADER, E., *Quando novos personagens entram em cena*. Rio de Janeiro, Paz e Terra, 1988.
80   FREIRE, P., *A importância do ato de ler*. São Paulo, Associados, 1982, p. 21; FREIRE, P.; GADOTTI, M.; GUIMARÃES, S., *Pedagogia: diálogo e conflito*. São Paulo, Ed. Cortez 1986, p. 68. Desde os anos 1970, dentro e fora do Brasil, há numerosos estudos que registram relações e afinidades entre Gramsci e Freire. A propósito cf. também, SEMERARO, G., Da libertação à hegemonia: Freire e Gramsci no processo de democratização do Brasil. Em: *Revista de Sociologia e Política*, n. 29, novembro de 2007, pp. 95-105.

dicatos e organizações sociais. A multiplicação de estudos e pesquisas que acompanham esse fenômeno reconhecem em Gramsci "o autor que mais contribuiu para as análises e as dinâmicas das lutas e dos movimentos populares".[81]

A partir dos anos 1990, no entanto, os movimentos populares entram em uma nova fase. Percebem que as lutas pelo "Estado democrático de Direito" e algumas conquistas governamentais deixavam intocados o poder das elites e a estrutura econômica do país. A execração da ditadura e o clamor levantado por substanciais reivindicações sociais eram neutralizados nos meandros dos jogos parlamentares. Ainda que formalmente democrática, a reestruturação que prevaleceu no Brasil continuava a favorecer as forças conservadoras. Essas, de fato, se rearticularam e conseguiram deflagrar uma pesada ofensiva neoliberal, esvaziando as conquistas populares e implantando um sistema político e representativo que não refletia os reais anseios da população. Nesse contexto, mesmo alcançando o poder político central com o consenso popular, partidos de "esquerda" acabaram enredados nas teias do "transformismo" e de uma "revolução passiva" que os manteve longe de estabelecer uma verdadeira hegemonia democrático-popular.

Hoje, portanto, diferenciando-se de organizações sociais que se limitam a buscar melhorias e obter benefícios pontuais, diversos "movimentos populares" se atestam sobre posições "radicais", denunciando as contradições do sistema e o aprofundamento das divisões de classe. Em suas ações resgatam a titularidade permanente do poder popular e reivindicam uma

---

81 G<small>OHN</small>, M.G., *Teorias dos movimentos sociais. Paradigmas clássicos e contemporâneos*. São Paulo, Loyola, 1997, p. 188. Calcula-se que, na década de 80, praticamente um terço das dissertações e teses acadêmicas faziam referência a Gramsci.

democracia voltada à universalidade dos direitos e à socialização do poder material e simbólico. Nesses últimos anos, suas críticas ao projeto não realizado de democracia popular vêm se ampliando e intensificando nas persistentes pressões pelas reformas fundamentais: agrária, econômica, política, ambiental, energética, alimentar, meios de comunicação, educação, saúde, transporte. Suas incansáveis manifestações, juntamente com as lutas contra a burocratização das instituições, a despolitização e as manipulações eleitorais, como observa Gramsci, "pressionam por reivindicações que no seu conjunto desorgânico constituem uma revolução".[82]

De fato, embora perpassados por fragilidades e ambiguidades, os atuais movimentos populares revelam uma conotação de fundo: não se limitam a combater o neoliberalismo, a "regulamentar" o capital, a promover ações voltadas a "amenizar" a pobreza e as desigualdades com um modelo superado de desenvolvimento, mas se organizam local e mundialmente com a intenção de romper com o capitalismo e construir um projeto alternativo de sociedade e de civilização. Inúmeras atividades desencadeadas pela Via Campesina, o Movimento dos Trabalhadores Rurais Sem Terra (MST), o Movimento dos Atingidos por Barragens (MAB), as organizações indígenas, a Coordenação dos Movimentos Sociais (CMS), o Grito dos Excluídos, o Fórum Social Mundial (FSM), a Rede Jubileu Sul, o Fórum Social das Américas, a Assembleia Popular, a Marcha Mundial das Mulheres, a Consulta Popular, o Movimento Unificado dos Negros, as pastorais sociais, mobilizações de estudantes, práticas de educação popular, consultas e plebiscitos (Alca,

---

82 Q13, §23, p. 1603.

Vale, Tarifas energéticas, Petróleo, Ficha limpa, Propriedade da terra, Clima etc.), protestos e manifestações que tomam conta das cidades, revelam uma atuação de primeira linha das forças populares no âmbito da sociedade civil. Suas mobilizações, para além de uma "espontaneidade" esporádica, são constituídas por uma grande capacidade político-organizativa em conexão com partidos e sindicatos e chegam a catalisar consideráveis setores das periferias, dos morros, do campo, das cidades, desempregados e precarizados que não se sentem incluídos no restrito círculo da produção nem representados pela democracia liberal e pelas organizações políticas tradicionais. Com suas formas de fazer política, tais movimentos sinalizam que: "A nova construção só pode surgir de baixo, enquanto toda uma camada nacional, a mais baixa econômica e culturalmente, participe de um fato histórico radical que envolva toda a vida do povo".[83]

A "radicalidade" e a capilaridade dessas lutas, de fato, vêm se alastrando cada vez mais na reivindicação pelo controle do território (terra, água, florestas, hidrocarburetos, minérios, biodiversidade, produção agrícola, espaço urbano etc.) dos serviços públicos, do sistema financeiro, da produção industrial, da mídia, das funções parlamentares, da pesquisa, da ciência e tecnologia, com vistas à construção de "um novo tipo de Estado".[84] É o que se observa quando diversos movimentos populares começam a deixar claro que não querem "pedir ao Estado o direito à cidadania... mas querem ser os governantes de um outro Estado e outra república, uma vez que o Estado republicano contemporâneo

---

83 Q6, §162, p. 816.
84 Q13, §21, p. 1601.

tem sido uma estrutura de poder erguida sobre a exclusão".[85] Essa determinação que revela nas suas atividades "uma consciência 'teórica', criadora de valores históricos e institucionais, de fundadora de Estados",[86] acompanhada de uma outra concepção de política, de cultura, de desenvolvimento e de economia, vem se juntando com diversas mobilizações internacionais para enfrentar a "crise estrutural" que afeta o planeta em todos os setores e questiona o modelo predominante de "civilização".

No interior dessas lutas, são muitas as inspirações que os movimentos populares derivam de Gramsci, particularmente, quando se mostram convencidos de que, para sair da condição subalterna, é necessário realizar "o espírito de ruptura e a progressiva conquista da própria personalidade histórica"[87] que se adquire na construção de uma "hegemonia que pode nascer só depois de algumas premissas, ou seja: as grandes organizações populares de tipo moderno".[88] No Brasil, tais organizações ainda permanecem longe de tornar "permanente" sua vitória porque padecem de elementos de fugacidade, precariedade, fragmentação, dispersão, imediatismo, voluntarismo. Ainda que expressiva, de fato, a grande constelação das suas formas não consegue encontrar caminhos para organizar suas forças em torno de um projeto aglutinador e hegemônico em condição de associar as irrupções na "praça" com um projeto econômico-social "realmente progressivo, ou seja, que faz avançar realmente a sociedade inteira",[89]

---
[85] LINERA, A.G., El Desencuentro de dos Razones Revolucionárias: India - nismo y Marxismo, em: *Pensamiento Crítico Latinoamericano/Cadernos Clacso (I-VI)*. Editorial Aún Creemos En Los Sueños, Santiago, 2008, p. 29.
[86] Q3, §48, p. 330.
[87] Q3, §49, p. 333.
[88] Q8, §52, p. 972.
[89] Q19, §24, pp. 2010-12.

levando-a a passar da esfera individual e corporativa ao âmbito de um Estado "ético-político".[90]

No entanto, ainda que caracterizados por debilidades e contradições, é preciso reconhecer que muitos movimentos populares são antenas avançadas que apontam para a realização da "grande política" e introduzem nas suas arenas de lutas horizontes e sensibilidades inéditas que conduzem a resgatar aspectos pouco considerados nos estudos do pensamento de Gramsci.[91] Na interlocução que vem estabelecendo com seus escritos conferem renovados sentidos à revolução, à democracia, à educação política e promovem uma compreensão mais rica na concepção de hegemonia, de Estado, de poder, de "moderno príncipe", chamados a se recriar em outro contexto histórico e a repensar suas relações com os "grupos sociais subalternos", cada vez menos "à margem da história".

---

90 Q13, §17, pp. 1583-1584
91 Semeraro, G., Subalternos e periferias: uma leitura a partir de Gramsci, em: *Germinal: Marxismo e Educação em debate*, vol. 4, 2012, pp. 58-69.

QUANDO A FILOSOFIA DA PRÁXIS SE TORNA REVOLUCIONÁRIA

A FILOSOFIA DA PRÁXIS EM MARX

A filosofia da práxis, inaugurada por Marx e aprofundada particularmente por Gramsci, pode ser estudada considerando múltiplos aspectos. Aqui, pretendo abordá-la no sentido de "práxis revolucionária" e nas formas vivenciadas por algumas práticas político-pedagógicas populares atuais.

Logo na 1ª *Tese sobre Feuerbach*[92] ao criticar o reducionismo do velho materialismo e do idealismo, Marx demarca sua posição frente a essas duas correntes filosóficas lançando mão do conceito de "práxis", definida como "atividade humana sensível". Com essa expressão, diversamente das teorias que consideravam princípio determinante da realidade a matéria ou a ideia, Marx sustenta a inseparabilidade dialética

---

92 MARX, K., cit., 1998, p. 99

das duas, a relação recíproca e indissociável de matéria e "espírito", objeto e sujeito, mundo e consciência, ação e pensamento. E no final dessa 1ª *Tese*, especifica que a "práxis", junção da "atividade 'prático-crítica' " no homem ativo, é "revolucionária". Marx nega, assim, ao mero exercício do pensamento a superioridade e a prerrogativa da verdade, uma vez que "é na práxis que o homem precisa provar a verdade, isto é, a realidade e a força, a terrenalidade do seu pensamento" (II Tese). Contra todas as formas de dualismo, continua Marx, deve ser considerado que tanto "as circunstâncias" plasmam e "educam" o homem, assim como esse as modifica: "a coincidência do ato de mudar as circunstâncias com a atividade humana pode ser compreendida e entendida de maneira racional apenas na condição de *práxis revolucionária*" (III Tese – grifo meu).

Essa visão não deriva apenas de um enfrentamento teórico que Marx trava com Feuerbach e Hegel. Mas, como havia mostrado um ano antes das *Teses*, nos *Manuscritos econômico-filosóficos de 1844*[93] se originava da análise concreta de uma sociedade estruturada sobre a exploração do trabalho e a divisão de classe, sobre uma aberrante inversão de valor que conferia aos objetos produzidos o *status* de sujeito enquanto reduzia os trabalhadores a meros objetos, embrutecidos pelas condições de vida a eles impostas. Frente às distorções da sociedade burguesa, para Marx, a solução não podia ser encontrada apenas em uma filosofia que se limitava a fazer a crítica das ideias e nos ataques à religião que mistificava a realidade, mas, na "práxis revolucionária" que os subjugados resolvem realizar para transformar a própria estrutura da realidade que

---

93 MARX, K., *Manuscritos econômico-filosóficos*. São Paulo, Boitempo, 2004.

produzia aquelas ideias (Teses VI e VII). De forma mais plástica, algo semelhante havia também escrito em *A Sagrada família* (1844), quando fazia notar que os trabalhadores:

> *Sabem que a propriedade, o capital, o dinheiro, o trabalho assalariado etc. não são precisamente quimeras ideais de seus cérebros, mas criações muito práticas e muito materiais de sua autoalienação, que apenas poderão ser superadas de um modo prático e material, para que o homem se converta em homem não só no pensamento, na consciência, mas no ser real, na vida.*[94]

Portanto, contrariamente a toda filosofia especulativa que reduz "a essência do homem a uma abstração do indivíduo isolado" (IX e X), para Marx, o ser humano é o "conjunto das relações sociais" (Tese VI), a "humanidade social" (Tese X) que compreende não só as relações intersubjetivas e culturais, mas, todo o sistema econômico que estrutura a sociedade, uma vez que "Toda a vida social é essencialmente prática. Todos os mistérios que conduzem ao misticismo encontram sua solução racional na práxis humana e na compreensão dessa práxis" (Tese VIII). Dessas premissas decorre, assim, a célebre conclusão: "Os filósofos até agora interpretaram o mundo de diversas maneiras; o que importa é transformá-lo" (Tese XI). Um proclama que não significa o desprezo pela filosofia, mas a sua recriação sobre novas bases.

O que Marx esboça nas *Teses*, "Primeiro documento em que se fixou o germe genial da nova concepção de mundo",[95] o aprofunda nos outros escritos, não apenas nos mais

---

[94] MARX, K.; ENGELS, F., *A Sagrada Família*. São Paulo, Boitempo 2003, p. 118.
[95] ENGELS, F., L. Feuerbach e o fim da filosofia clássica alemã, em: MARX, K.; ENGELS, F. *Obras escolhidas*. São Paulo, Alfa-Ômega, s/d, p. 177.

visivelmente filosóficos do período juvenil, mas também nas obras de caráter político, em *Crítica da economia política* e no próprio *Capital*, a expressão mais concreta da "filosofia da práxis", onde, na análise rigorosa do modo de produção da sociedade capitalista, se interpenetram dialeticamente e formam um todo inseparável de economia, história, filosofia, política e cultura. No mesmo ano das *Teses*, em *A ideologia alemã*[96] o conceito de "práxis" é explicitado, aprofundado e estendido ao processo histórico de "produção" e de formação da ideologia. Considerando que a história do homem está inscrita essencialmente no trabalho e na indústria, mostra que a consciência, as ideias, a ideologia, o Estado e toda a organização social, política e cultural da sociedade, contrariamente ao que induz a crer a classe dominante, não são esferas autônomas e independentes, mas formas indissoluvelmente vinculadas à base material, ao modo de produção e à divisão do trabalho e das riquezas. Assim, para enfrentar um poderoso sistema apresentado como natural e imutável, sempre associando o significado de "práxis" com o de revolução, Marx afirma que "não a crítica, mas a revolução é a força motriz da história".[97]

Ao longo dos seus escritos, Marx deixa claro que protagonista dessa revolução, da sua filosofia fundada sobre o conceito de "práxis", é o movimento teórico-prático desencadeado pelo proletariado que, ao se tornar consciente das contradições da realidade e da expropriação do seu poder pela classe dominante, se organiza politicamente para intervir na realidade e transformá-la. É nesse processo histórico que se forjam novos sujeitos e se constrói concretamente a "práxis

---

96 MARX, K.; ENGELS, F., cit., 1998.
97 *Ibid.*, p. 30.

revolucionária" do "comunismo: o movimento *real* que supera o estado atual das coisas".⁹⁸ Dois anos antes, em 1843, diante da irrupção dos movimentos operários no cenário sociopolítico da Europa, Marx havia já saudado a conjugação mais inédita e explosiva na história humana: "a filosofia encontra no proletariado suas armas *materiais* e o proletariado tem na filosofia suas armas *espirituais*". Evidenciando, com isso, que as partes que haviam sido sempre separadas finalmente se encontravam, de modo que "a teoria se converte em poder material assim que se apodera das massas".⁹⁹ De forma inaudita, então, Marx está afirmando que o proletariado, os trabalhadores insurrectos contra a ordem estabelecida, "representam a dissolução em ato da sociedade civil-burguesa".¹⁰⁰ O que leva E. Balibar a concluir que "Marx reconheceu no proletariado (no 'povo do povo') o verdadeiro sujeito prático, aquele que 'dissolve a ordem existente' e assim se transforma a si mesmo (*Selbsttätigkeit, Selbstveränderung*), transformando ao mesmo tempo o mundo".¹⁰¹

A concepção de mundo que, dessa forma, emerge dos escritos de Marx, rompe com toda filosofia que esteve sempre estruturada sobre a separação entre mundo material e espiritual, fazer e pensar, economia e política, entre trabalho bruto (*poiésis*) destinado aos escravos e ação livre (*práxis*) reservada aos "cidadãos" livres.¹⁰² Um dualismo presente não apenas

---

98 *Ibid.*, p. 32.
99 MARX, K., *Per la Critica della Filosofia del Diritto di Hegel*. em: Id. *Critica della Filosofia Hegeliana del Diritto Pubblico*. Roma, Riuniti, 1983, p. 173.
100 Marx, K.; ENGELS, F., *Manifesto del Partito Comunista*. Roma-Bari, Laterza, 1999, p. 16.
101 BALIBAR, E., *A filosofia de Marx*. Rio de Janeiro, Zahar, 1993, p. 38.
102 SEMERARO, G., A concepção de "trabalho" na filosofia de Hegel e Marx, em: *Revista Educação e Filosofia*, vol. 27, n. 53. Uberlândia, EDUFU, 2013, pp. 87-104.

na filosofia grega, mas, também, no cristianismo e no mundo moderno que perpetua a divisão de classe e da sociedade entre proprietários e despossuídos, "patrão e assalariado", clero e fiéis, centro e periferia. A tese revolucionária de Marx, ao contrário, é que "práxis" e *poiésis* estão inseparavelmente entrelaçadas porque "nunca há liberdade efetiva que não seja também uma transformação material, [...] mas, também nunca há trabalho que não seja uma transformação de si".[103] Muitos autores viram na filosofia da "práxis" de Marx "a revolução do homem como ser ontocriativo",[104] o início de uma nova ontologia que constitui o ser humano "como atividade objetiva e subjetiva simultaneamente,[105] de uma nova epistemologia que conhece a verdade do ser humano enquanto age e se transforma, e uma concepção de história em permanente movimento, em constante auto-transformação, porque a "práxis" e a revolução, por sua própria essência, "implicam uma transformação da realidade".[106]

A FILOSOFIA DA PRÁXIS EM GRAMSCI

Antes dos analistas contemporâneos, ainda em 1897, havia sido A. Labriola a compreender a originalidade e a independência da "filosofia da práxis" de Marx definindo-a como "o miolo do materialismo histórico".[107] A ele se conecta A.

---

103 BALIBAR, E., cit., 1993, p. 53.
104 KOSIK, K., *Dialética do concreto*. Rio de Janeiro, Paz e Terra, 1969, p. 123.
105 VAZQUEZ, A. Sánchez, *Filosofia da práxis*. São Paulo, Expressão popular/Clacso, 2007, p. 435.
106 LUKÁCS, G. *História e consciência de classe*. Porto, Elfos,1989, p. 179.
107 LABRIOLA, A. Discorrendo di socialismo e di filosofia, em: Id., *Saggi sul Materialismo Storico*, V. GERRATANA; A. GUERRA (ogs). Roma, Riuniti, 1964, pp. 238-239.

Gramsci quando observa que "nessa direção é preciso trabalhar, continuando e desenvolvendo a posição de Labriola".[108] Uma tarefa à qual se dedica, substituindo gradativamente "materialismo histórico" por "filosofia da práxis",[109] não apenas para evitar interpretações distorcidas pelo fato de que muitos elementos filosóficos haviam permanecido implícitos "nos aforismos ou dispersos nos escritos do fundador da filosofia da práxis, os quais, precisamente, devem ser investigados e coerentemente desenvolvidos".[110] Mas, acima de tudo, porque "a filosofia da práxis é uma filosofia integral e original que inicia uma nova fase na história e no desenvolvimento mundial do pensamento",[111] porque "é especialmente uma concepção de massa, uma cultura de massa e de massa que opera unitariamente"[112] para construir uma nova civilização.

A importância que Gramsci confere à "filosofia da práxis", sua "personalíssima versão do marxismo",[113] é tão grande e visível que nos *Cadernos do cárcere* as anotações dedicadas à filosofia são as mais extensas e elaboradas de todas as reflexões que nos legou. Só o Caderno 10 (*A Filosofia de B. Croce*, de 1932-1935) e o Caderno 11 (*Introdução ao estudo da filosofia*, de 1932-1933) somam mais de 300 páginas. E se formos calcular também as "Anotações de filosofia I, II, III" do Caderno 4 (1930-1932), do Caderno 7 (1930-1931), do Caderno 8 (1931-1932) e as diversas referências esparsas sobre filosofia em outros cadernos, particularmente no Caderno

---

108 Q4, §3, p. 422.
109 Tosel, A. Il lessico "filosofia della prassi" di Gramsci, em: *Rivista Marxismo Oggi*, n. 1, Milano, Teti Editore, 1996, pp. 50.
110 Q11, §26, p. 1432; 11, §27, pp. 1436-1437.
111 Q11, §22, p. 1425.
112 Q10, II, §31, p. 1271.
113 Frosini, F. *Gramsci e la Filosofia. Saggio sui Quaderni del Carcere*. Roma, Carocci, 2003, pp.16-17.

16, temos praticamente um quarto dos Cadernos dedicado a esse assunto.

Partindo das próprias indicações sinalizadas por Gramsci,[114] em síntese, se pode dizer que as reflexões desenvolvidas por ele sobre a "filosofia da práxis" visam três objetivos: 1) resgatar o marxismo na sua integralidade e originalidade, protegendo-o das distorções teóricas, "das incrustações naturalistas e mecanicistas" do materialismo vulgar, das manipulações idealistas e de todas as tentativas de reduzir a prática à teoria ou da teoria à prática; 2) enfrentar as teorias predominantes do seu tempo, mostrando não só a autonomia e independência da "filosofia da práxis", mas também suas posições mais avançadas;[115] 3) partir das interpelações da história e das aspirações das massas populares para construir uma concepção de mundo e uma práxis político-pedagógica orientada a formar "dirigentes" da própria sociedade[116] autônomas. Por questões de espaço, aqui, vamos nos deter mais sobre o terceiro objetivo, não apenas porque é o menos investigado nos estudos sobre Gramsci, mas porque se trata do elemento mais distintivo e revolucionário da filosofia da práxis. Mesmo assim, focalizaremos apenas alguns aspectos dos muitos elementos que emergem em relação a essa questão.

Como pano de fundo, se deve observar que Gramsci situa a formação da filosofia da práxis no processo histórico do mundo moderno, desde o pensamento de Maquiavel e as novas teorias políticas, a Renascença e a Reforma, até o Iluminismo e a Revolução Francesa. Todos os movimentos que interpreta de forma inovadora colocando em evidência

---

114 Q16, §9, pp. 1854-1858.
115 Q11, §2, p. 1425.
116 Q11, §70, pp. 1508-1509.

as relações de forças que se estabelecem entre as insurgências das massas populares e as ondas de restauração: "a filosofia da práxis, com o seu amplo movimento de massa, tem representado e representa um processo histórico similar à Reforma, em contraste com o liberalismo que reproduz um Renascimento estreitamente limitado a poucos grupos intelectuais".[117] Nessa mesma óptica, como mostra no Caderno 16, §9, considera que a economia inglesa, a política francesa e a filosofia alemã, originadas na Modernidade, encontram uma síntese criativa e seu coroamento na "filosofia da práxis" elaborada por Marx (pp. 1859-1863). Mas essa, representa a "renovação de cima a baixo do modo de entender a filosofia",[118] "o fim e reviravolta da posição tradicional do problema filosófico",[119] porque expressão das lutas sociopolíticas das massas que irrompem na história como agentes revolucionários para "dar vida a toda uma organização prática da sociedade, ou seja, para se tornar uma integral, completa civilização".[120]

Há, portanto, mobilizações sociais e um pensamento difuso no meio popular que é necessário reconhecer e aprofundar. Compreende-se, então, porque na abertura do grande portal desenhado no §12 do Caderno 11 (p. 1375), Gramsci conclama a "destruir o preconceito muito difuso de que a filosofia seja algo muito difícil", a quebrar o monopólio dos "filósofos profissionais e sistemáticos" e a considerar que "todos os homens são 'filósofos', que há uma "'filosofia espontânea', própria de 'todo o mundo' ". Uma posição audaciosa reeditada no Caderno 12, quando afirma que "todos são intelectuais" (§3, p. 1550) e mostra que a

---

117 Q10, II, §41, p. 1293.
118 Q4, §14, pp. 433-435.
119 Q1, §132, p. 119.
120 Q11, §27, p. 1434.

indissociabilidade da teoria e da prática, do trabalho intelectual e material, constituem o fundamento do processo de autoprodução do ser humano, o verdadeiro "princípio educativo" e a raiz da organização coletiva em sociedade. Em contraste, portanto, com uma filosofia abstrata e elitista Gramsci observa que há uma filosofia contida "na linguagem", "no senso comum e no bom senso", "na religião popular", nas várias expressões das classes subjugadas e faz notar que o "homem ativo de massa opera praticamente" e, embora "não possua uma clara consciência teórica desse seu operar", de qualquer forma adquire um certo conhecimento do mundo enquanto o transform.[121] A partir dessas premissas Gramsci questiona a filosofia concentrada sobre "o que é o homem", que não considera "o que o homem pode vir a ser"[122] e que não volta "a atenção sobre as outras partes da filosofia da história, ou seja, sobre as concepções do mundo das grandes massas".[123] Para Gramsci, como para Marx, a filosofia está profundamente vinculada ao trabalho e à realidade concreta das massas populares e "se desenvolve porque se desenvolve a história geral do mundo (ou seja, as relações sociais nas quais os homens vivem) não porque a um grande filósofo se segue um filósofo ainda maior".[124] Por isso, o fato de que: "uma massa de homens seja levada a pensar coerentemente e de forma unitária a realidade é um fato 'filosófico' mais importante e 'original' do que a descoberta por parte de um 'gênio' filosófico de uma nova verdade que resta patrimônio de pequenos grupos intelectuais" (Q11, §12, p. 1378).

---

[121] Q11, §12, p. 1385.
[122] Q11, §54, pp. 1343-1344.
[123] Q10, §16, p. 1255.
[124] Q10, §31, p. 1273.

Resgatar o fato que "todos são filósofos" faz com que, no lugar de assimilar passivamente "uma concepção de mundo imposta mecanicamente", seja "preferível elaborar a própria concepção de mundo consciente e criticamente, com a própria cabeça, escolher a própria esfera de atividade, participar ativamente da produção da história do mundo".[125]

Para entender essa "revolução copernicana" na filosofia, se deve considerar que o mundo popular é o extenso e intenso terreno, a referência permanentemente presente em Gramsci desde os escritos pré-carcerários até os Cadernos e as Cartas do cárcere. Na leitura da sua obra, de fato, salta aos olhos a insistente maneira de conectar as suas reflexões com a realidade e o "desenvolvimento histórico dos grupos sociais subalternos", um campo de investigação pouco valorizado pelos intelectuais e as teorias políticas do seu tempo e a partir do qual amplia enormemente o conceito de "proletariado". Suas atenções, de fato, não se restringem apenas ao âmbito da fábrica e das organizações dos operários, mas se estendem à realidade social das regiões marginalizadas, às condições dos camponeses, às suas rebeliões, à "questão meridional",[126] à cultura, à literatura, ao teatro e ao romance popular, às diversas formas de educação e ao "espírito popular criativo", ao folclore e ao mundo dos "simples", em contato com os quais se "encontra a fonte dos problemas a serem estudados e resolvidos [...] e a filosofia se torna 'histórica', se depura dos elementos intelectualistas de natureza individual e si faz 'vida' ".[127] Com isso, Gramsci nos desvela um imenso, complexo e contraditório universo que

---

125 Q11, §12, p. 1376.
126 GRAMSCI, A., Alguns temas da questão meridional, em: Id., *A questão meridional*. Rio de Janeiro, Paz e Terra, 1987, pp. 135-165.
127 Q11, §12, p. 1382.

consegue captar e descrever genialmente não apenas pela empatia com uma "comunidade de destino", mas porque reconhece a extraordinária riqueza dessa realidade e, como poucos, sabe "'traduzir' em linguagem teórica os elementos da vida histórica, e não vice-versa apresentar a realidade conforme o esquema abstrato".[128]

É nessa relação ativa com o ambiente – *che agisce come maestro* – que se forma o "filósofo democrático"[129] e se constrói a filosofia da práxis, uma concepção efetivamente revolucionária não apenas porque conjuga teoria e prática, mas porque emana da realidade e do protagonismo dos subalternos. Para Gramsci, de fato, são esses os verdadeiros "agentes práticos das transformações históricas",[130] em condições de constituir "uma vontade como consciência operosa da necessidade histórica, como protagonista de um real e efetivo drama histórico"[131] e de introduzir "inovações filosóficas que irão se demonstrar 'historicamente verdadeiras' na medida em que se tornam concretamente, ou seja, histórica e socialmente, universais".[132] É a partir, portanto, das reais necessidades históricas e da práxis político-pedagógica das classes subalternas "e não de uma escolha arbitrária da parte dos assim chamados cientistas e filósofos"[133] que se forma a filosofia da práxis.

Como Marx, Gramsci sustenta que a filosofia não é mera produção de ideias nem privilégio de poucos, uma vez que, na história moderna, as massas populares conseguiram abrir

---

128 Q3, §48, p. 332.
129 Q10, §44, p. 1332.
130 Q10, §31, p. 1273.
131 Q13, §1, p. 1559.
132 Q10, §44, p. 1330.
133 Q10, §40, p. 1326.

caminhos para expressar seu pensamento, se organizar politicamente e se emancipar, estabelecendo uma profunda e indissociável "equação entre 'filosofia e política', entre pensamento e ação, ou seja, uma filosofia da práxis".[134] Entende-se, então, porque Gramsci não cansa de repetir "que a filosofia deve tornar-se 'política', 'prática', para continuar a ser filosofia: a 'fonte' para a unidade de teoria e prática",[135] que deve existir uma dialética e inseparável relação entre "uma filosofia que é política e uma política que é filosofia".[136] Na realidade, é na simbiose com a "grande política" desencadeada pelas massas populares que sofrem as contradições e os limites estreitos da sociedade elitista que a filosofia da práxis descobre perspectivas inovadoras para construir o conhecimento e recriar a sociedade sobre uma nova concepção de poder e de hegemonia. Para "o homem ativo de massa", de fato, a compreensão crítica de si e do mundo "acontece através de uma luta de 'hegemonias' políticas, de direções contrastantes, antes no campo da ética, depois da política, para chegar a uma elaboração superior da própria concepção do real".[137] Nesse sentido, Gramsci mostra que o processo de subjetivação não ocorre abstrata e naturalmente ou pela simples inserção no mundo da produção, mas acontece ao tomar "parte na luta", ao disputar a hegemonia e se organizar politicamente para "dirigir" a sociedade.[138] Por esses caminhos precisam seguir as classes subalternas para superar a desagregação e o senso comum e chegar à elaboração teórico-prática de uma filosofia própria em condição de realizar a "catarse", ou seja, a passagem

---

134 Q7, § 35, p. 886.
135 Q8, § 208, p. 1066
136 Q16, § 9, p. 1860.
137 Q10, § 41, pp. 1319-1320.
138 Q10, § 12, p. 1385.

do terreno meramente material à elaboração política, da objetivação à subjetivação, da necessidade à liberdade.[139]

Para Gramsci, então, a filosofia é da práxis não apenas porque conjuga inseparavelmente teoria e prática, mas porque possui uma visão mais avançada que contém todos os elementos de uma concepção autônoma e é estruturalmente politica: a seu modo, também a burguesia faz isso. Acima de tudo, o mais inaudito e impactante diferencial é ser uma filosofia que se forma na práxis político-pedagógica das classes populares, as únicas interessadas em revolucionar a realidade, em construir e dirigir uma nova civilização e essa "nova construção só pode nascer desde os debaixo, enquanto toda uma camada nacional, a mais baixa econômica e culturalmente, participe de um fato histórico radical que envolva toda a vida do povo".[140] Sendo assim, a filosofia da práxis torna-se a expressão típica das classes subalternas, o caráter distintivo que as contrapõe às classes dominantes. Essas, não podem alcançar o patamar da filosofia da práxis porque são incapazes de se colocar do ponto de visão das massas populares, de universalizar direitos e socializar o poder, de construir uma sociedade em conjunto, democrática, igualitária. Dedicada a concentrar o poder, a impor sua ordem com violência e guerra, a difundir uma ideologia que enaltece o individuo e exclui a maioria, a burguesia é "orgânica" às elites e desorgânica à massa popular, tudo faz para manter as divisões sociais, ocultar as contradições e manipular o consenso obtido de forma indireta e passiva. A filosofia da práxis, ao contrário, sendo a expressão da história e das aspirações das massas populares, desvenda e enfrenta as contradições existentes na sociedade: "é a própria

---

139   Q10, §6, p. 1244.
140   Q6, §162, p. 816.

teoria das contradições", faz das classes subalternas, sujeitos ativos e parte integrante na luta, e põe o filosofo "como elemento da contradição, eleva esse elemento a princípio político e de ação".[141] Portanto: "não é o instrumento do governo de grupos dominantes para obter o consenso e exercer a hegemonia sobre as classes subalternas; é a expressão dessas classes subalternas que querem educar a si mesmas na arte do governo e têm interesse em conhecer todas as verdades, mesmo as desagradáveis e evitar os enganos (impossíveis) da classe superior e até de si mesmos" (Q10, §41, 1319-1320 – grifo meu).

NOVAS FORMAS DA PRÁXIS REVOLUCIONÁRIA NAS INSURGÊNCIAS DOS ATUAIS MOVIMENTOS POPULARES

Para "educar a si mesmas na arte do governo", no entanto, as classes subalternas precisam passar da desagregação e da "filosofia espontânea" para uma visão de totalidade e uma organização política de "caráter nacional-popular". Sem elaboração teórica e formação de uma "vontade coletiva" as atividades populares se dispersam e não geram a práxis revolucionária, assim como é estéril o pensamento de intelectuais isolados da realidade. De onde, no espírito da filosofia da práxis, a insistência de Gramsci em estabelecer uma relação dialética, de educação recíproca, entre "espontaneidade" e "direção", entre "povo" e "intelectuais", cultura popular e alta cultura, massa e partido. Uma reciprocidade que impede de sacralizar tanto a realidade popular como os teóricos "iluminados" e

---

141 Q11, §62, p. 1487.

que prefigura a superação mais radical da divisão de classe, a ruptura da relação atávica superior-inferior, governante-governado que estrutura a sociedade. O ímpeto que nasce das iniciativas populares, para Gramsci, é tão importante quanto a função dos intelectuais. E o próprio valor do partido se julga pela capacidade de estabelecer uma articulação vital e democrática entre "espontaneidade" e "direção responsável".[142] Nesse sentido, em Gramsci, a filosofia e a política estão íntimas e profundamente ligadas à educação. Escrito praticamente no mesmo período, o Caderno especial 12 forma um todo unitário com os Cadernos especiais 10, 11 e 13, dedicados à filosofia e à política. Já observei em outros escritos[143], que a política, embora central e elemento aglutinador no pensamento de Gramsci[144], não diminui nem subordina o papel das outras esferas: a filosofia, a história, a economia, a cultura e a educação. Gramsci mostra isso tanto teoricamente como na sua unitária prática de militante político-filósofo-educador. Seus escritos revelam, de fato, não apenas uma forte marca política, mas, também, uma profunda estrutura paidética do seu pensamento.[145] Uma *paideia*, no entanto, voltada não a conduzir, amoldar, conformar, mas a estabelecer uma dialética relação pedagógica entre realidade social e aprendizagem, mestre e aluno, dirigente e dirigido.[146]

No Brasil há uma história riquíssima dessa conjugação realizada intensamente nas praticas político-pedagógicas

---

142 Q3, §48, p. 331.
143 SEMERARO, G. Gramsci educador de relações hegemônicas, em: TORRES, A. (Org.), *Educação e democracia: Diálogos*. Cuiabá, EDUFMT, 2012, pp. 31-44.
144 COUTINHO, C. N., *Gramsci. Um estudo sobre seu pensamento político*. Rio de Janeiro, Civilização Brasileira,1999, p. 2.
145 MALTESE, P. *Letture Pedagogiche di Antonio Gramsci*. Roma, Anicia, 2010, p. 12.
146 Q11, §67, p. 1505.

populares. Marginalizados pelas classes dominantes e pelas instituições "públicas", é no interior dessas experiências que grande parte dos setores populares, com o auxílio de intelectuais, tem buscado entender "as relações entre as condições objetivas e as condições subjetivas"[147] da própria história, promovendo um fecundo entrelaçamento teórico-prático entre as próprias condições de vida e a reflexão crítica, os anseios de mudança e as estratégias de luta. São notórias as contribuições decisivas que as inúmeras e capilares atividades político-pedagógicas tiveram no enfrentamento da ditadura e no processo de democratização do país. Muitas dessas atividades, promovidas "espontaneamente" no campo e nas periferias ao abrigo de igrejas, entidades da sociedade civil e associações de bairros supriram também o papel de partidos e organizações políticas proibidos de atuar. Foram, a seu modo, formidáveis espaços de fermentação de uma peculiar filosofia da práxis que foi se originando entre a carga histórica e cultural da população subjugada e o pensamento de Marx e Gramsci, levando educadores como Paulo Freire a descobrir a educação como "ato político" construído a partir dos "oprimidos".

Hoje, impulsionado por um capitalismo *high-tech* e selvagem, o Brasil vive outro momento marcado por rápidas transformações e uma acelerada modernização, por uma intensa concentração urbana e uma mobilidade social que impõem um ritmo frenético e flutuante à população. Nesse contexto, novos movimentos sociais fermentam praticas político-pedagógicas ocupando os centros de poder das cidades, as ruas e as praças e mobilizando crescentes contingentes de

---

[147] Q15, §25, p. 1781.

excluídos e "precarizados"[148] pelas novas formas de organização social e de exploração de trabalho. Um grande contingente popular, principalmente de jovens informados e conectados em redes, mesmo com suas ambiguidades e fragilidades, vem abrindo novas frentes de lutas, golpeando os mais diversos segmentos de uma estrutura econômica e política monopolista e corporativista. Tais protestos não se limitam a reivindicar benefícios pontuais e mais eficiência do sistema, a denunciar os vícios das instituições e o esvaziamento da velha política, a hipocrisia da democracia burguesa e a desfiguração dos partidos. Acima de tudo, exigem o acesso universal ao conhecimento e aos bens públicos, a participação direta e permanente na política, a soberania popular. Ainda que de forma nebulosa e improvisada, muitas dessas criativas iniciativas são experiências marcantes de extraordinário valor político-pedagógico. Por certos aspectos, renovam e ampliam os horizontes da filosofia da práxis e evocam a concepção radical de democracia vislumbrada por Marx e Gramsci de uma sociedade organizada como "autogoverno dos produtores associados" que "favorece a passagem dos grupos dirigidos ao grupo dirigente".[149]

No contexto atual, pode não ser mais de moda pensar a revolução nos termos clássicos de ação explosiva e ruptura brusca. Resta, no entanto, o fato de que as insurgências populares, ainda que desagregadas e ocasionais, como afirma Gramsci, "colocam reivindicações que no seu conjunto desorgânico constituem uma revolução".[150] Já nos anos 1990 Carlos Nelson Coutinho vinha observando que "a democracia de

---

148 BRAGA, R. *A política do precariado. Do populismo à hegemonia lulista*. São Paulo, Boitempo, 2012.
149 Q8, §191, p. 1056.
150 Q13, §23, p. 1603.

massa que se vai construindo a partir das lutas populares é, a longo prazo, incompatível com o capitalismo".[151] Com todas as perplexidades, as objeções, a diversidade de interpretação e os rodeios de palavras, não se pode negar, de fato, que por trás dos atuais levantes populares, das crescentes e maciças manifestações, da aparente "terra de ninguém", emerge cada vez mais clara uma matriz de fundo: o questionamento do próprio sistema e as dimensões estruturais de uma crise que denuncia o esgotamento do modelo vigente de sociedade. Uma crise sistêmica de longa duração que atinge outras regiões do planeta e o próprio coração dos países centrais, que desintegra profundamente o mundo do trabalho, impulsiona uma "produção destrutiva", provoca a dissolução dos direitos e dissemina precariedade, violência e convulsões sociais. Sinal mais evidente da gravidade dessa crise é que o sistema começa a perder a sua extraordinária capacidade de neutralizar a resistência e as revoltas populares, de metabolizar os protestos e atender às crescentes demandas sociais. É que a "rebelião das massas" já não é mais um fenômeno localizado, mas se alastra por toda parte, dentro de um tabuleiro mundial onde contingentes enormes de "países emergentes" e novos atores políticos desenham outro mapa sociopolítico, e mostram a incompatibilidade entre imperialismo e autonomia dos povos, entre concentração das riquezas e acesso universal aos "bens comuns", entre centralização do poder e decisões coletivas, exploração sem limites e preservação do planeta.

As jornadas de junho 2013 no Brasil são apenas uma das expressões, impactante e clamorosa, da crítica que vem sendo feita ao modelo "neodesenvolvimentista" que não

---

151 COUTINHO, C. N., *Marxismo e política. A dualidade dos poderes e outros ensaios*. São Paulo, Cortez, 1994, p. 78.

muda as raízes oligárquicas do capitalismo dependente, a especulação financeira, a sabotagem das reformas estruturais que acirram a frustação do novo proletariado. Mas, esse fenômeno não pode ser analisado de forma circunscrita como se fosse uma erupção abrupta e uma aventura passageira. Quem pensa assim, esquece a intensa e persistente trama de muitos movimentos e de outras importantes mobilizações que há tempo vem ocorrendo no Brasil e no mundo nos mais diversos segmentos da sociedade e nas mais variadas formas: movimentos pela terra, moradia, transporte, saúde, educação, ambiente, fóruns sociais, cúpula dos povos, direitos indígenas, do gênero etc. Como acontece com outros levantes e ondas de contestação do passado, ainda que não resultem imediatamente em rupturas ou revoluções, muitas dessas ações deixam marcas significativas na história e traçam rotas luminosas na nebulosa que envolve o nosso tempo. Na história, grandes mudanças e revoluções foram sempre preparadas por revoltas inicialmente salpicadas, pela progressiva disseminação do dissenso e por crescentes mobilizações populares. Foi assim com a Reforma, a Revolução Francesa e a Revolução Russa, como nos lembra Gramsci[152], e com tantas outras que vêm ocorrendo até os nossos dias. Certamente, a história é um campo aberto e nada está garantido, pois, todo resultado depende de muitos fatores e das "relações de forças"[153] em jogo, tanto nas circunstâncias específicas como no complexo sistema-mundo que vem se desenhando com a formação dos grandes blocos regionais.

Em meio a tantas legítimas controvérsias, no entanto, há

---

152 GRAMSCI, A., Socialismo e cultura, em: COUTINHO, C. N. (Org.). *Escritos políticos,* vol. 1. Rio de Janeiro, Civilização Brasileira, 2004, pp. 59-60.
153 Q13, §17, p. 1583.

consideráveis elementos para nos levar a crer que a intensidade das novas formas de lutas hoje em curso e a articulação de diversos movimentos a nível nacional e internacional representam um fenômeno de grandes proporções que pode ser conectado com "a história dos grupos sociais subalternos" posta em evidência por Gramsci e as ponderações de Coutinho quando apontava que as novas formas de "socialização da política" ainda que não sejam lideradas pela classe operária, podem conduzir a "uma transformação socialista e democrática da sociedade".[154] O período atual, de fato, lembra a efervescência que se disseminou em muitas associações e organizações populares durante a ditadura no Brasil. Naquelas décadas tenebrosas, a capilaridade das iniciativas populares (nas fábricas, no campo, nas favelas, nas periferias, nos bairros, nas escolas, nas igrejas), juntamente com as novas organizações sindicais (não só do ABC de São Paulo) e com diversas entidades da sociedade civil (OAB, ABI, CNBB, associações de diversas categorias de profissionais etc.), pavimentaram o terreno para a formação de novos partidos que conseguiram aglutinar expectativas e energias populares para construir um projeto de sociedade em direção à democracia. Hoje, certamente, o quadro é diferente, mas, como Gramsci tem mostrado em situação mais adversa que a nossa, não podemos declinar do imprescindível compromisso de nos envolver com a "impureza" das atuais insurgências dos subalternos e analisar atenta e criticamente os novos fermentos de uma filosofia da práxis que se renova impetuosamente nas práticas político-pedagógicas populares.

---

154 COUTINHO, C. N. *Contra a corrente. Ensaios sobre democracia e socialismo*. São Paulo, Cortez, 2000, p. 32.

— O capítulo IX é uma versão do texto publicado no livro: TORRES, A. (Org.), *Educação e democracia: Diálogos*, Cuiabá, EDUFMT, 2012;

— O capítulo X é uma versão do texto publicado no livro: SEMERARO, G. *et al.*(orgs), *Gramsci e os movimentos populares*, Niterói, EdUFF, 2ª edição, 2013;

— O capítulo XI é a versão integral do artigo aceito para publicação na Revista *Educação e Filosofia*, Uberlândia, EDUFU, 2014.

REFERÊNCIAS BIBLIOGRÁFICAS

A. AGGIO (org), *Gramsci, a vitalidade de um pensamento*. São Paulo. Ed. Unesp, 1998.

AA.VV., Le Tesi di Lione. Riflessioni su A. Gramsci e la Storia d'Italia, em: *Quaderni della Fondazione Feltrinelli*. Milano, 39, 1990.

ABENSOUR, M., *A democracia contra o Estado. Marx e o momento Maquiaveliano*. Belo Horizonte, Ed. UFMG, 1998.

ADORNO, T. W. & HORKHEIMER, M., *Dialética do esclarecimento*. Rio de Janeiro, J. Zahar Editor, 1985.

ANDERSON, P., *As origens da pós-modernidade*. Rio de Janeiro, Zahar, 1998.

APEL, K., O., *Estudos de moral moderna*. Petrópolis, Ed. Vozes, 1994.

ARENDT, H., *Da Revolução*. São Paulo/Brasília, Ed. Ática/UnB, 1990.

_____. *L'Imperialisme*. Paris, Ed. Seuil, 1982.

_____. *Le Origini del Totalitarismo*. Milano, Ed. Di Comunità, 1994.

_____. *The Human Condition*. New York, Doubleday, 1959.

BACHELARD, G., *A formação do espírito científico*. Rio de Janeiro, Ed. Contraponto, 1996.

BADALONI, N., *Il Marxismo di Gramsci, dal Mito alla Ricomposizione Politica*. Torino, Einaudi, 1970.

BALIBAR, E., *A filosofia de Marx*. Rio de Janeiro, Zahar, 1993.

_____. Mao+ Spinoza, em: *L'Indice dei Libri del Mese*, n. 3. Turim, 1993.

BARATTA, G., *Le Rose e i Quaderni*. Roma, Ed. Gamberetti, 2000. *As rosas e os cadernos, o pensamento dialógico de Gramsci*, tr. Giovanni Semeraro. Rio de Janeiro, DP&A, 2004.

BAUMAN, Z., *Em busca da política*. Rio de Janeiro, Ed. Zahar, 2000.

BELLAMY, R., *Liberalismo e sociedade moderna*. São Paulo, Ed. Unesp, 1994.

BOBBIO, N., *Teoria Generale della Politica*, a cura di M. Bovero. Torino, Ed. Einaudi, 1999.

_____. *Eguaglianza e Liberta*. Torino, Ed. Einaudi, 1995.

_____. *Stato, Governo, Società. Frammenti di um Dizionario Politico*. Torino, Einaudi, 1985.

_____. *L'Età dei Diritti*. Torino, Einaudi, 1990.

_____. *O conceito de sociedade civil em Gramsci*. Rio de Janeiro, Graal, 1982.

_____. *Saggi su Gramsci*. Milano, Feltrinelli, 1990.

BONETTI, P., *Gramsci e la Società Liberaldemocratica*. Roma-Bari, Ed.Laterza, 1980.

BORON, A., Os novos "Leviatãs" e a *polis* democrática: neoliberalismo, decomposição estatal e decadência da democracia na América Latina, em: E. Sader; P. Gentili, *Pós-neoliberalismo II. Que Estado para que democracia?* 2ª Ed., Petrópolis, Vozes, 2000, pp. 7-67.

_____. *Filosofia política marxista*, tr. Sandra Trabucco Valenzuela.

São Paulo/ Buenos Aires, Cortez /CLACSO, 2003.

BRAGA, R., *A política do precariado. Do populismo à hegemonia lulista*. São Paulo, Boitempo, 2012.

BUTTIGIEG, J., Sulla Categoria Gramsciana di "Subalterno", em: BARATTA,G.; LIGUORI, G., *Gramsci da un Secolo all'Altro*. Roma, Riuniti, 1999.

CAMMETT, J. M.; RIGHI, M. L., *Bibliografia Gramsciana, 1922-1988*. Roma, Riuniti/Fondazione Istituto Gramsci, 1991.

_____. *Bibliografia Gramsciana-Supplement Updated to 1993*. Roma, Fondazione Istituto Gramsci, 1995.

CANCLINI, N. G., Gramsci e as culturas populares na América Latina, em: COUTINHO, C. N.; NOGUEIRA, M. A. (orgs), *Gramsci e a América Latina*. Rio de Janeiro, Paz e Terra, 1985.

CAPUZZO, P., I Subalterni da Gramsci a Guha, em: SCHIRRU, G., *Gramsci, le Culture e il Mondo*. Roma, Viella, 2009.

CASANOVA, P. G., *Exploração, colonialismo e luta pela democracia na América Latina*. Petrópolis, Ed. Vozes, 2002.

COUTINHO, C. N., *Contra a corrente. Ensaios sobre democracia e socialismo*. São Paulo, Cortez, 2000.

_____. *Gramsci. Um estudo sobre seu pensamento político*. Rio de Janeiro, Civilização Brasileira, 1999.

_____. La Societá Civile in Gramsci e il Brasile di Oggi, em: *Critica Marxista* (nuova serie). Roma, Ed. Riuniti, n. 3-4, 2000, pp. 67-80.

_____. *Marxismo e política. A dualidade dos poderes e outros ensaios*. São Paulo, Cortez, 1994.

_____. Socialismo e Democracia: a atualidade de Gramsci, em: AGGIO, A. (org.), *Gramsci: A vitalidade de um pensamento*. São Paulo, Ed. Unesp, 1998, pp. 15-36.

CROCE, B., Recensione delle "Lettere dal Carcere", em: *Quadernidella "Critica"*, n. 8, luglio, 1947.

_____. *Etica e Politica*. Milano, Editora Adelphi, 1994.

_____. *La Filosofia della Pratica: Economia ed Etica*. Bari, Ed. Laterza, 1964.

_____. *La Storia come Azione e come Pensiero*. Bari, Ed. Laterza, 1978.

DE FELICE, F., *Introduzione ad A. Gramsci, Quaderno 22. Americanismo e Fordismo*, a cura di. Torino, Ed. Einaudi, 1978.

DEWEY, J., *Experiência e Educação*. São Paulo, Ed. Nacional, 1971.

DIAZ SALAZAR, R., *El Proyecto de Gramsci*. Barcelona, Ed. Hoac/Anthropos, 1991.

DURKHEIM, E., *As regras do método sociológico*. Rio de Janeiro, Cia. Ed. Brasileira, 1973.

DUSO, G., *La Logica del Potere. Storia Concettuale come Filosofia Politica*. Roma, Ed. Laterza, 1999.

EAGLETON, T., *Ideologia*. São Paulo, Ed. Unesp, 1997.

ENGELS, F., L. Feuerbach e o fim da filosofia clássica alemã, em: MARX, K.; ENGELS, F. *Obras escolhidas*. São Paulo, Alfa-Ômega, s/d.

FERNANDES, R., *Privado porém público. O Terceiro Setor na América Latina*. Rio de Janeiro, Relume- Dumará, 1994.

FERRARA, G., Forme della Rappresentanza e Governo della Società, em: TEGA, W. (org.), *Gramsci e l'Occidente*. Bologna, Cappelli Ed., 1990.

FINELLI, R., Marx e Gramsci: o confronto de duas antropo- logias, em: PETRÔNIO, G.; MUSITELLI, M.P. (orgs.) *Marx e Gramsci: Memória e Attualità*. Roma, Ed. Manifestolibri, 2001, pp. 99-121.

_____.O "pós-moderno": verdade do moderno, em: COUTINHO, C. N.; TEIXEIRA, A. de Paula (orgs), *Ler Gramsci, entender a realidade*. Rio de Janeiro, Civilização Brasileira, 2003.

FOUCAULT, M., *Microfísica do poder*. Rio de Janeiro, Graal, 1985. FREIRE, P., *Pedagogia da esperança. Um reencontro com a pedagogia do oprimido*. Rio de Janeiro, Ed. Paz e Terra, 1998.

_____. *A pedagogia do oprimido*. Rio de Janeiro, Ed. Paz e Terra, 1978.

FROSINI, F., *Gramsci e la Filosofia. Saggio sui Quaderni del Carcere*. Roma, Ed. Carocci, 2003.

_____. Il Divenire del Pensiero nei "Quaderni del Carcere", em: *Critica Marxista* (nuova serie), Roma, Ed. Riuniti, n. 3-4, 2000, pp 108-120.

_____. Filosofia della Prassi, em: FROSINI, F.; LIGUORI. G., *Le Parole di Gramsci – per un Lessico dei Quaderni del Carcere*. Roma, Carocci, 2004.

GARIN, E., *Com Gramsci*. Roma, Ed. Riuniti, 1997.

GENTILE, G., *La Riforma della Dialettica Hegeliana*. Firenze, Sansoni, 1975.

_____. *La Filosofia de Marx*. Firenze, Sansoni, 1974.

GERRATANA, V., *Gramsci, Questioni di Metodo*. Torino, Ed. Einaudi, 1997.

GOHN, M. G., *Teorias dos movimentos sociais. Paradigmas clássicos e contemporâneos*. São Paulo, Loyola, 1997.

GRAMSCI, A., *Cronache Torinesi 1913-1917*. Torino, Ed. Einaudi, 1980.

_____. Alguns temas da questão meridional, em: Id., *A questão meridional*. Rio de Janeiro, Paz e Terra, 1987.

_____. Socialismo e cultura, em: COUTINHO, C. N. (Org.). *Escritos políticos*, vol. 1. Rio de Janeiro: Civilização Brasileira, 2004, pp. 56-61.

_____. *Quaderni del Cárcere*, vol. 4. Edição crítica de Valentino Gerratana. Torino, Ed. Einaudi, 1975. (No texto citado com a letra Q).

_____. *Lettere dal Carcere 1926-1937*, vol, 2 (Org.), A. SANTUCCI. Palermo, Ed. Sellerio, 1996.

_____. *L'Ordine Nuovo 1919-1920*, (Orgs.) V. GERRATANA; A.

SANTUCCI. Torino, Ed. Einaudi, 1987.

_____. *Scritti Giovanili: 1914-1918*. Torino, Ed. Einaudi, 1972.

_____. La Costruzione del Partito Comunista 1923-1926 (CPC). Torino, Ed. Einaudi, 1978.

_____. *Lettere: 1908-1926*. Torino, Ed. Einaudi, 1992.

_____. *La Città Futura: 1917-1922*, edição de S. CAPRIOGLIO. Torino, Ed. Einaudi, 1982.

GREEN, M., Subalternità, Questione Meridionale e Funzione degli Intellettuali, em: G. SCHIRRU, a cura di, *Gramsci, le Culture e il Mondo*. Roma, Viella, 2009.

GUHA, R., Omaggio a un Maestro, em: SCHIRRU, G., *Gramsci, le Culture e il Mondo*. Roma, Viella, 2009.

HAACK S., Quanto àquela frase "estudando com espírito literá- rio...", em: MARGUTTI PINTO, P.R. (org.) *Filosofia analítica, pragmatismo e ciência*. Belo Horizonte, Ed. UFMG, 1998.

HABERMAS, J., *O discurso filosófico da modernidade*. Lisboa, Ed. Dom Quixote, 1990.

_____. *Fatti e Norme. Contributi a uma Teoria del Diritto e dela Democrazia*. Milano, Ed. Guerini e Associati, 1996.

_____. *Teoria dell'Agire Comunicativo*, 2 vols. Bologna, Ed. Il Mulino, 1986.

HALLOWAY, J., *Cambiar el Mundo sin Tomar el Poder*. Buenos Aires, Ed. Herramienta-Universidade de Puebla, 2002.

HARDT, M.,; NEGRI, A., *Il lavoro di Dioniso. Per la critica dello Stato postmoderno*. Roma, Ed. Manifestolibri, 1995.

HEGEL, G. W. F., *Lineamenti di Filosofia del Diritto. Diritto Naturale e Scienza dello Stato in Compedio*, edição de G. MARINI. Roma-Bari, Ed. Laterza, 1996.

_____. *Fenomenologia do Espírito*. Petrópolis, Ed. Vozes, 1988.

HELD, D., *Democrazia e Ordine globale*. Trieste, Ed. Asterios, 1999.

HALLOWAY, J., *Cambiar el Mundo sin Tomar el Poder*. Buenos Aires, Ed. Herramienta-Univ.de Puebla, 2002.

_____. La Revuelta de la Dignidad, em: *Chiapas*. México, Ed. Instituto de Investigações Econômicas, 1997, n. 5.

HARDT, M.; NEGRI, A., *Il lavoro di Dioniso. Per la critica dello Stato postmoderno*. Roma, Ed. Manifestolibri, 1995.

HOBSBAWM, E., *Era dos extremos. O breve século XX: 1914-1991*. São Paulo, Companhia das Letras, 1994, pp. 51-62.

_____. *I Ribelli. Forme Primitive di Rivolta Sociale*. Roma, Einaudi, 1966.

HONNETH, A., Democracia como cooperação reflexiva. J. Dewey e a teoria democrática hoje, em: J. SOUZA (org), *Democracia hoje. Novos desafios para a teoria democrática contemporânea*. Brasília, Ed. UnB, 2000, pp. 63-91.

HORKHEIMER, M., *Eclipse da razão*. Rio de Janeiro, Editorial Labor do Brasil, 1976.

IANNI, O., O declínio do Brasil-nação, em: *Estudos Avançados*, USP, n. 40, set/dez, 2000, p. 52.

_____. *Enigmas da modernidade-mundo*. Rio de Janeiro, Civilização Brasileira, 2003.

JAMESON, F., *Pós-modernismo. A lógica cultural do capitalismo tardio*. São Paulo, Ed. Ática, 1996.

KAGAN, R., *Of Paradise and Power – America and Europe in the New World Order*. Alfred, Ed. A. Knopf, 2003.

KELSEN, H. *General Theory of Law and State*. Harvard University Press, Cambridge, 1970.

KOSIK, K., *Dialética do concreto*. Rio de Janeiro, Paz e Terra, 1969.

LIGUORI, G.; VOZA, P., *Dizionario Gramsciano*. Roma, Carocci, 2009.

_____. Gramsci e la Filosofia della Prassi, em: GARIN, E. et al, *Gramsci e la Cultura Contemporane. Atti del Convegno*

Internazionale di Studi Gramsciani. Roma, Ed. Riuniti, 1969.

LABRIOLA, A., Discorrendo di Socialismo e di Filosofia, em ID., *Scritti Filosofici e Politici*. Edição F. SBARBERI. Torino, Ed. Einaudi, 1973.

_____. GERRATANA, V.; GUERRA, A. (orgs), *Saggi sul Materialismo Storico Saggi sul Materialismo Storico*. Roma, Editora Riuniti, 1964.

_____. GERRATANA, V. (org), *Scritti Politici, 1886-1904*. Roma, Editora Riuniti, 1970.

LAHUERTA, M., Intelectuais e resistência: vida acadêmica, marxismo e política no Brasil, *Caderno AEL*, n. 14-15. IFCH, Unicamp, 2001.

LANDIM, L., *Para além do mercado e do estado? Filantropia e cidadania no Brasil*. Rio de Janeiro, Ed. ISER, 1993.

LIGUORI, G., *Gramsci Conteso, Storia di un Dibattito, 1922-1996*. Roma, Riuniti, 1996.

LINERA, A. G., El Desencuentro de dos Razones Revolucionárias: Indianismo y Marxismo, em: *Pensamiento Crítico Latinoamericano/ Cadernos Clacso* (I-VI). Santiago, Editorial Aún Creemos En Los Sueños, 2008.

LOSURDO, D., *Nietzsche, il Ribelle Aristocratico; Biografia Intellettuale e Bilancio Critico*. Torino, Ed. Bollati Boringhieri, 2002.

_____. Gramsci, Gentile, Marx e le Filosofie della Prassi, em: ROSSI, P. et al, *Gramsci e il Marxismo Contemporaneo. Atti del Convegno Internazionale di Studi Gramsciani*. Roma, Ed. Riuniti, 1990.

_____. *Antonio Gramsci: dal Liberalismo al "Comunismo Critico"*. Roma, Ed. Gamberetti, 1997.

_____. L'Universalismo Difficile. Diritti dell'Uomo, Conflitto Sociale e Contenzioso Geopolitico", em: G. COTTURI, *Guerra Ididuo* ("Democrazia e Diritto", n. 1, 1999), Milano, Ed. Angeli, 1999, pp. 103-135.

LÖWY, M., *As aventuras de Karl Marx contra o Barão de Münchhausen*. São Paulo, Cortez Editrora, 1998.

LUKÁCS, G., *História e Consciência de Classe*. Porto, Elfos Editora, 1989.

MACHADO, R., *Nietzsche e a verdade*. Rio de Janeiro, Ed. Rocco, 1984.

MALTESE, P., *Letture Pedagogiche di Antonio Gramsci*. Roma, Anicia, 2010.

MAQUIAVEL, N., *O Príncipe*, Rio de Janeiro, Ed. Bertrand Brasil, 1978.

MARTELLI, M., *Gramsci filosofo della politica*, Milano, Ed. Unicopli, 1996.

MARX, K., *Manuscritos econômico-filosóficos*. São Paulo, Boitempo, 2004.

_____. Teses sobre Feuerbach, em: MARX, K.; ENGELS, F., *A ideologia alemã*. São Paulo, Martins Fontes, 1989.

_____. *Manifesto del Partito Comunista*. Roma-Bari, Laterza, 1999.

_____. *Il Capitale*. Roma, Ed. Riuniti, 1978.

_____. *Critica della Filosofia Hegeliana del Diritto Pubblico*. Roma, Ed. Riuniti, 1983.

_____. *Critique du Droit Politique Hégélien*. Paris, Éd. Sociales, 1975.

_____. *A ideologia Alemã*, São Paulo, Martins Fontes, 1989.

MARX, K. & ENGELS, F., *Obras escolhidas*. São Paulo, Alfa-Ômega, s.d.

_____. *A Sagrada Família*. São Paulo, Boitempo, 2003.

MASELLA, L., Modernizzazione, Mezzogiorno e Storia d'Italia in Gramsci, em: F. GIASI, a cura di, *Gramsci nel Suo Tempo*. Roma, Carocci, 2008.

MEIKSINS, E. W., Democracia contra Capitalismo, trad. de Paulo

C. Castanheira. São Paulo, Ed. Boitempo, 2003.

META, C., Filosofia della Prassi e Pragmatismo, em: *Critica Marxista*, n. 2/3, 2004.

NEGRI, A., *O poder constituinte. Ensaio sobre as alternativas da modernidade*. Rio de Janeiro, DP&A, 2002.

_____. *Cinco lições sobre império*. Rio de Janeiro, DP&A, 2003.

NIETZSCHE, F. W., *O nascimento da tragédia ou Helenismo e o Pessimismo*. São Paulo, Ed. Companhia das Letras, 1992.

_____. *Além do Bem e do Mal. Prelúdio a uma filosofia do futuro*. São Paulo, Ed. Companhia das Letras, 1989.

_____. *Genealogia della Morale. Scelta di Frammenti Postumi: 1886-1887*, edição de M. COLLI e M. MONTINARI, Milano, Editora Mondadori, 1991.

NOVAES, W., Ricos consomem e Brasil paga a conta, em: *Brasil de fato*, 8-14 de janeiro de 2004.

OLIVEIRA, F. de, Privatização do público, destituição da fala e anulação da política: o totalitarismo neoliberal, em: OLIVEIRA, F. de; PAOLI, M. C. (org), *Os sentidos da democracia. Políticas do dissenso e hegemonia global*. Petrópolis, Ed. Vozes, 1999.

_____. Memórias do despotismo, em: *Estudos Avançados*. São Paulo, Ed. USP, n. 40, set/dez, 2000.

_____. Intelectuais, conhecimento e espaço público, em: *Revista Brasileira de Educação*, n. 18, 2001.

PAGGI, L., *Le Strategie del Potere in Gramsci-Tra Fascismo e Socialismo in un solo Paese, 1923-1926*. Roma, Editora Riuniti, 1984.

POULANTZAS, N., *O Estado, o poder, o socialismo*. Rio de Janeiro, Ed. Graal, 2000.

RAGAZZINI, D., Teoria da personalidade na sociedade de massa: a contribuição de Gramsci. Campinas-SP, Associados, 2005.

RAWLS, J., *Uma teoria da justiça*. São Paulo, Ed. Martins Fontes, 1997.

RORTY, R., *Philosophy and Mirror of Nature*. Princeton, Ed. Princeton University Press, 1979.

_____. *Objetivismo, relativismo e verdade;* escritos filosóficos I. Rio de Janeiro, Ed. Relume-Dumará, 1997.

_____. *Ensaios sobre Heidegger e outros;* escritos filosóficos II. Rio de Janeiro, Ed.Relume-Dumará, 1999a.

_____. *Para realizar a América.* O pensamento de esquerda no século XX na América. Rio de Janeiro, DP&A, 1999b.

_____. *Pragmatismo. Filosofia da criação e da mudança.* Edição MAGRO, C.; PEREIRA, A. M. Belo Horizonte, Ed. UFMG, 2000.

_____. *La Filosofia Dopo la Filosofia-Contingenza, Ironia e Solidarietà.* Roma, Ed. Laterza, 2001.

RORTY, R.; VATTIMO, G., *Il Futuro della Religione; Solidarietà, Carità, Ironia.* Edição S. Zabala. Milano, Ed. Garzanti, 2005.

ROUANET, S.P., A técnica segundo Derrida, in *Caderno Mais.* Folha de São Paulo, 19/08/2001, p. 17.

ROUSSEAU, J.J., *Il Cntratto Sociale.* Torino, Ed. Einaudi, 1994.

SADER, E., *Quando novos personagens entram em cena.* Rio de Janeiro, Paz e Terra, 1988.

SALVADORI, M., *Gramsci e il Problema Storico della Democrazia.* Torino, Ed. Einaudi, 1970.

SANTOS dos B., Os processos da globalização, em: Id.(org.), *Globalização: fatalidade ou utopia?* Porto, Ed. Afrontamento, 2001.

_____. A reinvenção solidária e participativa do Estado. Coimbra, Oficina do CES, n. 134, 1999.

SANTUCCI, A., *Senza Comunismo: Labriola Gramsci Marx.* Roma, Ed. Riuniti, 2001.

SARTRE, J.P., *Em defesa dos intelectuais.* São Paulo, Ed. Ática, 1994.

SBARBERI, F., *Gramsci: un Socialismo Organico*. Milano, Angeli, 1986.

SCHMITT, C., *Le Categorie del Político*. Bologna, Ed. Il Mulino, 1977.

SEMERARO, G., Lo "Stato Etico" di Gramsci nella Costruzione Politica dei Movimenti Popolari, em: *Critica Marxista*, n. 1. Roma, gennaio-febbraio, 2008.

_____. A práxis de Gramsci e o pragmatismo de Dewey, em: *Revista de Educação Pública*, n. 33. Cuiabá, janeiro-abril, 2008.

_____. *Libertação e hegemonia. Realizar a América Latina pelos movimentos populares*. Aparecida-SP, Ideias & Letras, 2009.

_____. Gramsci educador de "relações hegemônicas", em: TORRES, A. (Org.), *Educação e democracia: Diálogos*. Cuiabá, EDUFMT, 2012.

_____. Subalternos e periferias: uma leitura a partir de Gramsci, em: *Germinal: Marxismo e Educação em debate*, vol. 4, 2012.

_____. et al. (orgs), *Gramsci e os movimentos populares*. Niterói, EdUFF, 2ª edição, 2013.

_____. A concepção de "trabalho" na filosofia de Hegel e Marx, em:*Revista Educação e Filosofia*, vol. 27, n. 53. Uberlândia, EDUFU, 2013.

_____. *Gramsci e a sociedade civil, cultura e educação para a democracia*, 2a ed., Petrópolis, Ed. Vozes, 2001.

_____. "Linhas de uma filosofia política da educação brasileira", em: *Movimento* – Revista da Faculdade de Educação da Universidade Federal Fluminense. Niterói, n. 10, 2004, pp. 35-49.

_____. Nietzsche e a "vontade de potência". *Revista de Cultura Vozes*. Petrópolis, 2000, n. 94, pp. 15-30.

SIRINELLI, J. F., A sociedade intelectual francesa no limiar de um novo século, em: E. BASTOS; M. RIDENTI; O ROLLAND (orgs), *Intelectuais: sociedade e política*. São Paulo, Ed. Cortez, 2003.

SLOTERDIJK, P., *Caderno "Mais"*. São Paulo, Folha de São Paulo, 14/05/2003.

SOREL, G., *Considerazioni sulla Violenza*. Bari, Ed. Laterza,1970.

SPRIANO, P., *"L'Ordine Nuovo" e i Consigli di Fabbrica*. Torino, Ed. Einaudi, 1971

TOGLIATTI, P., Gramsci, un Uomo, em: RAGIONIERI, E., *Gramsci*. Roma, Ed. Riuniti, 1967, pp. 40-41.

TEXIER, J., "Rivoluzione e Democrazia nel Pensiero Político do Marx e Engels, em: BURGIO, A.; LOSURDO, D., a cura di, *Autore Attore Autorità*. Napoli, Ed. Istituto Italiano per gli Studi Filosofici, 1996.

_____. *Revolução e Democracia em Marx e Engels*. Rio de Janeiro, Ed. Ufrj, 2005.

_____. Il Concetto Gramsciano di "Società Civile" e l'Indipendenza Personale", em: AA.VV., *Gramsci e il mMarxismo Contemporaneo*. 1977.

TOSEL, A., Il Lessico della Filosofia della Prassi di Gramsci, em: *Revista Marxismo Oggi*. Milano, Teti Editore, vol. 1, 1996, pp. 49-67.

VACCA, G., *Gramsci e Togliatti*. Roma, Ed. Riuniti, 1991.

VASQUEZ, A. S., *Filosofia da Práxis*. São Paulo, Expressão popular/Clacso, 2007.

VATTIMO, G., *O fim da modernidade. Niilismo e hermenêutica na cultura pós-moderna*. São Paulo, Ed. Martins Fontes, 1996.

WEBER, M., *Ensaios de sociologia*. Rio de Janeiro, Ed. Zahar, 1982.

_____, *A Política e o cientista*. Lisboa, Ed. Presença, 1973.

_____, *Il Lavoro Intellettuale come Professione*. Torino, Ed. Einaudi, 1980.

Esta obra foi composta em CTcP
Capa: Supremo 250g – Miolo: Pólen Soft 80g
Impressão e acabamento
Gráfica e Editora Santuário